# SOAMI

## DAS PURE LEBEN

NAHRUNG AUF ALLEN EBENEN

IMPRESSUM

www.soami.at

**Rezepte & Konzept** Hildegard Biller
**Text** Hildegard und Werner Biller, Lilo Mosettig-Astner, Sophie Gudenus
**Fotografie & Bildkonzept** Rita Newman, www.newman.at
**Lektorat & Grafik** Sophie Gudenus
**Druck** Gugler GmbH, Melk an der Donau



1. Auflage 2011
ISBN 978-3-200-02210-2

FSC MIX Papier aus verantwortungsvollen Quellen FSC® C005108

greenprint* Ein Beitrag zum Klimaschutz: Wir drucken klimaneutral bei gugler*

# SOAMI

## DAS PURE LEBEN

### NAHRUNG AUF ALLEN EBENEN

von Hildegard Biller

Fotografie & Gestaltung

RITA NEWMAN | SOPHIE GUDENUS

In Dankbarkeit gewidmet
meinem Mann Werner,
unseren wunderbaren Kindern Noah & Yumi
und meinen Eltern

SOAMI – ein Paradies in den Kärntner Bergen, hoch über dem Millstätter See.
Und: SOAMI – die Exit-Strategie aus einem Leben im Hamsterrad.

Im SOAMI YOGA RETREAT CENTER lebt und kocht Hildegard Biller mit ihrer Familie einen ganzheitlichen Lebensstil, der in diesem Buch anhand von mehr als 200 Rezepten für ihre Gäste, Freunde und alle anderen Interessierten erleb- und erlernbar wird – reich an Impulsen für einen ersten oder weiteren Schritt zu einer bewussten Lebensweise und zu mehr Achtsamkeit sich selbst und der Mitwelt gegenüber. Hildegard Biller gibt hier etwas sehr Wertvolles weiter: in zwei Jahrzehnten hat sie, ausgestattet mit fundiertem Fachwissen und ihrer feinfühligen Intuition, einen ganz eigenen und harmonischen Zugang zum Thema Nähren & Nahrung entwickelt, der nun in Buchform vorliegt. Von außen gut als Kochbuch getarnt, hält dieses Werk für Sie Überraschungen und Schätze bereit, die Sie darin vielleicht gar nicht vermutet hätten. Was hat es etwa mit der beigelegten Meditations-CD auf sich, und was haben Yin und Yang mit dem Schneiden von Karotten zu tun? Hildegard Billers unkonventionellem Ansatz liegt ein in vielen Menschen erkennbarer Wunsch nach „Nähren auf allen Ebenen" zugrunde – in allen Lebensbereichen die eigenen Bedürfnisse erkennen und stillen zu lernen. Dies wird unterstützt von einem Verständnis für die Ausgeglichenheit, die für uns bedeutet, nicht mehr von einem Extrem ins andere taumeln zu müssen und stattdessen Kraft aus der eigenen Mitte schöpfen zu können.

Dass sehr viele Menschen unzufrieden in ihren Beziehungen, ihrer Arbeit, ihrem Körper sind, kaum je wirklich zur Ruhe kommen und sich chronisch überfordert fühlen, ist bereits mehr als deutlich erkennbar. Mit diesem Buch halten Sie nun eine Fülle von Anregungen in den Händen, die Sie nach Ihren eigenen Möglichkeiten in Ihr Leben einfließen lassen können. Der Schlüsselbegriff ist *Achtsamkeit* und unser Leben ein einziges Kontinuum an Gelegenheiten, diese Achtsamkeit kennenzulernen und zu kultivieren.

## INHALTSVERZEICHNIS



GLF glutenfrei

wonder

# SOAMI DIE BASIS

# Was ist Soami?

**Ausgehend von SOAMI, unserem Yoga Retreat Center am Millstätter See, hat sich unser Ansatz zum Umgang mit Nahrung, Natur, Körper und Geist zu einem ganzheitlichen Lebensstil verdichtet, dessen heilsame und transformierende Wirkung unsere Gäste und Freunde als eine große Bereicherung empfinden, als einen Impuls in die richtige Richtung. So umfasst der Begriff Soami längst viel mehr als nur den Kraftplatz SOAMI, einen wunderschönen, ruhigen und klaren Rückzugsort in den Bergen: SOAMI steht für die Umsetzung eines auf allen Ebenen bewussteren Lebens.**

## Die fünf Geschwister: Ernährung, Yoga, Meditation, Selbstreflexion und Natur

Ich bin Köchin, Ernährungsberaterin, Yoga- und Meditationslehrerin und Voice Dialogue*-Begleiterin. Auf diese verschiedenen Bereiche und das, was sie verbindet, möchte ich im Folgenden etwas näher eingehen.

Vereint werden diese Interessensgebiete durch den schlichten Wunsch nach mehr Bewusstheit, nach dem vielschichtigeren Auskosten der Fülle des Lebens. Dank meiner Arbeit lassen mich viele Menschen sehr tief in ihre Seele blicken. Manche von ihnen sehen, dass sie etwas ändern müssen, wissen aber nicht, wo sie anfangen sollen. Andere wissen, wo sie anfangen können, verstehen aber nicht, wieso sie es trotzdem nicht tun. Andere wiederum erkennen gar nicht, dass ihnen etwas fehlt, weil sie vielleicht stets von dieser Erkenntnis abgelenkt werden oder der leisen Stimme, die danach verlangt, schon so lange nicht mehr zugehört haben. Ich habe Menschen kennengelernt, für die eine Nahrungsumstellung unmöglich gewesen wäre, da sie sich zuerst eingehend mit ihren schieflaufenden Beziehungsmustern auseinandersetzen mussten, um ihre wahren Bedürfnisse freizulegen – und sich dann auch zu erlauben, diese zu befriedigen.

Der Mensch hat sich in meiner Erfahrung als ein vielschichtiges Wesen mit unterschiedlichsten Überlebensstrategien der Psyche erwiesen und für jeden gibt es einen behutsamen Weg zu mehr Achtsamkeit mit sich selbst, mit Beziehungen und der Umwelt. Man kann an verschiedenen Ecken beginnen, die Decke zu lüften. In meiner Arbeit haben sich die eingangs erwähnten „Fünf Geschwister" als die wichtigsten Mittel für Klärung, Öffnung und Bewusstwerdung erwiesen, daher sollen sie in meinem Buch – dessen Hauptteil aus über 200 Rezepten für wohlschmeckende vegane Speisen besteht – nicht unerwähnt bleiben. (Er)nährung, Yoga, Meditation, Voice Dialogue* und Naturerfahrung sind für mich die elementaren Bestandteile von SOAMI. Sie helfen dabei, Achtsamkeit zu entwickeln.

### Ernährung

Dem Thema Ernährung ist ein ganzes Kapitel gewidmet, daher sei es an dieser Stelle nur kurz umrissen.

SOAMI steht für höchste Qualität von Nahrung auf allen Ebenen. Yin und Yang und die Harmonie zwischen diesen beiden Polen sind die Basis für meine Art zu kochen. Oder – wie es die Inder nennen – *Sattva**, die psychische und physische Mitte, in der Gesundheit, Vitalität und Ausgeglichenheit liegen. SOAMI ist daher eine Ernährungsweise, die zu 100 % pflanzlich ist. Was als diätetische Entbehrung missgedeutet werden könnte, erweist sich in der Anwendung als eine erhebliche Erweiterung des Ernährungshorizontes und führt zu mehr Bewusstheit bei Auswahl, Zubereitung und Zu-sich-Nehmen von Nahrung.

Was wir essen und wie wir es essen, beeinflusst sowohl unseren Körper als auch unseren Geist. Meine beruflichen und persönlichen Erfahrungen der letzten zwei Jahrzehnte haben sich zu einem ganz eigenen Weg entwickelt, mit Kochen und Ernähren umzugehen. Die Menschen die zu uns, zu SOAMI, kommen,



*Mit * gekennzeichnete Begriffe (und viele weitere) sind im Glossar beschrieben.*

bestätigen mir immer wieder aufs Neue, dass dieser Weg sinnvoll ist, dass sich so viele nach genau den Qualitäten sehnen, die ich in diesen Prozess einfließen lasse und die dadurch auch aus diesem heraus wirken können. Unzählige unserer Gäste fanden nach ihrem Besuch bei uns wie von selbst zu einem achtsameren, gesünderen und bewussteren Umgang mit ihrer Ernährung und sich selbst.

## Lebenselixier Yoga

Yoga weckt in den Praktizierenden ein natürliches Bedürfnis, den Körper als Tempel ihrer Seele zu achten. Es unterstützt und fördert die Bereitschaft zu wachsender Achtsamkeit. Die überwältigende Menge an Impulsen von außen, die in der heutigen Zeit um unsere Aufmerksamkeit heischen, lenken vom Entwickeln eines gesammelten, wachen Geisteszustandes ab. Hier bieten die Körperübungen des Yoga mit ihrem meditativen Aspekt einen Rahmen, aus dem ständigen Getriebensein von einer Tätigkeit zur nächsten auszusteigen und mehr Balance ins Leben zu bringen.

Viele Menschen, die dieses Buch lesen, sind bereits mit den Begriffen Asana, Pranayama und Meditation vertraut, für andere sind sie völliges Neuland, muten exotisch an oder sind in einer Schublade mit dem Etikett *Achtung, esoterisch!* verstaut.

Begriffe, die Sie vielleicht noch nicht kennen, sind im Glossar dieses Buches beschrieben.

Für Ihren persönlichen Einstieg in die Yogapraxis benötigen Sie nicht etwa die Flexibilität eines Zirkusakrobaten oder ein T-Shirt mit altindischen Schriftzeichen, sondern lediglich die Bereitschaft, mit dem eigenen Körper und dem Atem in Kontakt zu treten. Gönnen Sie sich eine Einzelstunde bei einer Lehrerin oder einem Lehrer Ihres Vertrauens und erstellen Sie zusammen eine Liste mit Asanas (Körperübungen), die Sie zuhause praktizieren können.

> WIR ESSEN JEDEN TAG, WIR TRINKEN JEDEN TAG. WIR SOLLTEN AUCH JEDEN TAG YOGA PRAKTIZIEREN.

### Beiliegendes Poster: Das Sonnengebet – Surya Namaskar

Diese Übungsabfolge ist ein wunderbarer Einstieg in eine tägliche Yogapraxis zuhause. Sie führt uns zu einer Harmonisierung von Bewegung und Atemfluss. Für das Poster habe ich eine Abfolge gewählt, die auch für Anfänger sehr gut geeignet ist.

Beginnen Sie mit zwei bis drei Sonnengebeten täglich, am besten frühmorgens oder nicht zu spät am Abend. Setzen Sie sich vor Ihrer Yogaeinheit in einer aufrechten Haltung auf ein Kissen und nehmen Sie einige Minuten lang Ihren Atem und Ihren Körper wahr. Zum Abschluss der Yogaeinheit legen Sie sich, bei Bedarf mit einer Decke zugedeckt, in die Entspannungshaltung, *Shavasana*.

## Meditation: jetzt – hier – sein

Die Körperübungen im Yoga werden mit einer kurzen meditativen Einheit begonnen und beendet. Dies bietet uns einen ersten Einblick in die Kraft der Stille. Meditation lehrt uns, im Hier und Jetzt anzukommen, aus dem ewigen Gestern und Morgen auszusteigen. Sie lehrt uns, wie unsere Gedankenwelt beschaffen ist, indem sie uns Raum gibt, diese urteilsfrei zu beobachten. Und schließlich lehrt sie uns die Achtsamkeit, die uns erkennen lässt, wo unsere Prioritäten liegen, wie wir mit uns und unserer Umwelt umgehen, was unsere Geschenke sind und wo unsere Begrenzungen liegen.

Die Achtsamkeitsmeditation (Vipassana) ist ein Weg zu mehr Klarheit und innerer Ruhe, hinaus aus den vielen Sackgassen des Denkens und der Ablenkungen. Diesem Buch beigelegt finden

Sie eine CD mit vier geführten Meditationen von der erfahrenen, deutschsprachigen Meditationslehrerin Ursula Lyon. Schaffen Sie für Ihre Meditationspraxis einen ruhigen Platz und setzen Sie sich entweder auf einen Stuhl oder, wenn es Ihnen möglich ist, im Schneidersitz auf ein Meditationskissen. Bewahren Sie eine aufrechte, würdevolle Haltung. Mit regelmäßiger Praxis dieser Meditationen wird es Ihnen zunehmend leichter fallen, zur Ruhe zu kommen und im Jetzt zu sein.

## Selbstreflexion – Ich bin viele

Viele dieser „Seelen, die in meiner Brust wohnen", dieser Ichs, sind uns vertraut; wir sagen daher: „Ja, das kenne ich in mir! So bin ich!" Zu anderen Seiten in uns haben wir oft kaum oder gar keinen Zugang, manchmal sogar extreme Abneigung gegen sie.

Diese Abneigung äußert sich mitunter in einem kategorischen Ablehnen dieser Seiten in unseren Mitmenschen. Erscheinen uns bestimmte Verhaltensweisen, Emotionen und Gefühlsregungen bei Anderen völlig indiskutabel, weist das im Grunde genommen darauf hin, dass wir diese Persönlichkeitsanteile in uns irgendwann verdrängen oder abstellen mussten. Diese Inneren Stimmen* sind uns vielleicht nicht bewusst, sind aber dennoch da und

bestimmen zwangsläufig unser Leben mit. In der therapeutischen Arbeit mit Voice Dialogue* entsteht ein bewusster Kontakt zu den verschiedenen Inneren Stimmen, zu den Hauptstimmen ebenso wie zu den verdrängten Stimmen. Die Hauptstimmen geben uns, jede auf ihre ganz eigene Weise, Sicherheit, Schutz und Stabilität. Sie ermöglichen es uns, gut im Leben zu stehen und unser Leben zu meistern. Der Preis dafür ist allerdings, dass andere grundlegende Bedürfnisse in uns nicht wahrgenommen werden. Im Gegensatz zu den Hauptstimmen erscheinen die verdrängten Stimmen ganz unvermittelt, situationsbezogen und verwirren oder erschrecken uns, weil sie oft so fremd scheinen, als wären sie nicht ein Teil von uns. Um ein ausgeglichenes Leben zu führen, ist es nötig, allen Stimmen Raum zu geben und so die Spannung innerhalb des psychischen Systems zu lösen.

Ich selbst habe meine Ernährung zehn Jahre lang sehr streng kontrolliert, weil es mein körperlicher Zustand verlangte. Es kam aber der Tag, an dem ich meinen eng gesteckten Pfad kurz verließ und erstaunt feststellte, dass es mir körperlich schon lange wieder besser ging. Ich war nur aus Angst, mein Zustand könnte sich wieder verschlechtern, konsequent geblieben. An diesem Punkt wurde mir klar, dass ich ohne therapeutische Arbeit nicht auskommen würde. Durch die Auseinandersetzung mit meiner Psyche und den inneren Persönlichkeitsanteilen erkannte ich, dass ich mit dem Sicherheitsanker strenger Ernährungsprinzipien etwas anderes zu kompensieren versuchte. Es wurde mir klar, ich war nicht frei: denn gesundes Essen alleine macht nicht glücklich und nicht zufrieden.

Ich verdanke es der Arbeit mit Voice Dialogue, dass ich den tieferen Zugang zu meinen verdrängten Bedürfnissen gefunden habe und diesen seither in meinem Leben einen Platz geben kann (Buchempfehlungen hierzu im Anhang in der Bibliographie).

SOAMI HEISST MIT ALLEM IN EINKLANG SEIN – AUCH MIT DEN SCHATTEN IN UNS.

## Natur – die Kraft, die uns umgibt

Ein besonders einfacher Weg, das bewusste Hinsehen im eigenen Leben zu üben, ist es, sich an unsere große, weise Schwester zu wenden: die Natur. Sie wirkt als einende und heilende Kraft. Der rhythmische Puls der Natur und ihre zyklischen Bewegungen lehren uns ohne viele Worte das Wunder der Achtsamkeit. Sich mit allen Sinnen dem Naturerlebnis hingeben zu können, ist ein wahres Geschenk.

Besonders Stadtmenschen berauben sich oft dieser Möglichkeit und der Großteil ihres Lebens spielt sich innerhalb von Wänden ab. Dabei klären sich so manche Fragen und Wirren wie von selbst bei einer ausgiebigen Wanderung, wenn man sich auf die Sinneseindrücke ganz einlässt. Nicht ohne Grund erfreuen sich die Pilgerwege Europas seit einigen Jahren wachsender Beliebtheit. Mit einer steigenden Wertschätzung, die auf eigenem Erleben beruht, nimmt vielleicht auch der Wunsch, die Natur zu schützen, zu und die eigene Lebensweise wird bewusster wahrgenommen: wie gehe ich mit Wasser, Energie oder Abfall um, welche Produkte wähle ich und wie wirkt sich das in weiterer Folge aus?

### Experimente für alle Sinne:

ॐ **Eine Wanderung mit Familie oder Freunden schweigend durchführen.** Dies ist ein wirklich besonderes Erlebnis, das dem bewussten Wahrnehmen eine gute Gelegenheit zur Entfaltung gibt. Viele von uns durften mit Menschen gar nicht schweigen, weil das als unsozial galt. Mit anderen zu schweigen gibt uns das Gefühl, mit sich, den anderen und der Natur alleins zu sein.

ॐ **In der warmen Jahreszeit möglichst viel barfuß in der Natur unterwegs sein.** So treten wir in direkten Kontakt mit der Erde und unseren Wurzeln. Außerdem können wir uns, nach einer kurzen Eingewöhnungsphase, der Dankbarkeit unserer Füße und des gesamten Bewegungsapparates gewiss sein.

ॐ **Das Wetter genießen.** Durch das Fenster hinaus einen grauen, verregneten Tag zu betrachten drückt wesentlich mehr auf die Stimmung, als in geeignetes Gewand gepackt draußen Wald und Wiese zu erkunden. Jedes Wetter bietet seine einzigartige Schönheit, die sich dem Menschen erst im direkten Erleben erschließt.

# SOAMI ERNÄHRUNG

# Die Körpertypen

**Ob Yoga, Meditation, Natur, Selbstreflexion oder Ernährung: jeder Mensch geht an diese Themen auf seine individuelle Weise heran. Ein Überblick über die verschiedenen Körpertypen hilft dabei, die eigenen Tendenzen klarer zu erkennen und durch Ausprobieren und In-sich-Hineinhören eine unterstützende Ernährungsweise zu entwickeln.**

Wir teilen die drei unterschiedlichen Körpertypen nach den Elementen ein, die ihnen zugeordnet sind: Luft/Äther, Feuer und Erde/Wasser – zur Vereinfachung hier Luft-, Feuer- und Erd-Typ genannt. Jeder Mensch ist einzigartig, wir alle sind Mischtypen. Mit dem folgenden kurzen Überblick über die Körpertypen möchte ich Ihnen also die Grundlage für ein Erforschen der Ernährungsgewohnheiten geben, die Ihnen am meisten entsprechen. Sie können zwar Ihren Konstitutionstypus nicht verändern, wohl aber Ernährung und Lebensstil Ihren Bedürfnissen anpassen, sodass Sie Ihren ganz persönlichen Sattva*-Zustand erreichen.

| | LUFT | FEUER | ERDE |
|---|---|---|---|
| | *SATTVA – ausgeglichener, ursprünglicher Zustand:* | | |
| **KÖRPERBAU** | Leichter Knochenbau, schlank, sehr groß oder sehr klein, zierlich, trockene Haut, schwache Muskeln, hervortretende Knochen, knackende Gelenke | Mittelstarker Körperbau, athletisch-flexibel, schlank warme, sensible Haut mit Neigung zu Rötungen, bestimmter Schritt, dynamischer Körper mit guter Wärmeregulierung, gut ausgeprägte Muskulatur | Starker Knochenbau mit Neigung zu Übergewicht, ruhige Bewegungen, ausdauernd, standhaft, kräftige Gelenke, träger Stoffwechsel |
| **CHARAKTER** | Enthusiastisch, innovativ, feinfühlig kommunikativ, anpassungsfähig, schnelle Auffassungsgabe, initiativ | Intelligent, klar erfassend, selbstständig, mutig, warmherzig, fröhlich, tolerant, weitsichtig, kooperativ, teamfähig | Ruhig, geduldig, stabil, intelligent, loyal, liebevoll, sanft, vergebend, zufrieden, gläubig, ruhender Pol |
| **VERDAUUNG** | Sensibles Verdauungssystem | Gut funktionierendes Verdauungssystem | Etwas langsames Verdauungssystem |
| | *Unausgeglichener Zustand:* | | |
| **KÖRPERBAU** | Hochgezogene Schultern, gekrümmter Rücken, abgemagert, knochig, dünn | Verspannt, muskulös, aufgeblasen, mächtig, rot, angespannt | Tendiert zu Übergewicht und Fettleibigkeit |
| **CHARAKTER** | Unentschlossen, unzuverlässig, überaktiv, rastlos, nervös, ängstlich, geschwätzig, laut, deprimiert, neidisch | Impulsiv, ehrgeizig, hektisch, aggressiv, ungeduldig, rücksichtslos, dominant, stolz, eitel, berechnend, egoistisch | Materialistisch, neidisch, kontrollierend, geizig, anhänglich, sicherheitsbedürftig, apathisch, faul, gelangweilt, schwer von Begriff |
| **VERDAUUNG** | Blähungen, alternierend Durchfall oder Verstopfung | Durchfall (es wird zuviel aufgenommen, wenig verwertet und zu schnell ausgeschieden) | Langsame, sehr träge Verdauung |
| **BERUF** | Musik, Kunst, Lehrberufe | Management, leitende Funktion | Medizin, Erziehung, Handwerk |



*Mit * gekennzeichnete Begriffe (und viele weitere) sind im Glossar beschrieben.*

# Luft

**Ernährung für den Luft-Typ:**

ॐ Süßes Gemüse: Kürbis, Karotten etc.

ॐ Leichte Getreide, glutenfrei: Hirse, Quinoa, Reis

ॐ Drei warme Mahlzeiten. Bei Menschen mit einem ausgeprägten Luftelement ist dies sehr förderlich für ein geordnetes Leben. Besonders ein reichhaltiges, warmes Frühstück (z. B. Misosuppe oder -brühe und Getreide-porridge) wirkt Wunder.

ॐ Mehr Fett. Damit der Luft-Typ nicht zu dünn wird oder „austrocknet", braucht er etwas mehr Fett in Form von biologischen kaltgepressten Ölen.

ॐ Mittags die Hauptmahlzeit einnehmen. Das Verdauungsfeuer* nimmt mit fortschreitendem Tag ab. Der Luft-Typ neigt zu Blähungen und Verstopfung und sollte daher abends nur noch etwas Leichtes essen – in einem entspannten Umfeld.

ॐ Das Auge isst mit – besonders bei diesem Körpertyp. Nehmen Sie sich also die Zeit, die Sie brauchen, decken Sie den Tisch schön (selbst wenn Sie „nur" für sich selbst kochen) und genießen Sie Ihr Essen in Ruhe.

ॐ Warmes trinken. Vor allem warmes, abgekochtes Wasser oder Ingwerwasser (nicht mehr als 2–3 Tassen pro Tag), in kleinen Schlucken konsumiert, regen das Verdauungsfeuer an.

ॐ Linsen und Azuki- oder Mungbohnen sind besser veträglich für den Lufttyp als etwa große Bohnensorten und Brot, die Blähungen und Verstopfung auslösen können.

ॐ Zu viel Rohes, Kaltes, Kühlendes meiden.

ॐ Milde Speisen essen – nicht zu heiß und mäßig würzig.

ॐ Das Bedürfnis nach Regeneration und Sammlung ernst nehmen.

**Yoga für den Luft-Typ:**

ॐ Wählen Sie einen ruhigen, erdenden und kräftigenden Yogastil, bei dem Sie sich langsam aufwärmen. Die Übungen sollten körperlich nicht zu fordernd sein und mit einer ausgiebigen End-Entspannung abgeschlossen werden (mind. 10 Minuten). Das hilft Menschen mit ausgeprägtem Luft-Element, ruhiger und geduldiger zu werden. Diese neigen nämlich dazu, ihre Grenzen zu überschreiten und sich dabei mitunter zu verletzen. Auf eine ruhige und konzentrierte Weise Yoga-Asanas zu üben, bereitet den Luft-Typ auch gut für Meditation vor.

ॐ Nach dem Üben etwas Warmes trinken. Das erdet und beruhigt den Luft-Typ.

**Meditation für den Luft-Typ:**

Der Luft-Typ braucht Meditation, um seinen rastlosen Geist zu beruhigen und um seine Neigung zu Ängsten und Nervosität zu beobachten und einen achtsamen Zugang dazu zu entwickeln. Regelmäßiges Meditieren verbessert seinen Schlaf und hilft ihm, sein Vertrauen zu stärken. Ideal ist für den Luft-Typ die Atem- oder die Vertrauensmeditation.

**Sein in der Natur:**

Flottes Spazierengehen, Radfahren und einfache Wanderungen sind für den Luft-Typ ideal. Dies ermöglicht es ihm, die Natur mit allen Sinnen wahrzunehmen.

## Feuer

**Ernährung für den Feuer-Typ:**

ॐ Frühstücken! Der Feuer-Typ verbrennt Energie sehr schnell. Daher fühlt er sich unausgeglichen, wenn er kein Frühstück zu sich nimmt, bzw. er wird bei zu niedrigem Blutzuckerspiegel schnell zornig.

ॐ Regelmäßige Mahlzeiten. Speziell für den Feuer-Typ ist es wichtig, auf ruhige und regelmäßige Mahlzeiten zu achten, da sonst das Element Feuer überhand nimmt und er als Folge hastig und unkontrolliert das Nächstbeste zu sich nimmt.

ॐ Dieser Körpertyp kann auch am frühen Abend noch gut verdauen.

ॐ Rohkost und Kühlendes. Der Feuer-Typ verträgt diese gut. Da er aber schnel , mitunter sogar zu schnell, verdaut und die Nahrung dadurch nicht so gut verwertet, kann er bei übermäßigem Verzehr von Rohkost zu Durchfall neigen.

ॐ Milder Nahrung den Vorzug geben. Scharfes und Salziges brauchen Menschen mit einem ausgeprägten Feuer-Element nicht. Ein ständig überhitzter Feuer-Typ kann auch bei meinen Rezepten auf weniger Salz und Gewürze achten.

ॐ Scharfe Gewürztees sollten vermieden werden. Auch Ingwerwasser sollten feurige Menschen nur mit sehr wenig Ingwer zubereiten. Für sie eignen sich zum Beispiel Kukicha Tee und heimische Kräutertees

ॐ Speisen und Getränke von angenehmer Temperatur, nicht zu heiß, einnehmen.

**Yoga für den Feuer-Typ:**

ॐ Wählen Sie einen kühlenden, entspannenden, sanften und hingebungsvollen Yogastil, bei dem Sie nicht zu stark ins Schwitzen geraten. Der Feuer-Typ ist gelenkig und ehrgeizig und sollte sich immer wieder ins Bewusstsein rufen, dass Yoga ihm die insgeheim herbeigesehnte Gelegenheit gibt, sich endlich ohne Leistungs- und Vergleichsdruck, konzentriert und in kleinen Schritten zu entwickeln.

ॐ Aktivität fällt dem Feuer-Typ leichter als das Innehalten und das In-sich-Sein. Wegen seiner Leistungsorientiertheit blendet er mitunter meditative und spirituelle Elemente des Yoga ganz aus. Daher wirkt ein ausgewogener Rhythmus von Aktivität, Passivität und Meditation auf diesen Körpertyp ausgleichend.

**Meditation für den Feuer-Typ:**
Das Element Feuer braucht Meditation, um Ruhe zu finden und um mit sich selbst und anderen Frieden zu schließen. Der Feuer-Typ neigt auch in der Meditation dazu, seinen Willen durchsetzen zu wollen, alles zu steuern und im Griff zu haben. Für die Praxis der Meditation bedeutet das: er kann sich äußerst gut konzentrieren, aber dieser intensiven Konzentration kann auch wieder ein Leistungsdruck zugrunde liegen. Daher ist es für den Feuer-Typ empfehlenswert, sich bei der Meditation hinzulegen, damit er seine starke geistige Kraft zu bündeln lernt und sie positiv für seine innere Ruhe und wahren Bedürfnisse nutzen kann. Für diesen Körper-Typ eignet sich die Metta-Meditation oder die Atem-Achtsamkeitsmeditation.

**Das Sein in der Natur:**
Radfahren, Schifahren, Schwimmen, Klettern und Wandern passen zum Feuer-Typ, weil er dabei seinen Leistungsanspruch verwirklichen kann.

## Erde

**Ernährung für den Erd-Typ:**
ॐ Ein leichtes Frühstück einnehmen. Dieser Körpertyp hat einen langsameren Stoffwechsel, daher ist für ihn ein leichtes Frühstück am späteren Vormittag ideal.

ॐ Eine Hauptmahlzeit am Tag. Damit kommt der Erd-Typ gut aus. Abends genügt ihm eine Kleinigkeit, zum Beispiel eine warme Suppe. Das sogenannte *Dinner-Cancelling* ist für diese Menschen sehr zu empfehlen.

ॐ Würziges und bitteres Gemüse zubereiten. Rettich, Kohl, Chicoree, Sprossen und mäßig Rohkost sind für den Erd-Typ sehr gut verträglich.

ॐ Fettes, Mehlprodukte und Gebackenes meiden. Die träge Verdauung dieses Körpertyps wird durch solch schwere Kost noch mehr belastet und es kann leicht zu einer Gewichtszunahme kommen.

ॐ Mehr Gemüse, weniger Getreide, mäßig Eiweiß.

ॐ Leichte, fruchtige Desserts.

ॐ Ingwerwasser und Gewürztees tragen zum Wohlbefinden bei. Bancha Tee ist für den Erd-Typ sehr bekömmlich.

**Yoga für den Erd-Typ:**
ॐ Wählen Sie einen anregenden, dynamischen und erwärmenden Yogastil. Für den Erd-Typ ist es förderlich und motivierend, richtig ins Schwitzen zu kommen, sich zu fordern und bis an seine Grenzen zu gehen. Steigern Sie jedoch die Anstrengung beim Üben der Asanas nur langsam, damit Sie sich nicht überfordern und so vielleicht den Mut und die Energie verlieren.

ॐ Regelmäßiges, häufiges Üben ist ideal für das körperliche Wohlbefinden des Erd-Typs.

ॐ Jede Yoga-Einheit beendet er am besten mit einer kurzen End-Entspannung (Shavasana).

**Meditation für den Erd-Typ:**
Für diesen Körpertyp ist Meditation sinnvoll, um sich von emotionalen Bindungen zu lösen und seine geistige Trägheit zu überwinden. Da es ihm leicht passieren kann, bei der Meditation einzuschlafen, ist es ratsam für ihn, nur im Sitzen zu meditieren. Er muss ermutigt und motiviert werden, speziell das Mitmachen in einer Gruppe kann daher für ihn sehr unterstützend sein. Menschen mit einem starken Erd-Element sollten ein beständiges und diszipliniertes Üben im Auge behalten, auch wenn sie nicht sofort ein handfestes, positives Ergebnis erkennen können. Atemmeditation, dynamische Meditationsformen oder Körperachtsamkeitsmeditation sind für diesen Körpertyp empfehlenswert.

**Das Sein in der Natur:**
Geeignet sind alle Bewegungsformen, die den Erd-Typ zum Schwitzen bringen und den Kreislauf ankurbeln.

## Einige Ernährungs- und Bewegungstipps, die für alle Körpertypen gelten:

ॐ Das Verdauungsfeuer* und die Stoffwechselaktivität sind zwischen 10 und 14 Uhr auf ihrem Höhepunkt. Dies ist dementsprechend die ideale Zeitspanne für die Hauptmahlzeit.

ॐ Die Zeit zwischen 14 und 18 Uhr ist für geistige Arbeit sehr gut geeignet. Sollte in dieser Zeit große Müdigkeit auftreten, liegt das höchstwahrscheinlich an Qualität oder Quantität des Mittagessens oder an einem zu schwachen Verdauungsfeuer*.

ॐ Gönnen Sie sich nach dem Essen eine Viertelstunde Ruhe.

ॐ Ab dem späten Nachmittag sollte Rohkost vermieden werden.

ॐ Abends ist eine leichte Mahlzeit, z. B. Suppe, ideal. Der Organismus wird entlastet, man erwacht am Morgen mit frischer Energie. Auch hin und wieder ganz auf das Abendessen zu verzichten, kann sehr förderlich für die Regeneration während der Nachtruhe sein.

ॐ Die ideale Zeit für Yoga, Meditation und geistige Arbeit sind die Morgenstunden – vorausgesetzt, man ist früh genug schlafen gegangen. Auf die meisten Menschen wirkt spätes Aufstehen eher erschöpfend als energetisierend.

ॐ Im Tagesablauf Platz für Bewegung, Natur, frische Luft und Meditation zu schaffen ist von unschätzbarem Wert. Sie werden sehen, wie sehr es sich lohnt, den vermeintlichen Hindernissen zu begegnen, sie zu bewältigen und Stück für Stück mehr Lebensqualität und innere Ruhe zurückzuerobern.

EINE LEBENSUMSTELLUNG GEHT GANZ NATÜRLICH MIT EINER UMSTELLUNG DER ERNÄHRUNG EINHER.

*Mit * gekennzeichnete Begriffe (und viele weitere) sind im Glossar beschrieben.*

## SOAMI – Der Beginn einer ganzheitlicheren Lebensweise

### Was ist „richtige Ernährung"?

Eine passende Ernährungsweise hängt nicht nur von der momentanen Verfassung und dem Körpertyp ab, sondern auch von den klimatischen Bedingungen des Lebensraumes.

Von doktrinären Trends für Ernährung halte ich persönlich also nicht viel. Traditionelle Systeme wie Ayurveda, Makrobiotik oder die Chinesische Ernährungslehre sprechen stets von einer „Lebensweise" und nicht von rigiden Ernährungsregeln. Sie verweisen damit wieder auf die auch SOAMI zugrundeliegenden Prinzipien *Achtsamkeit* und *Nahrung auf allen Ebenen*.

Es gibt viele Gründe dafür, warum jemand seine Ernährung bzw. Lebensweise umstellen will, z. B. Unverträglichkeiten, Allergien, körperliche Beschwerden, Unzufriedenheit mit dem eigenen Körpergewicht oder ein gestörtes Verdauungssystem, welches durch falsche Ernährung, chronischen Schlafmangel, Stress, Übergewicht oder Essstörungen ausgelöst wurde. Auch das Erkennen eines konstanten Unwohlseins, das Müdigkeit und Antriebslosigkeit nach sich zieht, kann den Impuls für eine Veränderung der Essgewohnheiten geben.

Am Anfang steht stets ein Gefühl und ein Bedürfnis. Das Gefühl, sein Leben und die Ernährungsweise ändern, verbessern zu wollen. Bis diesem Gefühl/Gedanken dann Taten folgen, kann Zeit vergehen. Und ist die Umsetzung schließlich im Gange, sind diese beiden ständige Begleiter: Stillstand und Fortschritt. Sowohl das Setzen-Lassen als auch das Weitergehen sind von großer Bedeutung. Mit wie viel Konsequenz und Entschiedenheit, wie viel Behutsamkeit und Toleranz Sie die Elemente der Ernährungs-/Lebensumstellung umsetzen, hängt von Ihrem körperlichen Zustand ab – und letztlich von Ihrer Psyche, Ihren Inneren Stimmen*.

Wenn Sie sich dauerhaft ausgebrannt und überfordert fühlen und kaum Lust auf Veränderung aufbringen können, ist es ratsam, zuallererst Ihren psychischen Zustand zu beleuchten. Therapeutische Gespräche und begleitete Selbsterfahrung erweisen sich dabei als immens hilfreich. Meine Erfahrung mit Ernährungsberatung und Voice-Dialogue-Begleitung hat immer wieder gezeigt, dass ein gewisses Mindestmaß an innerer Stabilität notwendig ist, um eine gezielte Ernährungs-/Lebensumstellung überhaupt ins Rollen zu bringen.

#### Auch Ernährung ist relativ

Meine persönliche Erfahrung hat mich z. B. gelehrt, dass ich Rohkost im sonnigen Kalifornien gut vertrage – obwohl mein Luft-Element sehr stark ausgeprägt ist. Nach meinem Umzug nach Frankreich wurde mir für Rohkost schlicht zu kalt und ich stellte meine Ernährung entsprechend um.

Rohkost kann je nach Körper-Typ auch von Zeit zu Zeit gut als eine Art „Entschlackungskur" eingesetzt werden, weil ein Überschuss an tierischem Eiweiß so am schnellsten ausgeleitet wird. Mit ihrer Unterstützung wurden überdies schwere Krankheiten erfolgreich behandelt, ähnlich wie mit makrobiotischer Ernährung (bei der allerdings ein hoher Anteil von sanft gegarten Speisen gegessen wird). Auch viele ältere Yogis, die sich hauptsächlich von Rohkost ernähren, vertragen diese dank ihrer regelmäßigen wärmenden Yogapraxis erstaunlich gut.

Ein sinnvoller Zeitrahmen für die Umsetzung sind mindestens 6 bis 12 Monate. Das Diäthalten nach gängigen Diät-Trends verspricht zwar schnellere Resultate in puncto Gewichtsverlust, der Psyche/Seele des Menschen wird aber unterschwellig immer ein „gegen mich" vermittelt, eine ungesunde Haltung dem Selbst gegenüber, die einer anhaltenden Veränderung im Wege steht. Daher ist es nährender, motivierender und nachhaltiger für den Menschen als Körper/Geist/Seele, behutsam und konsequent, liebevoll und achtsam, im eigenen Zeitmaß und nach eigener Zielsetzung eine Veränderung zuzulassen.

Solange also der Fokus das „Für mich" ist und nicht ein „Gegen mich", finden Sie mit der SOAMI Ernährung automatisch zu Ihrem richtigen Gewicht – bzw. das richtige Gewicht findet Sie.

**Veränderung ist Prozessarbeit – der Weg ist das Ziel.**

ॐ Sie haben schon zahllose Versuche unternommen, unliebsame Gewohnheiten zu brechen – ohne Erfolg? Erforschen Sie innerhalb eines therapeutischen Rahmens, welche Ihrer Inneren Stimmen* Ihr Vorhaben sabotiert und wieso. Vielleicht ist es ja genau diese unliebsame Gewohnheit, die Sie so dringend brauchen, um sich in der Welt sicher zu fühlen und zu funktionieren. Wenn Sie sich zuhören und Ihre Bedürfnisse erkennen und annehmen, tun sich oft ungeahnte Freiräume für Veränderung auf.

ॐ Der Weg, den wir mit SOAMI vorleben wollen, ist ein Weg der Toleranz sich selbst und anderen gegenüber. Der erste Schritt, der erste Fokus ist es also, uns selbst ganz und gar anzunehmen. Und zwar genau so, wie wir gerade sind: frustriert, voller Hoffnung, schwer, müde, mager, enthusiastisch, wütend, entspannt etc. Durchleuchten Sie in weiterer Folge, in welcher Situation Sie welches Gefühl „wegzuessen" versuchen. Das Genießen von gewissen „Comfort foods" scheint immer kurzfristig eine Entlastung zu bringen; leider verändert sich dadurch – außer dem Gewicht – meistens gar nichts.

ॐ Keineswegs müssen Sie von heute auf morgen sämtliche Gewohnheiten vollkommen verändern und Ihre Ernährung und Ihr Leben radikal umstellen. Fangen Sie schrittchenweise an. Bereichern Sie Ihren Tag immer wieder und immer regelmäßiger mit Meditation und Yoga, nehmen Sie sich immer wieder Zeit für bewusstes Kochen, Essen und Genießen und beobachten Sie, wie viel kraftvoller, ruhiger und flexibler Sie sich fühlen und wie Ihr Selbstwertgefühl Stärkung erfährt. Viele scheinbar unlösbaren Probleme oder Süchte klären sich wie von selbst, wenn Sie sich diesem Prozess hingeben.

ॐ Wieso das Kultivieren von Achtsamkeit in diesem Prozess so wichtig ist? Meistens erlebt man den Moment gar nicht bewusst, indem man sich beispielsweise für den dritten Kaffee entscheidet, anstatt innezuhalten und so den Autopiloten auszuschalten. Ihre Gewohnheiten, die eingefahrenen Wege, auf denen Sie sich bewegen, bestimmen Ihre Handlungen. Achtsamkeit ermöglicht es uns, den Moment des Entscheidens abzupassen und bewusst neu zu nützen.

ॐ Vertrauen Sie sich, dass Sie die inneren und äußeren Hürden bewältigen lernen werden und schnüren Sie das Zielpaket nicht zu eng. Zu viele Regeln können erdrückend wirken und demotivieren.

ॐ Ist es aus gesundheitlichen Gründen notwendig, Gewicht zu verlieren bzw. den Körper zu entlasten, ist ein begleiteter Prozess sehr anzuraten. Eine Woche bei uns im SOAMI zu verbringen und am Beginn eine persönliche Beratung in Anspruch zu nehmen, ist beispielsweise ein sinnvoller erster Schritt auf diesem Weg.

**WELLENBEWEGUNGEN GEHÖREN ZU UNSEREM LEBEN.**

### 24-Stunden-Fasten

Immer wieder treten Menschen (zumeist solche mit ausgeprägtem Erd-Element) an mich heran, die ihr Übergewicht abbauen wollen und dabei stagnieren. Meine Empfehlung in diesem Fall: ein Fasttag pro Woche.

**So gestalten Sie Ihren wöchentlichen Fasttag:**

An diesem sollten Sie innerhalb von 24 Stunden nur Flüssiges zu sich nehmen. Abgekochtes Wasser, Basen- und Gemüsebrühe und Kukicha Tee stehen an diesem Tag auf dem Trinkprogramm. Wählen Sie dafür einen Tag – idealerweise immer den gleichen Wochentag –, an dem Sie keine gesellschaftlichen Verpflichtungen haben. Sie fasten somit 52 Tage im Jahr und Ihr Körpergewicht pendelt sich in seiner natürlichen Mitte ein.

Dem Luft- und Feuer-Typ rate ich vom längeren Fasten eher ab.

## Punkt für Punkt zur Ernährungsumstellung

1) Fangen Sie mit Ihrer Umstellung langsam an, dann integrieren Sie Neues besser und es macht mehr Spaß. Eine gelungene Ernährungsumstellung dauert sechs bis zwölf Monate – und kann auch ganz und gar ohne „Diät-Feeling" auskommen.

2) Ersetzen Sie ein- bis zweimal pro Woche Lebensmittel, die extrem yin oder yang sind (siehe Tabellen auf S. 32), mit ausgewogeneren. Verwenden Sie beispielsweise braunen, biologischen Rundkornreis statt weißen, konventionellen Reis. Oder süßen Sie mit Reismalz und Ahornsirup statt mit Zucker und Honig. Entscheiden Sie sich immer wieder für einige neue Lebensmittel und verwenden Sie diese innerhalb kurzer Zeit gleich mehrmals. So machen Sie sich mit diesen wohlvertraut und können sie bald routiniert einsetzen.

3) Planen Sie bewusst genug Zeit in Ihrem Tagesablauf ein, sich um Ihre Nahrung zu kümmern. Sei es, dass Sie in der Früh etwas früher aufstehen, um sich ein warmes Getreideporridge zuzubereiten, oder dass Sie abends für das Mittagessen im Büro etwas vorkochen. Das fördert die innere Ruhe und vermittelt Ihnen: „Ich sorge gut für mich."

4) Struktur bietet einen sicheren Rahmen: vom Schreiben des Einkaufszettels, über das Einkaufen und das Zubereiten der Mahlzeit.

5) Wenn es für Sie nicht ohnehin schon selbstverständlich ist, empfehle ich Ihnen, damit zu beginnen, zumindest einmal in der Woche biologisch angebautes Gemüse und Bio-Produkte einzukaufen statt konventionelle.

6) Schmökern Sie sich beim Einkauf durch die Regale. Lesen und vergleichen Sie die Produktbeschreibungen (z. B. auch, um den Unterschied zwischen Bio-Produkten und konventioneller Ware kennenzulernen) und recherchieren Sie eventuell im Internet die Zutaten, die Sie nicht kennen oder die Fragen offen lassen (z. B. was sind gehärtete Pflanzenfette oder künstliche/natürliche Aromen eigentlich, was steckt hinter den E-Bezeichnungen, was ist Inulin usw.).

7) Erweitern Sie Ihr Nahrungsmittelrepertoire mit Augenmerk auf achtsamer ausgewählte und qualitativ hochwertigere Zutaten.

8) Versuchen Sie nicht aus diätetischen Gründen auf gewisse Nahrungsmittel zu verzichten. Die Veränderungen sollten Sie bereichern und Ihnen schmecken.

9) Wagen Sie ruhig auch den einen oder anderen Ausflug in frühere Essgewohnheiten und halten Sie nicht an einem zu rigiden Plan fest. Behalten Sie aber dabei Ihre Lust auf Veränderung im Auge.

10) Ihre neue Art des Essens und Kochens darf spielerisch und experimentierfreudig sein. Denn alles, was mit Freude gekauft, zubereitet und gegessen wird, kann seine positive Wirkung entfalten.

11) Am einfachsten machen Sie es sich zu Beginn, wenn Sie zunächst Suppen und Desserts nach dem SOAMI-Prinzip zubereiten. Dann können Sie langsam dazu übergehen, die Getreide-, Gemüse- und Eiweiß-Variationen zu kombinieren und damit einen Balance Teller zu kreieren.

12) Geben Sie sich Zeit. Reflektieren Sie Ihre Nahrungsumstellung, entscheiden Sie sich immer wieder bewusst dafür und genießen Sie Ihr sich veränderndes Körpergefühl. Wenn Sie gar nicht viele Worte darüber verlieren, verpulvern Sie nicht unnötig Energie, die Sie momentan für sich selbst benötigen.

13) Lassen Sie dieses „Kochbuch" nicht neben den anderen im Regal verstauben. Nehmen Sie es immer wieder zur Hand, um Ihr Verständnis zu vertiefen und den Impuls für die Umsetzung am Leben zu erhalten.

14) Sobald Sie in der SOAMI Ernährungsweise heimisch geworden sind, beginnen Sie mit der Vielfalt an Produkten Ihre eigenen Rezepte zu kreieren oder Ihre Lieblingsrezepte mit neuen Impulsen zu bereichern.

15) Sie wollen den Stein ins Rollen bringen? Eine Woche bei uns in den Bergen hat bereits in vielen unserer Gäste und Freunde den entscheidenden Funken entzündet und Weg und Ziel klarer werden lassen.

## SOAMI und die „Don'ts" – Ab und zu entscheidet man sich für High Heels!

Wenn Sie den Weg des achtsameren und bewussteren Umgangs mit sich selbst und Ihrer Umwelt eingeschlagen und eine Weile konsequent die Vorschläge von SOAMI umgesetzt haben, werden Sie vielleicht dennoch einmal Lust verspüren, aus welchem Anlass auch immer, ein Glas Wein zu trinken oder wieder einmal ein Stück Fleisch oder ein nicht-veganes Dessert zu essen, sozusagen „vom Weg abzukommen".

Ich persönlich halte nichts mehr von krampfhaftem Zurückhalten, weil unsere Impuls- und Lustanteile von sehr eng gesteckten Grenzen eingeschränkt und vom Dasein ausgeschlossen werden. Unser Geist wird dadurch rigide und das Leben freudlos. Wenn Sie sich bewusst für eine Abwechslung entscheiden, auch wenn sie in der Schublade mit den extremen Nahrungsmitteln liegt, bringt es Sie auf gewisse Weise weiter und Sie lernen sich und Ihren Körper noch besser verstehen. Sie erkennen danach vielleicht, wie Sie sich früher gefühlt haben und kehren dann umso lieber wieder auf den SOAMI-Weg zurück.

Es gibt einen wohlbekannten Spruch: „Was man genießt, kann einem nicht schaden!" Ich denke, dass es dabei auf die Häufigkeit ankommt, auf die Situation und auf den Grad der Bewusstheit, mit dem wir bei der Sache sind. Auf Ihrem Weg zu größerer Achtsamkeit kann sich die Voice-Dialogue*-Arbeit mit den inneren Persönlichkeitsanteilen hier als sehr hilfreich erweisen (Buchempfehlungen hierzu im Anhang in der Bibliographie).

### Zu Beginn auf der sicheren Seite bleiben

In den ersten Monaten der Ernährungs-/Lebensumstellung rate ich von Ausnahmen ab, da sie uns schwächen und zurückwerfen können, wenn wir noch nicht so richtig in der neuen Ernährungsweise angekommen sind.

Menschen, die zu Suchtverhalten neigen, sollten Ausflüge in die Welt von Zucker, Alkohol, Kaffee und Schwarztee lieber vermeiden, da eine Rückkehr mitunter schwierig werden kann. Sollten Sie jedoch einmal in alte und schwächende Gewohnheiten zurückgefallen sein, gibt es keinen Grund, den Mut zu verlieren. Da Sie die Vorteile und die Fülle der bewussten Ernährung bereits ausgekostet haben, können Sie aus diesem Wissen die Stärke für einen Wiedereinstieg entwickeln.

## Warum isst man so wie man ist? – Die Nahrung aus zwischenmenschlichen Beziehungen

Die erste Beziehung eines jeden Menschen ist die Mutterbeziehung. Die Mutter ist ein Sinnbild für das nährende, gebende Prinzip. Liebe, Nähe und Nahrung sind in dieser ersten Beziehung eins. Die Lebensbereiche Beziehung und Ernährung sind also eng miteinander verwoben und wirken aufeinander ein.

Nehmen Sie beispielsweise immer wieder wissentlich Nahrungsmittel zu sich, die Ihnen mehr schaden als gut tun, wird es sehr aufschlussreich sein, auch Ihre Beziehungsebene unter die Lupe zu nehmen.

**Hilfreich sind dabei zum Beispiel die folgenden Fragen:**

ॐ Wie geht es mir in meinen engsten Beziehungen (Partner, Kinder, Eltern)?

ॐ Fühle ich mich überfordert, unterdrückt, frei, erfüllt etc.? Was fehlt mir?

ॐ Wie erfüllt bin ich durch meine Arbeit und wie komme ich mit den Menschen in meiner Arbeit aus?

ॐ Bin ich ein Mensch, der ständig gibt, oder fordere ich auch ein, was ich brauche?

ॐ Erkenne ich meine Grenzen selbst rechtzeitig und kann ich darauf eingehen?

ॐ Wie drücke ich mich gegenüber anderen aus, wenn ich an meiner Grenze angekommen bin?

ॐ Bin ich in Beziehungen nachgiebig und angepasst oder trotzig und rebellisch oder stehe ich zu meinen Bedürfnissen?

ॐ Bin ich mir meiner Bedürfnisse überhaupt bewusst?



*Mit * gekennzeichnete Begriffe (und viele weitere) sind im Glossar beschrieben.*

Da das Wesen Mensch kein Solitär, sondern abhängig von einem weitverzweigten Beziehungsnetz ist, hat die Beziehungsebene weitreichende Auswirkungen auf die Art und Weise, wie wir uns ernähren bzw. was wir auf welche Weise zu uns nehmen. Wenn wir in Beziehungen zum Beispiel keine Nahrung (Zuneigung) bekommen oder nicht in der Lage sind, diese anzunehmen, kompensieren wir das schließlich über Nahrungsmittel und das Essen. Auch nicht-gelebte Sexualität beeinflusst unser Essverhalten. Ein erfüllendes Sexualleben, ein vitaler Teil jeder Liebesbeziehung kann sich nur entwickeln, wenn beide Partner frei genug sind, ihre Bedürfnisse zu äußern, und auch gewillt, auf die Bedürfnisse des Anderen einzugehen.

Viele Menschen kompensieren ihre Einsamkeit, die ihnen fehlende Nähe, Sexualität oder Liebe auch mit häufigen Restaurantbesuchen und einem Überkonsum vor allem an Junk Food, Zucker und Alkohol. Andere hören aus denselben Gründen einfach auf, zu essen. Beides wirkt sich auf Körper, Geist und Seele aus.

Beziehungen geben uns die beste Möglichkeit uns zu entwickeln, weil sie ein Spiegel sind. Sieht man wirklich hinein, hat man die Möglichkeit, eigene Muster zu erkennen. Wendet man den Blick aber standhaft von diesem Spiegel ab, findet man immer nur im anderen die Schuld, die Beziehung bleibt unbefriedigend, die Partner leben nebeneinander her oder beenden die Beziehung über kurz oder lang. In der nächsten Beziehung treten dann bald wieder dieselben Muster in Erscheinung. Demgegenüber fördern bewusst geführte Paarbeziehungen die Entwicklung beider Personen. Die meiner Erfahrung nach beste Art, Klarheit über Beziehungs- und Bindungsmuster zu bekommen, ist wie so oft die therapeutische Begleitung.

## Das Prinzip von Yin und Yang – und die Balance: Sattva

Yin und Yang sind zwei Kräfte, die gegensätzlich sind und sich ergänzen. Wie Mann und Frau, Sonne und Mond, Tag und Nacht, Bewegung und Ruhe. In jedem Yin steckt etwas Yang, so wie in jedem Yang auch Yin vorhanden ist. Eine Balance von Yin und Yang ist der Zustand der Harmonie. Der Begriff *Sattva** kommt aus dem altindischen Sanskrit und bedeutet Mitte und Ausgeglichenheit. Bei uns im SOAMI wird besonderes Augenmerk auf eine Harmonie von Yin und Yang gelegt. Die SOAMI Nahrung ist also sattvisch. Lebensmittel, die extreme Yin- oder Yang-Qualität haben, kommen bei mir gar nicht erst in den Topf oder auf den Teller. Denn jedes Extrem muss schließlich mit seinem Gegenpol ausgeglichen werden – die Folge ist ein andauerndes Ausgleichen-Müssen, der Organismus oszilliert zwischen zwei Polen auf einer Hochschaubahn.

Das sattvische SOAMI Prinzip hebt diese Extreme auf und pendelt den energetischen Wert der Ernährung zwischen 30 und 70 ein (0 = extrem Yin, 100 = extrem Yang; Anm.: diese Einteilung habe ich zur besseren Veranschaulichung selbst vorgenommen. Sie ist aber sowohl nach unten als auch nach oben offen: unter Null sind beispielsweise viele Drogen und Medikamente oder chemische Zusätze in Lebensmitteln wie Monosodiumglutamat, Süßstoffe o. Ä.). So wird es jedem Körpertyp ermöglicht, ein Wohlgefühl der Balance, der ganz persönlichen Mitte zu erfahren.

### Dynamisches Gleichgewicht

Wir versuchen fortwährend, ein dynamisches Gleichgewicht und die Harmonie zwischen Yin und Yang aufrechtzuerhalten, um uns an unsere unmittelbare Umgebung anzupassen. Extreme fordern einander demnach gegenseitig ein. So verlangt zum Beispiel eine aus einem hohen Anteil an Fleisch, Eiern und anderen tierischen Produkten bestehende Ernährung, die sehr yang ist, eine entsprechend große Aufnahme von extremen Yin-Nahrungsmitteln (z. B. tropische Früchte, Zucker, Alkohol und Gewürze, bis hin zu manchen Drogen und Medikamenten).

Eine auf solchen Extremen beruhende Ernährung lässt sich sehr schwer ausbalancieren und führt oft zu Krankheiten – bedingt durch ein Übermaß von dem einen und/oder dem anderen Faktor.

Die in unserem Leben vorherrschende Qualität der ständigen Aktivität – berufliche Höchstleistungen, Multitasking, (Freizeit-) Stress, Reizüberflutung – ist nun ein Zustand von extremem Yang (100 oder sogar höher) und fordert sein Gegenteil ein: extreme Yin-Substanzen wie z. B. Alkohol, Kaffee, Zucker, Weißmehlprodukte, Junk Food (mit Zucker, Farbstoffen, Transfetten, Geschmacksverstärkern etc.) und Softdrinks. Gängige Ausgleichs-

| YIN-ENERGIE BEWIRKT | YANG-ENERGIE BEWIRKT |
|---|---|
| Wachstum in heißem Klima | Wachstum in kaltem Klima |
| Rascheres Wachstum | Langsameres Wachstum |
| Nahrungsmittel mit höherem Wassergehalt | Trockene Nahrungsmittel |
| Früchte und Blätter, die stärker von sich ausdehnender Energie genährt werden | Stiel, Wurzeln und Samen, die stärker von sich zusammenziehender Energie genährt werden |
| Großes Längenwachstum über der Erde | Wachstum unter der Erde |
| Saure, bittere, extrem süße, scharfe und aromatische Nahrungsmittel | Salzige, natürlich süße und würzige, stechend scharfe Nahrungsmittel |

paare sind etwa Kaffee (Yin) und Zigarette (Yang) oder Wein (Yin) und Käse (Yang). Eine weitere Folge der extremen Yang-Qualität unseres Lebens sind extreme Yin-Zustände wie Rastlosigkeit, Überforderung, Atemlosigkeit, Schlaflosigkeit, Burn-out, körperliche/psychische Zusammenbrüche, Hoffnungslosigkeit und Depressionen.

Das Trügerische daran ist, dass in einem Extremzustand das andere Extrem kurzfristig für einen Ausgleich sorgt. Das Pendel schlägt weit von einer Seite zur anderen. Das ist für den Organismus auf Dauer eine Überforderung und Belastung: Körper und Geist kommen zu Schaden. Hier kann eine Ernährung, die auf Balance (Sattva) ausgerichtet ist, die Weichen stellen – weg von Abhängigkeit und Getriebensein hin zu mehr Freiheit, Gesundheit, innerer Ruhe und Gelassenheit.

Ein Verständnis von der Einteilung der Lebensmittel in Yin und Yang ist für die Entwicklung einer ausgewogenen Ernährung sehr hilfreich.

Da alle Nahrungsmittel sowohl Yin- als auch Yang-Eigenschaften in sich tragen, müssen wir zur Kategorisierung das vorherrschende Prinzip isolieren. Die saisonalen klimatischen Einflüsse auf die Nahrungsmittel veranschaulichen dies am besten: im Winter ist das Klima kälter (Yin) und die pflanzliche Energie fließt mit der atmosphärischen zusammen ins Wurzelsystem. Die Blätter oberhalb der Erde sterben, der Saft fließt zu den im Spätherbst und Winter wachsenden Wurzeln hinab, wo sich die Energie konzentriert. Im Winter braucht der Körper demnach mehr wärmende

| EXTREM YANG NAHRUNGSMITTEL | |
|---|---|
| Raffiniertes Salz/Kochsalz | *am stärksten Yang* |
| Eier | |
| Fleisch | |
| Käse | |
| Geflügel | |
| Fisch | |
| Meeresfrüchte | *am wenigsten Yang* |

| EXTREM YIN NAHRUNGSMITTEL | |
|---|---|
| Weißer Reis, Weißmehl, Tiefgefrorenes, konservierte Nahrungsmittel | *am wenigsten Yin* |
| Tropische Früchte und Gemüse | |
| Milchprodukte süß (Milch, Sahne, Joghurt, Eis) | |
| Raffinierte Öle | |
| Gewürze wie Pfeffer, Chili etc. | |
| Aromatische und stimulierende Getränke, wie z. B. Kaffee, Schwarztee | |
| Zucker, Honig und andere raffinierte Süßstoffe | |
| Alkohol | |
| Nahrungsmittel, die Konservierungsstoffe, Glutamat, Süßstoffe, Farbstoffe, Pestizide etc. enthalten | |
| Medikamente, Drogen | *am stärksten Yin* |

| AUSGEWOGENE (SATTVA) LEBENSMITTEL/GETRÄNKE |
|---|
| Vollgetreide |
| Bohnen, Bohnenprodukte und Linsen |
| Wurzel-, Blatt- und Knollengemüse |
| Meeresgemüse |
| Unraffiniertes Meersalz, kaltgepresste Öle, heimische Gewürze |
| Quell- und Brunnenwasser |
| Nicht aromatische und stimulierende Teesorten und Getränke |
| Samen, Kerne und Nüsse |
| Heimisches saisonales Obst |
| Reis-, Gersten- und Maismalz, andere Süßmittel auf Getreidebasis, Getreidemilch |

Yang-Nahrung. Im Bereich Gemüse sind das beispielsweise Karotten, Pastinaken, Rüben und Rettich.

Im Frühling und Sommer steigen pflanzliche und atmosphärische Energie auf und alles beginnt zu sprießen. Sommergemüse hat also ein ausgeprägteres Yin-Element, enthält mehr Wasser und verdirbt schneller. Im Spätsommer erreicht die pflanzliche Energie schließlich ihren Höhepunkt, viele Früchte werden nun reif. Sie sind sehr wässrig und süß und wachsen über dem Boden.

Das bedeutet auch, dass Nahrungsmittel aus sehr heißen Klimazonen mehr yin, jene aus kälteren mehr yang sind. Daher verlangt der (nicht von extremen Pendelausschlägen verwirrte) Körper im Sommer nach einer Zufuhr von mehr kühlender Yin-Nahrung. Wer also zu saisonalen und regionalen Produkten greift, kann nur richtig liegen.

Grundsätzlich gilt: pflanzliche Nahrung ist immer stärker yin als tierische. Pflanzen sind im Gegensatz zu Tieren ortsfest und haben demnach keinen großen Aktionsraum. Pflanzen sind nach oben strebend und ausdehnend, bei Tieren ist das Wachstum stärker nach innen (auf die Organe) ausgerichtet. Auch ist die Pflanzentemperatur niedriger als die Temperatur von Tieren. Und Pflanzen wandeln Kohlendioxid in Sauerstoff um, während Tiere Sauerstoff verbrauchen und Kohlendioxid abgeben.

Auf diese Weise kann man die gesamte Bandbreite an Nahrungsmitteln in Yin und Yang unterteilen (siehe Tabellen links).

WENN ICH GEHE, GEHE ICH. WENN ICH SITZE, SITZE ICH. WENN ICH ESSE, ESSE ICH.

ZEN BUDDHISMUS

## Noch ein paar Tipps zur Entschleunigung:

ॐ Mahlzeiten regelmäßig frisch zubereiten – am besten auf einem Holz- oder Gasherd (von Mikrowellenherd rate ich gänzlich ab)

ॐ Jeder Mahlzeit Zeit gönnen: Zeit zum Hinsetzen, zum Kauen, zum Aufnehmen, zum Verdauen

ॐ Genug schlafen – idealerweise bereits zwei bis drei Stunden vor Mitternacht damit beginnen

ॐ Frühes Aufstehen fördert Klarheit und die geistige Entwicklung und ist ein wahrer Energiespender (vorausgesetzt, man ist rechtzeitig im Bett gewesen...)

ॐ Mit Bewegung und frischer Luft Ausgleich schaffen (abends ruhigeren Aktivitäten den Vorzug geben)

ॐ Dem Computer, Handy und Fernsehapparat (gleichzeitig!) eine Auszeit von der ständigen Aktivität gönnen – davon profitieren auch Sie mit. Ständig mit einer oder mehreren Fasern des Bewusstseins dort eingeklinkt zu sein sorgt für unterschwellige Unruhe.

ॐ Sich zu Hause bewusst Zeit für sich selbst und für die Familie nehmen, ohne sich während dieser Zeit von Anrufen, E-Mails und der eigenen To-Do-Liste ablenken zu lassen

ॐ Zeit für Selbstreflexion nehmen, in Form von Yoga, Meditation, Schreiben, therapeutischer Arbeit etc.

# Drei Faktoren, die für unsere Lebensqualität entscheidend sind:

## Atmen

Dem Atem wird in unserer Gesellschaft keine große Wichtigkeit beigemessen. Er sei nicht mehr als ein unbewusst stattfindender Reflex, denken wir. Es ist wahr, dass die Atmung ohne jegliches Eingreifen unsererseits funktioniert. Ihr jedoch Aufmerksamkeit und Achtsamkeit zu schenken, kann sich ausgleichend auf unseren Körper und unsere Psyche auswirken.

Auch die Wissenschaft ist dieser Tatsache längst auf der Spur. Das Praktizieren von Atem- und Körperachtsamkeitsmeditation wird inzwischen weltweit in *Stress Reduction Clinics* gelehrt und verzeichnet große Erfolge. Die beiliegende CD bietet Ihnen Einblick und Einstieg in vier verschiedene Meditationen, wie beispielsweise auch die Atemmeditation.

## Trinken

Trinken Sie nur, wenn Sie Durst haben. Dies ist je nach Körpertyp unterschiedlich. Zu viel Aktivität und unausgewogene Ernährungsgewohnheiten können ein Verlangen nach übermäßigem Flüssigkeitskonsum erzeugen, der sich z. B. in kalten, feuchten Händen und Füßen und vermehrtem Schwitzen äußert. Ein ausgewogener Essens- und Lebensstil bringt Sie wieder in Kontakt mit Ihrem gesunden Trinkbedürfnis.

## Essen

Auf dem Speiseplan sollte ausgewogene (sattvische) Nahrung stehen, am besten aus kontrolliert biologischer Landwirtschaft. Für Fleischesser und Vegetarier ist es ein Experiment wert, eine Zeitlang auf die vegane Ernährungsweise umzustellen. Lassen Sie vorher ein Blutbild machen und kontrollieren Sie dieses nach einiger Zeit erneut, um eventuelle Unterschiede in Cholesterin, Blutdruck, Harnsäure etc. festzustellen.

# SOAMI COOKING

# Grundgedanken

## Wieso vegan?

**Über die Nahrung findet eine wichtige Interaktion mit der Umwelt statt, darum sollte sie auf Liebe und Mitgefühl aufgebaut sein. Eines der wichtigsten Prinzipien, die der spirituellen Praxis des Yoga und seiner Lehre, alles Leben sei eins und heilig, zugrunde liegen, ist die Gewaltlosigkeit: *Ahimsa*.**

Gewalt und Grausamkeit gegen Lebendiges sollte nicht der Ursprung unserer Nahrung sein. Unter Achtlosigkeit und Verschwendung im (Nahrungsmittel-)Konsum leiden auf unserer Erde viele Lebewesen, ja die Erde selbst leidet mit. Und jede und jeder Einzelne von uns ist ein Teil dieses riesigen Organismus: was irgendeinem Lebewesen angetan wird, wird jedem Lebewesen angetan. Ahimsa kann also als die Grundlage für seelischen Frieden bezeichnet werden.

Es ist letztlich eine Frage der persönlichen Entscheidung, ob man auf tierische Produkte gänzlich verzichtet, ob man zwar Tierisches zu sich nimmt, aber stets aus kontrolliert biologischen Betrieben, oder ob man Fleisch aus der Tierindustrie und Massentierhaltung wählt. Meine Empfehlung an Fleischesser ist aber, sich zum Zweck der Selbsterforschung einige Wochen oder Monate lang ohne tierische Produkte zu ernähren. Je länger Sie ohne tierische Produkte leben, desto intensiver werden Sie die Reaktionen Ihres Körpers wahrnehmen, wenn Sie diese wieder in Ihren Speiseplan aufnehmen. Denn dann haben Sie Ihren Körper neu kennengelernt, viele der vorher unbekannten Produkte liebgewonnen und können nun wirklich frei und wissend entscheiden.

Es geht mir also nicht um ein kategorisches Ablehnen von tierischen Produkten, sondern vielmehr um Information über die unterschiedlichen Aspekte und Wirkungsweisen von Lebensmitteln und ein wachsendes Bewusstsein dafür.

Es geht um Ihre Entscheidungsfähigkeit, Ihren körperlichen Zustand und die Bedürfnisse Ihres Körpers sowie den Respekt im Umgang mit sich und allen anderen Lebewesen.

### Einige Ratschläge, falls Sie sich (wieder) für den Verzehr von tierischem Eiweiß entscheiden sollten:

- ॐ Essen Sie nicht öfter als zweimal wöchentlich tierische Produkte.
- ॐ Fisch und Hühnerfleisch sind rotem Fleisch vorzuziehen (leichter verdaulich und weniger yang).
- ॐ Tierische Produkte, wie alle anderen, sollten zu 100 % aus kontrolliert biologischem Anbau stammen.
- ॐ Bereiten Sie Fleisch stets frisch zu.
- ॐ Verzichten Sie auf Räucherprodukte, Kuhmilchprodukte und Hartkäse.
- ॐ Bevorzugen Sie bei Käse Ziegenfrischkäse (laktosefrei und am leichtesten verdaulich).
- ॐ Meiden Sie Thun- und Schwertfisch aufgrund der hohen Schwermetallbelastung.

## Ist Bio Luxus?

Von vielen Menschen höre ich immer wieder: „Biologisches Essen kostet enorm viel. Ich kann mir das nicht leisten!" Darauf möchte ich in diesem Abschnitt genauer eingehen.

Die wirklich teuren Lebensmittel sind die schnell zwischendurch gekauften Halbfertigprodukte im Supermarkt, Kaffee & Kuchen im Kaffeehaus oder ein Schnitzel beim Wirt. Es ist immer günstiger und gesünder, biologische Produkte einzukaufen und zuhause ein (schnelles) Essen zuzubereiten, als sich teure Snacks zu leisten.

Haben Sie schon einmal konventionell angebaute Zucchini oder Karotten zusammen mit biologischen gelagert? Nach drei bis sechs Tagen beginnt sich das Bio-Gemüse – wie es natürlich ist – zu verändern. Herkömmliches Gemüse aber sieht äußerlich ja sogar nach Wochen noch immer knackig frisch aus. Das sollte uns zu denken geben.

Sie bekommen zwar im Bioladen/Bio-Supermarkt nicht die gleiche Menge an Lebensmitteln zum selben Preis wie im konventionellen Supermarkt, aber dafür wählen Sie die Produkte im Bioladen überlegter und gezielter aus, da Sie Ihr Geld ja nicht zum Fenster hinauswerfen wollen. Sie schenken den etwas teureren Produkten wahrscheinlich auch eine andere Achtsamkeit und lassen sie nicht leichtfertig verderben. Mehr als die Hälfte der erworbenen konventionellen Lebensmittel landet im Müll – ist das nicht erschreckend? Ohne hier auf den Beweis einer Statistik zurückgreifen zu können, wage ich zu behaupten, dass dies bei Bio-Produkten anders aussieht. Fazit: Mit ein wenig Planung und Voraussicht in puncto Speiseplan können Sie sich sehr effizient und mit einem geringfügig höheren Kostenaufwand auch ausschließlich aus dem Bioladen versorgen. Bio-Lebensmittel mögen mehr kosten – aber sie sind auch mehr wert!

Wenn auf dem Etikett das Biozertifikat abgedruckt ist, dann ist auch Bio drin. Daran brauchen Sie nicht zu zweifeln.

Wer biologisch einkauft, setzt aktiv ein Zeichen für die Umwelt und unsere Zukunft und unterstützt zum Teil auch heimische Betriebe oder den fairen Handel. Konsum ist mehr als eine Kostenfrage – es ist eine Frage der Verantwortung.

Biologische Lebensmittel sind frei von schädlichen Spritzmitteln, chemischen Farb- und Süßstoffen, Stabilisatoren und Geschmacksverstärkern, deren langfristige Auswirkungen großteils noch vollkommen unerforscht sind (oder gar existierende Studien- und Forschungsergebnisse vorsätzlich von verschiedenen Interessensgruppen unterdrückt worden sind).

Märkte haben zwar frische Ware, biologisch ist sie zumeist nicht. Suchen Sie sich einen Bio-Supermarkt, ausgewiesenen Biomarkt oder einen gut sortierten Bioladen in ihrer Nähe. Bei Reformhäusern beachten: diese bieten oft auch konventionelle Produkte an, z. B. Trockenfrüchte, Nüsse, Tees, Sojaprodukte etc.

Übrigens kann natürlich auch Bio-Ware sehr viel Zucker enthalten. Auch im Bioladen gilt also: Lesen Sie die Inhaltsstoffe, vergleichen Sie, informieren Sie sich.

## Kinder in der Küche?

Kochen ist gelebte Kreativität und Experimentierfreude, ein sinnliches Erlebnis. Kinder lieben es, zu kochen und zu backen, zu rühren, streichen, gießen und pinseln. Beziehen Sie Ihre Kinder also aktiv – und spielerisch – in die Essenszubereitung ein. Sie lernen dadurch einen natürlichen Umgang damit, lernen die unterschiedlichen Nahrungsmittel kennen und schätzen und nehmen sich als vollwertige, mitgestaltende Familienmitglieder wahr. Ob Sie ihnen nebenbei erzählen, welche Nüsse wo wachsen, sie Geschmacksunterschiede ausprobieren lassen oder ob Sie ein kleines Ratespiel einbauen (mit verbundenen Augen Süßungsmittel, Kerne etc. erkennen) – die Kleinen können dabei nur profitieren. Lassen Sie sie während Sie kochen verschiedenes wegräumen, holen oder putzen; mit tollen Reinigungsutensilien und Kindermusik – das gehört dazu!

Ganz nebenbei und spielerisch wird so der Ernährungshorizont Ihrer Kleinen stetig erweitert. Denn kein Kind, das erfahren hat, wie lustig es ist, Speisen zu kreieren, wird den Besuch im Fast-Food-Restaurant dem gemeinsamen Kocherlebnis vorziehen. Und indem sie ihren Freundinnen und Freunden von geglückten (und missglückten!) Kocherlebnissen erzählen, entfachen sie auch in anderen Kindern Interesse für die Schätze der Natur und ihre Zubereitung. Kinder sind wissbegierig, experimentierfreudig und kosten gerne unbekannte Nahrungsmittel. Sie essen gerne gesund, wenn sie bei der Zubereitung von gesunder Ernährung dabei sein dürfen.

**Lebensmittel- oder Küchenutensilienquiz sind die** perfekten Spieleinlagen für Kinderparties. Auch selbstgemachter Knetteig (siehe Rezept auf der rechten Seite) ist ein Renner bei kleinen und großen Kindern.

---

Mir wurde dieser Umgang schon durch meine Mutter vermittelt, die bis heute in ihrem Biogarten alle erdenklichen Gemüse- und Kräutersorten kultiviert. Das Mit-Anpacken-Dürfen hat mich immer bereichert und den Grundstein zu meiner Kochleidenschaft gelegt. Ich gebe heute auf dieselbe Weise mein Wissen an meine Kinder weiter und bekomme immer wieder bestätigt, dass dies auf einen sehr fruchtbaren Boden fällt.

Und sollte es in der Küche nach dem Kochen vielleicht nicht mehr ganz so aufgeräumt aussehen, vergessen Sie nicht: jedes Küchenchaos lässt sich im Handumdrehen wieder ordnen. Und wenn sich auf der weißen Wand dann doch ein paar Saucenspritzer verewigen, sind diese zumindest Erinnerungsmerkmale gelungener Erlebnisse mit Ihren Kindern…

> Sie können Ihre Kinder erziehen wie Sie wollen – sie werden Ihnen doch alles nachmachen.
>
> Maria Montessori

## Essen auf Reisen

Viel unterwegs zu sein stellt eine echte Herausforderung an eine harmonische Ernährungsweise dar. Die manchmal ungewohnten Nahrungsmittel in einem anderen Land, der veränderte Lebensrhythmus, andere klimatische Bedingungen und speziell bei Vielfliegern das lange Sitzen, die radioaktive Belastung, evtl. die Zeitumstellung (Jetlag) etc. bringen unseren Organismus gehörig durcheinander. Oft ist ein Zusammenbruch des Immunsystems die Folge. Wenn Sie aber ein paar Vorschläge beherzigen, können Sie die körperlichen Auswirkungen wesentlich entschärfen.

Bei Reisen in andere Klimazonen rate ich dazu, den Körper schon ein paar Tage vorher auf die bevorstehende Veränderung einzustimmen. Das heißt: fliegen Sie von der Kälte in die Wärme, können Sie Ihren Speiseplan mit etwas mehr rohem Obst und Gemüse bereichern, sodass der Körper seine innere Heizung

## KINDER-KNETTEIG

(zum Kneten – nicht zum Essen!)
Aus diesem Knetteig Figuren zu formen und auszustechen macht Kindern immer sehr viel Spaß. Der Teig hält einige Monate in der Frischhalte-Box.

- ½ Liter Wasser
- 3 EL Öl
- 200 g Salz
- 500 g Mehl
- 1 TL Kurkuma (optional, für gelbe Färbung)
- 2 TL Weinsteinsäure

**Zubereitung:**

- Wasser mit Salz zum Kochen bringen. Öl, Kurkuma und Weinsteinpulver dazugeben und einige Male kräftig umrühren, bis das Salz aufgelöst ist.

- Vom Herd stellen, Mehl mit einer Schneerute unterrühren und dann verkneten. Beim Verkneten dicke Gummihandschuhe tragen, da der Teig sehr heiß ist!

langsam zurückfährt. Ähnlich verhält es sich vor der Rückreise: beginnen Sie zwei Tage vorher, den Getreideanteil zu erhöhen und tropisches Obst vom Speiseplan zu streichen. So stellen Sie Ihren Körper thermisch ein, damit das Immunsystem nicht überfordert ist, sobald Sie die kühlere Klimazone erreichen.

Flugreisen sind sehr anstrengend für den gesamten Organismus und stellen einen echten Ausnahmezustand dar. Es ist ratsam und schonender für den Körper, auf Flügen so wenig wie möglich zu essen. In der Lehre der Elemente ausgedrückt, erhöht Fliegen das Luftelement – demnach geht das Verdauungsfeuer bei allen Körpertypen stark zurück. Wenn Sie also Kleinigkeiten dabeihaben und diese eine kleine Weile vor dem Abflug zu sich nehmen, können Sie dem Gefühl der Spannung im Bauch, des Aufgebläht- oder Aufgedunsenseins gut vorbeugen.

Essen Sie während jedes Fluges eine Umeboshi-Pflaume, sie macht das Blut basisch und unterstützt die Verdauung. Flüssigkeit ist das oberste Gebot: ideale Reisebegleiter sind heißes Ingwerwasser (Ingwer heizt das Verdauungsfeuer* an), Ingwer-Zitronenteebeutel, Kukicha Tee oder einfach heißes abgekochtes Wasser. Für das Ingwerwasser bzw. den Tee nehmen Sie am besten eine leere Thermoskanne mit einem Teebeutel oder einem Stück feingehacktem Ingwer mit und lassen diese an Bord mit heißem Wasser befüllen. Auch Misosuppe in Beutelform eignet sich immer gut als kleine warme Mahlzeit auf Flügen.

## Was mache ich, wenn ich eingeladen bin?

Entscheiden Sie nach Ihrer Intuition und Ihren Bedürfnissen. Manchmal verzichten Sie vielleicht auf das eine oder andere bei einem Abendessen, ein anderes Mal genießen Sie, was angeboten wird. Sie können auch vorschlagen, selbst eine Vorspeise oder ein Dessert mitzubringen, das Sie nach Ihren eigenen Vorstellungen zubereiten und mit dem Sie auch die anderen Gäste bereichern können.

Wenn Sie sich auf die SOAMI Rezepte, das Kochen und auf bewusstes Kauen und Genießen einlassen, wird das sich entwickelnde Balancegefühl sehr bald zu einem wichtigen Teil Ihres Lebens werden, den Sie nicht mehr missen möchten.

### Auf Reisen gut versorgt!

Urlaub bedeutet für uns auch die Freiheit und Spontanität zu entscheiden, ob wir ausgehen oder uns gemütlich eine Kleinigkeit im Appartement kochen. Da wir immer warm frühstücken, gibt es morgens für uns kaum eine Alternative außer Haus. Also gönnen wir es uns, diese Vorliebe auf die Reise mitzunehmen. Auch wenn wir abends einmal keine Lust auf einen Restaurantbesuch haben, kochen wir uns ein einfaches Abendessen und lassen die Seele baumeln.

**Und das packe ich in unseren „Speisekoffer"**

- ॐ Umeboshi-Pflaumen
- ॐ eine frische Ingwerwurzel
- ॐ Kukicha Tee und andere Teebeutel
- ॐ Reiswaffeln, Maisbrot etc.
- ॐ Kerne, Mandeln
- ॐ Trockenfrüchte
- ॐ Nori Algen (auch gut zum Knabbern zwischendurch)
- ॐ vegetarische Aufstriche (am besten ohne Hefe, z. B. von Fa. Soyvita oder Zwergenwiese)
- ॐ Reismilch
- ॐ Pickles
- ॐ Misosuppe, fertig und abgepackt
- ॐ Getreide (Haferflocken, Reisflocken, Hirse, brauner Reis)
- ॐ Gemüse
- ॐ Nudeln
- ॐ kleine Flasche Olivenöl
- ॐ Tamari
- ॐ Meersalz, Gomasio
- ॐ Tahin
- ॐ ein gutes Messer und ein Schneidebrett

# Soami Lebens-Mittel

## Kohlenhydrate: Grundsätzliches

Gerade Kohlenhydrate haben fälschlicherweise den Ruf, Dickmacher zu sein, und geraten daher zunehmend in Verruf. Dabei ist Kohlenhydrat nicht gleich Kohlenhydrat.

Grundsätzlich unterscheiden wir zwischen einfachen (z. B. Nudeln, Weißmehl(produkte), weißer Reis, Industriezucker, Honig) und den wertvollen komplexen Kohlenhydraten (Vollgetreide und Gemüse).

Ganzes Getreide (Vollgetreide) beinhaltet komplexe Kohlenhydrate, Eiweiß, Fette, Vitamine und Mineralstoffe in ausgewogener Menge. Es hat außerdem den Vorteil, bei der Verdauung nur langsam in Zucker umgewandelt zu werden. So wird dem Körper über einen längeren Zeitraum nach und nach Energie zugeführt.

**Gemüse ist** einer der wichtigsten Lieferanten von komplexen Kohlenhydraten!

---

Bei der Einnahme von einfachen Kohlenhydraten hingegen geht der Zucker sehr schnell ins Blut über. Die Folge ist ein plötzlicher Energieschub, der aber nur von kurzer Dauer ist. Es stellt sich sehr bald wieder ein Hungergefühl ein und die Organe werden unnötig belastet. Außerdem entziehen Zucker und Weißmehlprodukte dem Körper Vitamine und Mineralstoffe.

Je nach Körpertyp und Lebensumständen brauchen Menschen mehr oder weniger Getreide. Der Erd-Typ kommt beispielsweise gut mit wenig Getreide aus, während der Luft-Typ etwas mehr an leichten Getreidesorten vertragen kann (z. B. Vollreis oder Quinoa, also eher glutenfreie Getreidesorten). Der Feuer-Typ verträgt so gut wie alle Getreidesorten und kann auch (in Maßen) Vollkornnudeln und Brot mit erhöhtem Vollkornanteil gut verarbeiten. Da er Nahrung schnell verbrennt und verdaut, braucht er mehr Getreide und Eiweiß.

Heutzutage essen die Menschen allerdings generell übermäßig viel gemahlenes Getreide in Form von Brot und Mehlprodukten. In Wahrheit ist es sinnvoller, Brot und Nudeln nur eine Nebenrolle auf dem Speiseplan zuzuordnen, da ein Übermaß an einfachen Kohlenhydraten besonders in Kombination mit Bewegungsmangel zu Übergewicht führt. Brot und Nudeln werden überdies oft unzureichend gekaut, daher isst man mehr als nötig davon (weil sich das Sättigungsgefühl nicht einstellt) und übersäuert den Körper.

Gemüse hingegen schafft ein notwendiges Gleichgewicht zwischen Säuren und Basen; Eiweißspeisen (siehe Eiweiß-Basics ab S. 72) tragen zur Sättigung bei. Eine ausgewogene Mahlzeit verringert in Folge auch das Bedürfnis nach übermäßiger Kohlenhydratzufuhr.

| KOHLENHYDRATE MIT NIEDRIGEM GLYKÄMISCHEN INDEX | KOHLENHYDRATE MIT HOHEM GLYKÄMISCHEN INDEX |
|---|---|
| Äpfel | Weißer Reis, Weißmehl |
| Birnen | Kartoffeln |
| Beeren | Bananen |
| Vollkornprodukte | Datteln |
| Heimische Nüsse | Feigen |

## Lagern & Zubereiten von Getreideprodukten

ॐ Auch Lebensmittelmotten lieben Getreide (sofern es nicht weiß ist), daher sollte es stets in gut verschließbaren Behältern aufbewahrt werden. Am besten Mottenfallen aufkleben.

ॐ Vor dem Kochen muss Getreide gründlich gewaschen werden: Getreide in einen Topf geben, Wasser darüber gießen und mit kreisender Handbewegung waschen. Danach das Wasser – und damit die oben schwimmenden kaputten Getreidekörner – wegschütten. Wiederholen Sie diesen Vorgang mehrmals und spülen Sie abschließend das Getreide in einem feinen Sieb nochmals unter fließendem Wasser ab.

ॐ Achten Sie beim Kochen von Nudeln (speziell bei glutenfreien) darauf, dass sie bissfest bleiben. Das heißt: je nach Sorte ca. 2–5 Minuten kochen (Hinweise auf der Packung beachten), danach kalt abspülen, mit ein wenig Öl beträufeln und gut durchmischen, sodass sie nicht aneinander kleben. Andere Vollkornnudeln (z. B. Dinkel- oder Kamutnudeln) sind nicht so empfindlich wie etwa Reisnudeln. Sie sollten jedoch auch kalt abgespült werden und dann noch unmittelbar vor dem Servieren in der Sauce erhitzt werden.

ॐ Vollkornnudeln saugen meist die Sauce ziemlich schnell auf. Stellen Sie daher etwas Sauce extra auf dem Tisch bereit. Das heißt auch: bei der Zubereitung von Nudelsalat das Dressing erst kurz vor dem Anrichten übergießen.

## Meine Getreidetipps:

ॐ Ich koche sehr viel mit glutenfreiem Vollgetreide, da es leichter bekömmlich ist und daher den Darm entlastet.

ॐ Wenn Sie Getreide zubereiten, kochen Sie immer gleich eine größere Menge davon. Es hält sich bedenkenlos zwei bis drei Tage im Kühlschrank. So haben Sie stets eine reichhaltige Basis für eine Mahlzeit griffbereit. Das im Kühlschrank aufbewahrte gekochte Getreide erwärmen Sie am besten zwei bis fünf Minuten lang in einem Dämpfsieb oder braten es im Winter eventuell in etwas Öl an.

ॐ Beim Brotkauf zu beachten: Fragen Sie stets nach, welche Getreidesorten das jeweilige Brot beinhaltet. Landbrot oder Vollkornbrot und -gebäck in konventionellen Bäckereien oder am Markt hat meist nichts mit echtem Vollkornbrot zu tun.

ॐ Bei Vollgetreide ist bewusstes, oftmaliges Kauen wichtig (30–50 Mal), um es optimal für die Verdauung zu erschließen.

| VOLLGETREIDE GLUTENFREI | VOLLGETREIDE MIT GLUTEN | EINFACHE KOHLENHYDRATE (VERMEIDEN!) |
|---|---|---|
| Vollkorn Rundkornreis (ausgewogenes Yin/Yang) | Weizen (Hauptallergen) | Weißer Reis |
| Langkornreis (wirkt kühlend) | Dinkel bzw. Dinkelgrieß | Weißmehl, Auszugsmehl |
| Basmati Reis, Roter Reis | Gerste | Weizennudeln |
| Süßreis | Grünkern | Mehlspeisen (Weißmehl) mit Zucker und Honig |
| Alle anderen Arten von Reis | Roggen | |
| Quinoa | Kamut bzw. Kamutgrieß | |
| Hirse | Hafer und Haferflocken | |
| Amaranth | Cous Cous (Weizen, Dinkel, Kamut) | |
| Buchweizen | Wildreis | |
| Maisgrieß (je gröber, desto besser) | | |

## Gemüse und das Yin/Yang-Prinzip

Auch für Gemüsesorten gilt: es sind stets Yin und Yang darin vorhanden. Gemüse, das unter der Erde wächst (sog. Wurzelgemüse), hat eine stärkere Yang-Energie und ist umso mehr yang, je tiefer die Wurzel in die Erde reicht.

Die Klettenwurzel zum Beispiel hat eine sehr kräftige Yang-Energie, sie wächst ca. ein bis zwei Meter tief. Über der Erde wachsende Gemüsesorten hingegen weisen eine vergleichsweise ausgeprägtere Yin-Qualität auf. Für eine ausgewogene Mahlzeit wählt man am besten eine Kombination aus zwei bis drei verschiedenen Gemüsesorten unterschiedlicher Konsistenz und Farbe.

**Nachtschattengewächse:** In meinen Rezepten verwende ich keine Nachtschattengewächse (Aubergine, Paprika, Tomate und Kartoffel), da diese Gemüsesorten Solanin beinhalten, eine schwach giftige Verbindung, die besonders Menschen mit Rheuma, Gelenksproblemen und Arthritis meiden sollten.

| MEHR YIN SIND Z. B.: | | MEHR YANG SIND Z. B.: |
|---|---|---|
| Blätter aller Art | Kürbis | Karotten |
| Chinakohl | Kohlrabi | Gelbe Rüben |
| Grünkohl | | Pastinaken |
| Kohl | | Petersilienwurzel |
| Frühkraut | | Klettenwurzel |
| Rotkraut | | Selleriewurzel |
| Weißkraut | | Rettich |
| Blumenkohl | | Bierrettich |
| Brokkoli | | Radieschen |
| Kohlsprossen | | |
| Stangensellerie | | |
| Lauch | | |

In der SOAMI Küche werden ausschließlich regionale, saisonale und biologisch angebaute Gemüsesorten verwendet, weil die thermische Wirkung, die sie im Körper erzeugen, ausschlaggebend für die Anpassung unseres Körpers an klimatische Verhältnisse ist.

Diese thermische Wirkung von Obst- und Gemüsesorten wird meiner Beobachtung nach weithin unterschätzt. Beispielsweise wird beim Verzehr von tropischem Obst und Gemüse der Körper abgekühlt, was bei regelmäßigem Konsum in kühlem Klima zu einem ständigen Kältegefühl in den Füßen, Händen und im Nierenbereich sowie zu einer Schwächung des Immunsystems führen kann.

In Wahrheit könnten wir aus rein ernährungsphysiologischen Gründen theoretisch auf alle Obstsorten verzichten, nicht aber auf Gemüse. Denn Gemüse liefert uns alle Bestandteile, die auch Obst enthält – bei einem wesentlich geringeren Zuckergehalt. In grünem Gemüse zum Beispiel steckt mehr Vitamin C als in einer Orange, in manchem Meeresgemüse 12 bis 14 Mal mehr Kalzium als in Kuhmilch.

## Meeresalgen

Algen gehören im Allgemeinen zu den am wenigsten behandelten natürlichen Lebensmitteln. Sie enthalten 10–20 % mehr Mineralstoffe als Landgemüse und liefern uns sowohl jene, die wir in großen Mengen bennötigen (Kalzium, Eisen, Jod, Magnesium etc.), als auch geringe Mengen von Spurenelementen, außerdem hochwertiges Eiweiß und Vitamine – und das alles in einer für den Organismus gut erschließbaren Form.

Trotz des hohen Absorptionsgrades von Mineralstoffen aus dem Meer nehmen Meeresalgen nicht generell Schadstoffe auf, so wie es Fische tun. Vielmehr ist es eine ihrer ernährungsspezifischen Eigenschaften, radioaktive, schwermetallhaltige und giftige Stoffe aus dem Körper zu eliminieren.

Man nimmt an, dass dafür die Alginsäure verantwortlich ist, die Gifte bindet und durch den Darm nach außen leitet. Der Mineralienreichtum von Meeresalgen hat einen alkalisierenden Effekt und reinigt und entsäuert dadurch unser System. Algen können bis zu 25 % mehr Eiweiß als Kuhmilch enthalten (siehe Tabelle) und sind überdies kalorienarm. Was natürliche Jodquellen betrifft, sind Meeresalgen einfach unschlagbar. Daher gilt es auch darauf zu achten, bei regelmäßigem Genuss von Meeresalgen nicht ein Übermaß an Jod zu sich zu nehmen. Die meisten Hersteller versehen ihre Meeresalgen mit einer Angabe über den Jodgehalt und einer empfohlenen Dosierung.

Nori Kombu Wakame Dulse Hiziki

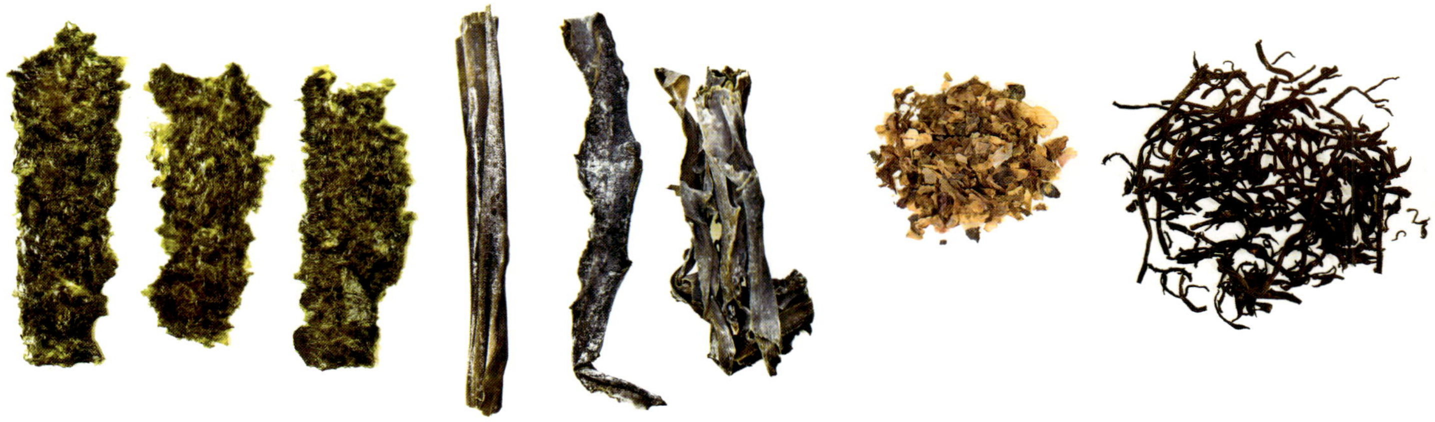

| | | NORI | KOMBU | WAKAME | DULSE | HIZIKI | ARAME | AGAR AGAR | CARRAGEEN | SPINAT | KUHMILCH |
|---|---|---|---|---|---|---|---|---|---|---|---|
| FASER | g | 4,7 | 3,0 | 3,6 | 1,2 | 13,0 | 7,1 | 0 | 2,2 | 0,6 | 0 |
| PROTEIN | g | 35,0 | 7,3 | 12,7 | 25,0 | 5,6 | 12,1 | 2,3 | 9,4 | 3,2 | 3,5 |
| FETT | g | 0,7 | 1,1 | 1,5 | 3,2 | 0,8 | 1,3 | 0,1 | 3,2 | 0,3 | 3,5 |
| KOHLENHYDRATE | g | 39,6 | 51,9 | 47,8 | 44,2 | 29,8 | 44,7 | 74,6 | 55,4 | 4,3 | 4,9 |
| KALZIUM | mg | 470 | 800 | 1300 | 296 | 1400 | 1170 | 400 | 885 | 93 | 118 |
| EISEN | mg | 23 | 15 | 13 | 150 | 29 | 12 | 5 | 9 | 3 | Spuren |
| JOD | mg | 0,5 | 300 | 25 | 150 | 40 | 300 | 0,2 | n.e. | Spuren | 0 |
| PHOSPHOR | mg | 510 | 150 | 260 | 267 | 59 | 150 | 8 | 157 | 51 | 93 |
| KALIUM | mg | n.e. | 5800 | 6800 | 8060 | 14700 | 3860 | n.e. | 2844 | 470 | 144 |
| VITAMIN A | IE | 11000 | 430 | 140 | n.e | 150 | 50 | 0 | n.e. | 8100 | 140 |
| VITAMIN B1 | mg | 0,25 | 0,08 | 0,11 | 0,63 | 0,01 | 0,02 | 0 | n.e. | 0,10 | 0,03 |
| VITAMIN B2 | mg | 1,24 | 0,32 | 0,14 | 0,50 | 0,20 | 0,20 | 0 | n.e. | 0,20 | 0,17 |
| NIACIN | mg | 10,0 | 1,8 | 10,0 | n.e. | 4,6 | 2,6 | 0 | n.e. | 0,6 | 0,1 |
| VITAMIN C | mg | 20 | 11 | 15 | 30 | 0 | 0 | 0 | n.e. | 51 | 1 |

*Quelle: U.S. Department of Agriculture und Japan Nutritionist Association food tables*
*n.e. = nicht ermittelt*

## Obst

Ebenso wie bei Gemüse ist auch bei Obst die Herkunft ausschlaggebend: es sollte regional und saisonal sein. Im Gegensatz zu Gemüse besteht Obst aus einfachen Kohlenhydraten, das heißt, der Einfachzucker geht sehr schnell ins Blut über, spendet aber keine lang anhaltende Energie. Obst kann einen kleinen Anteil der täglichen Nahrung ausmachen, aber es sollte keine Hauptmahlzeit ersetzen. Vom Verzehr von frischem Obst nach 17 Uhr rate ich ab. Rohes Obst kühlt den Körper ab. Gerade im Winter empfiehlt es sich daher, Obst eingelegt, als Kompott, Mus oder Marmelade zu genießen. Auch leicht erwärmtes Obst ist stets besser bekömmlich.

### Obst

ॐ Alle heimischen, saisonalen Obstsorten wie Äpfel, Birnen, Zwetschken (Pflaumen), Aprikosen, Trauben, Mispeln etc.

ॐ Beeren: Erdbeeren, Heidelbeeren, Preiselbeeren, Himbeeren, Brombeeren, Stachelbeeren, Rote/schwarze/weiße Ribisel etc.

Tropische Früchte verwende ich in meinen Rezepten kaum (außer einmal als Dressing oder zu einem Festtagsmahl), weil sie einen äußerst hohen Zuckergehalt haben und deshalb extrem yin sind – und letztlich auch weil sie von weit her angekarrt werden müssen. Zum Ausgleich fordern tropische Obstsorten dann extreme Yang-Qualität ein, also erhitzende Lebensmittel wie etwa Käse, Fleisch, Eier, Salziges oder Brot.

## Eiweiß

Mit der Agrikulturellen Revolution im Europa des 18. Jahrhunderts gerieten Bohnen bei uns in Vergessenheit, obwohl sie seit 8000 Jahren schon das Hauptnahrungsmittel vieler Kulturen waren. Fleisch und andere tierische Produkte haben die Bohne als Eiweißlieferantin abgelöst. In den letzten Jahren erlebt sie nun wieder ihr wohlverdientes Revival im Windschatten der ganzheitlichen Ernährung. Dieser ist die Erkenntnis zu verdanken, dass eine Kombination von Hülsenfrüchten und Getreide für den menschlichen Organismus besser verträglich ist als tierisches Eiweiß. Unter den Hülsenfrüchten sind speziell Linsen die Spitzenreiter in puncto Eiweißgehalt. Sie werden auch wegen ihrer schnelleren Zubereitungszeit oft den Bohnen vorgezogen.

### Sojabohnen und Sojaprodukte

Sojabohnen sind aus mehreren Gründen schwerer verdaulich als andere pflanzliche Eiweißprodukte: zum einen liefern sie mehr Fett und Eiweiß als andere Bohnen, zum anderen enthalten sie das Enzym Trypsin Inhibitor. Sobald die Sojabohnen eingeweicht, gekocht oder fermentiert werden, wird dieses Enzym zerstört. Das ist auch der Grund weshalb die Bohnen zu Tofu, Tempeh, Miso, Sojasauce oder anderen Produkten verarbeitet werden. Die Fermentierung macht die Sojabohne leichter verdaulich, ohne sie dabei ihres hohen Eiweißgehaltes zu berauben. Ein bis zwei Mal wöchentlich kann Tofu oder Tempeh also guten Gewissens genossen werden.

Joghurt, Eis oder Milch aus Soja sind kühlend und schwerer verdaulich, ihr Verzehr sollte daher auf kleinste Mengen und die

| BOHNEN & LINSEN | EIWEISSGEHALT 100 g | SAMEN & KERNE | EIWEISSGEHALT 100 g | TIERISCHE PRODUKTE | EIWEISSGEHALT 100 g |
|---|---|---|---|---|---|
| Linsen | 24,7 | Kürbiskerne | 29,0 | Käse | 25,0 |
| Pinto Bohnen | 22,9 | Sonnenblumenkerne | 24,0 | Faschiertes | 17,9 |
| Azuki Bohnen | 21,5 | Sesam | 18,6 | Fisch | 15–25,0 |
| Kichererbsen | 20,5 | Mandeln | 18,6 | Cottage Cheese | 13,6 |
| Gersten Miso | 14,0 | Walnüsse | 14,8 | Eier | 12,9 |
| Soja Sauce | 9,0 | Haselnüsse | 12,6 | | |
| Tofu | 7,8 | | | | |

warme Jahreszeit beschränkt bleiben. Sollten Sie allerdings zu kalten Füßen und Händen oder zu Blähungen neigen (etwa beim Luft-Typ häufig der Fall), empfehle ich, auf Sojajoghurt und -eis zu verzichten sowie Sojamilch und Tofu nur gewürzt, gebraten oder gekocht zu verwenden. Soja ist eine Alternative zu tierischem Eiweiß – aber bei weitem nicht die einzige. Sollten Sie auf Soja, das zu den Hauptallergenen zählt, allergisch reagieren, ersetzen Sie in den Rezepten Tamari (Sojasauce) durch Salz, Miso durch Bio-Suppenbrühwürfel oder Meersalz, Soja- durch Getreidemilch sowie Tofu und Tempeh durch Hülsenfrüchte.

**Pflanzliches Eiweiß!**

- ॐ Tofu
- ॐ Seitan
- ॐ Tempeh
- ॐ Bohnen
- ॐ Linsen
- ॐ Lopino

Ich rate von konventionellen, nicht biologisch zertifizierten Sojaprodukten ab, weil die Herkunft (z. B. genmanipuliertes Saatgut), die verwendeten Pflanzenzusätze und die Erzeugung oft nicht unumstritten sind.

## Samen, Kerne und heimische Nüsse

Diese wunderbare Quelle von Öl/Fett und Eiweiß sollte täglich auf dem Speiseplan stehen; idealerweise werden sie über verschiedene Gerichte – Getreide, Salat, Nudeln, Porridge etc. – darübergestreut oder diesen beigemengt. Auch als kleiner Snack zwischendurch sind sie zu empfehlen, wegen des hohen Fettgehalts aber in Maßen zu genießen. Samen, Kerne und Nüsse werden eingeweicht, geröstet oder zu Mus verarbeitet. Der kalziumreiche Sesam wird auch mit Meersalz gemischt als Sesamsalz, Gomasio, angeboten.

## Getreideeiweiß/Gluten

Dinkelseitan
Seitan ist ein echter Fleischersatz und eignet sich für vegetarische Schnitzel und Ragouts. Zur Herstellung wird Dinkelmehl mit Wasser zu einem Teig geknetet und so lange ausgewaschen, bis nur noch das Eiweiß (Gluten) übrig bleibt. Danach wird der Teig in einer würzigen Brühe gekocht, geschnitten und in Gläser gefüllt. Ich empfehle das Produkt fertig zu kaufen (in Österreich von Sojvita). Es gibt auch Weizenseitan, wobei ich Weizenprodukte nicht empfehle, da Weizen zu den Hauptallergenen zählt.

## Glutenunverträglichkeit – Zöliakie

Eine ständig steigende Zahl an Menschen reagiert heutzutage auf Gluten in Getreideprodukten mit unterschiedlichen Symptomen, z. B. chronischem Durchfall, Müdigkeit, Blähungen, Verstopfung, Anämie oder Appetitlosigkeit.

Oft sind das bereits Anzeichen einer Glutenunverträglichkeit, die je nach Symptomstärke oftmals übergangen wird. Tendieren Sie zu ebendiesen Symptomen, lege ich Ihnen sehr ans Herz, einige Wochen lang auf Getreide wie Weizen, Kamut, Roggen, Gerste, Hafer sowie Weizen- und Dinkelseitan zu verzichten. Wenn Sie nach drei bis fünf Tagen bereits eine Erleichterung verspüren, sind Sie auf dem richtigen Weg. Lassen Sie sich diesbezüglich aber dennoch unbedingt ärztlich austesten.

CHEW WELL, BECAUSE YOUR STOMACH HAS NO TEETH!

## Kennzeichnung glutenfreier Speisen

In diesem Buch finden Sie eine Vielzahl glutenfreier Speisen. Eine Übersicht finden Sie im Inhaltsverzeichnis, wo sämtliche glutenfreie Speisen mit GLF als solche markiert sind. Wenn beide Varianten möglich sind, ist im Rezept bei den Zutaten die nicht-glutenfreie Variante mit NICHT GLF gekennzeichnet.

Auch gesunde Menschen profitieren von glutenfreien Gerichten, weil sie besonders schonend für Magen und Darm sind und damit eine Erleichterung für den gesamten Stoffwechsel bedeuten.

## Öle & Fette – essentieller Baustein gesunder Ernährung

Auch bei der Verwendung von Ölen und Fetten spielt die Jahreszeit eine entscheidende Rolle: In der warmen Jahreszeit wird vom Körper wenig Fett benötigt, es kann also auf ein Minimum reduziert werden. Im Herbst wird die Zufuhr dann etwas gesteigert und im Winter werden schließlich noch mehr Öle und Fette verwendet. Der Körperfettanteil sollte im Winter ein wenig höher sein, da man sonst leicht zu frieren beginnt. Ob Sie in der kalten Jahreszeit zu wenig Fett essen, können Sie zum Beispiel daran erkennen, dass Sie vermehrt Lust auf Nüsse, Butter, Schokolade, Brot oder Käse verspüren.

### Macht Fett fett?

Generell wird zwischen gesättigten und ungesättigten Fetten unterschieden. Häufiger Konsum von gesättigten Fetten (speziell aus tierischen Produkten) macht uns dick und krank; ausschließlich ungesättigte Fette zu essen (in pflanzlichen Ölen, aber auch in tierischen Produkten), führt wiederum zu Mangelerscheinungen. Eine gute Mischung aus gesättigten und ungesättigten Fettsäuren wirkt sich also positiv auf unser Körperfettdepot aus.

**Saisonale Tipps zur Verwendung von Öl & Fett**

- Suppen im Sommer ohne Fett zubereiten
- Im Herbst und Winter das Gemüse in Öl anbraten, in weniger Wasser länger kochen und etwas mehr würzen (z. B. mit Reis- oder Gerstenmiso)

Es gibt aber tatsächlich auch Fettstoffe, mit denen unser Körper gar nichts anzufangen weiß: die Transfette (Fettsäuren mit transkonfigurierten Doppelbindungen), auf Produktbeschreibungen als „gehärtete Fette“ oder „pflanzliche Fette“ gekennzeichnet. Diese ausnahmslos ungesunden Fette, verantwortlich für eine Vielzahl von Herz-Kreislauf-Erkrankungen, sind leider in gängigen Backwaren wie Keksen und Kuchen, in Fast Food, Chips, Margarine sowie auch in Halbfertig-Produkten versteckt. Transfette entstehen, wenn pflanzliches Öl teilweise hydriert (gehärtet) und dadurch weniger ölig und länger haltbar wird. Unser Körper kann auf Dauer in großen Mengen konsumierte Transfette nicht verwerten und wird dadurch geschwächt. Übergewicht und schwerwiegende Krankheitsbilder sind die Folge.

Die Natur hat vorgesehen, dass wir uns abwechslungsreich ernähren. Omega-6-Fettsäuren sind in unserer Ernährung überrepräsentiert während viele Menschen an einem Mangel an Omega-3-Fettsäuren leiden. Es gibt keine Ölsaat, die ein optimales Verhältnis von Omega-3- zu Omega-6-Fetten aufweist, deshalb ist es sinnvoll, bei Pflanzenölen für Abwechslung zu sorgen. In nennenswerten Mengen findet man Omega-3-Fettsäuren nur in Lein-, Walnuss-, Hanf- und Weizenkeim-Öl (und in bestimmten Fischarten). Es gibt auch fertige Ölmischungen zu kaufen, die besonders ausgewogen und gesundheitsfördernd sind.

### Die unterschiedlichen Öle und ihre Qualitäten

#### Leinöl
Die Leinsaat hat sicherlich von allen Ölsaaten den höchsten gesundheitlichen Wert. Mit seinem überwiegenden Omega-3-Anteil ist es ideal, um innerhalb kurzer Zeit einen diesbezüglichen Mangel auszugleichen. Das Öl wird wegen seiner positiven Eigenschaften sogar in Krebstherapien eingesetzt. Leinöl sollte nur in lichtgeschützter Verpackung und in ganz kleinen Mengen gekauft werden, weil es sehr schnell ranzig wird. Es muss im Kühlschrank gelagert werden. Leinöl darf nicht erhitzt werden.

#### Sesamöl
Dank seines natürlich hohen Antioxidantien-Gehaltes ist es sehr gut haltbar. Da es einen hohen Anteil an mehrfach ungesättigten Fettsäuren aufweist, sollte es nicht über 100 °C erhitzt werden und ist somit am besten zum Würzen geeignet.

#### Sonnenblumenöl
Es hat 120 Mal mehr Omega-6- als Omega-3-Fettsäuren. Als Einzel-Öl für den Dauergebrauch ist es daher nicht geeignet. Auch Sonnenblumenöl soll nicht erhitzt werden.

| LEICHT ERHITZBARE ÖLE | HOCH ERHITZBARE ÖLE | ÜBER FERTIGE SPEISEN | FETT ZUM BEIMENGEN |
|---|---|---|---|
| Biologische Öle aller Art (Olivenöl, Bratöl, Sesamöl etc.) | **Kokosöl, Palmöl, Erdnussöl, Ghee (nicht vegan)** | Leinöl, Olivenöl, Sonnenblumenöl, Kernöl, geröstetes Sesamöl, Keimöle | **Tahin hell/dunkel (Sesammus), Nussmus, Ghee (nicht vegan)** |

### Sonnenblumen-Bratöl

Es wird aus Sonnenblumenkernen der Sorte *high oleic* hergestellt und weist daher einen hohen Anteil an einfach ungesättigten Fettsäuren auf Es wird durch Desodorierung hocherhitzbar gemacht und eignet sich daher gut zum Braten und Frittieren.

### Kokosöl

Im Gegensatz zu den bisher beschriebenen Ölen enthält Kokosöl überwiegend gesättigte Fettsäuren, die für unseren Zellaufbau sehr wichtig sind. Besonders unterstützend wirkt es auf Menschen, die wenig oder gar keine tierischen Produkte zu sich nehmen. Kokosöl ist ein wirksames natürliches Mittel gegen Viren, Pilze und Bakterien. Es wird im Körper auch zur Energiegewinnung genützt. Kokosöl eignet sich ebenfalls zum höher Erhitzen.

### Wissenswertes über Öl & Fett

- Öle lieber in kleinen Mengen kaufen, weil sie schnell ranzig werden, und an einem kühlen, dunklen Platz lagern.
- Es ist immer besser, erst vor dem Anrichten die Speise mit kaltgepressten Ölen zu beträufeln.
- Zuwenig gutes Fett in der Nahrung führt zu Heißhunger auf Kohlenhydrate, Zucker und Schokolade.
- In meinen Rezepten führe ich meist zwei Ölvarianten an. Sie können natürlich auch nach Belieben ein anderes Öl einsetzen.

### So erkennen Sie gutes Öl

- Der Hersteller versichert, dass das Öl zu keinem Zeitpunkt einer Temperatur über 40 °C ausgesetzt war.
- Die Ölsaaten stammen aus Bio-Anbau.
- Die Flaschen sind lichtgeschützt.

### Olivenöl

Es sättigt und beugt Erkrankungen vor. 2 Teelöffel kaltgepresstes Olivenöl pro Tag haben einen stark gesundheitsfördernden Effekt. Auch in der Krebstherapie, präventiv bei Magen-Darm-Erkrankungen, Bluthochdruck und bei Stresssymptomen wird es gleichsam als „Medizin" eingesetzt. Die Zusammensetzung des Olivenöls – zum Großteil einfach ungesättigte Ölsäure und 2 % komplexe Verbindungen (mit antioxidativen Eigenschaften) – ist für seine positive Wirkung verantwortlich. Die Inhaltsstoffe bremsen die Produktion von Freien Radikalen im Körper. Olivenöl darf erhitzt werden. Es ist sogar extrem hitzebeständig, verträgt bis zu 180 °C, ohne seine natürlichen Eigenschaften zu verlieren, und erzeugt im Gegensatz zu anderen kaltgepressten pflanzlichen Ölen keine toxischen Substanzen.

> Die Welt hat genug für jedermanns Bedürfnisse, aber nicht für jedermanns Gier. MAHATMA GHANDI

### Keimöle

Keimöle zählen zum Wertvollsten, was uns die Natur an heilenden Lebensmitteln zu bieten hat. Im Keimling einer Pflanze sind alle Vitamine, Mineralstoffe, Spurenelemente, Fettsäuren etc. auf engstem Raum konzentriert. Keimöle haben einen sehr hohen Vitamin-E-Gehalt.

## Süßungsmittel: weniger ist mehr!

Zucker ist schon seit jeher ein Streitthema gewesen. Auf der einen Seite gilt er als Glücksbote, auf der anderen Seite kann ein Übermaß zu aggressivem Verhalten bei Kindern, zu Reizbarkeit, Hyperaktivität und Konzentrationsstörungen führen. Auf Lebensmittel-Etiketten tauchen eine Menge Begriffe auf, die nicht sofort verraten, dass es sich um Zucker und verwandte Süßungsmittel handelt: Saccharose, Glucose(sirup), Fructose, Maltodextrin, Maltose, Lactose, Invertzucker. Es gilt die Faustregel: Alles mit der Endsilbe *-ose* ist Zucker und damit im Rahmen einer harmonischen Ernährungsweise nicht zu empfehlen. Diese Empfehlung stößt oft auf Widerstand – wenn sie dann aber eine Weile umgesetzt wird, bleiben auch bei anfänglichen Zweifeln die offensichtlichen positiven Auswirkungen nicht aus.

Zum Süßen von Desserts, Kuchen und Ähnlichem ist in der SOAMI Küche, mit ihrem Schwerpunkt auf Sattva (Ruhe, Ausgeglichenheit), Reismalz die ideale Alternative zu Zucker und Honig. Vollreismalz hat einen höheren Mehrfachzuckeranteil, der je nach Malzqualität bis zu 15 Mal langsamer resorbiert als Einfachzucker (z. B. Honig oder Fruchtzucker). Denn alle Einfachzuckerarten haben den Nachteil, dass die Energie, die sie spenden, sehr schnell wieder verschwindet, daher das Bedürfnis nach Nachschub rasch wiederkehrt und sich so ein Suchtverhalten entwickelt.

**Sanft Süßen!**

- (Voll-)Reismalz, Reissirup
- Ahornsirup, Mais-/Gerstenmalz
- Apfel- oder Birnendicksaft
- Agavendicksaft
- Amazake

Durch übermäßigen Zuckerkonsum verliert der Mensch außerdem seine ursprüngliche Yang-Energie und die straffen Organe wie Herz, Nieren und Leber neigen zu einer größeren Ausdehnung, ihre Funktion wird beeinträchtigt.

Zucker ist extrem yin und verlangt nach extremem Yang. Salz ist extrem yang und verlangt wiederum nach extremem Yin. Es entsteht dadurch zwar ein Ausgleich, aber auf eine sehr belastende Art, die unter anderem starke Übersäuerung mit sich bringt.

## Überblick über alternative Süßungsmittel

### Reissirup (glutenfrei)

Reissirup wird aus geschältem Reis gewonnen. Er hat einen hohen Anteil langkettiger Zuckerarten, die langsam ins Blut aufgenommen werden.

### Vollreismalz (mit Gerste)

Vollreismalz ist durch seinen hohen Gehalt an komplexen Kohlenhydraten eine langsame, langanhaltende Energiequelle. Ein weiterer Vorteil ist sein hoher Gehalt an B-Vitaminen und Mineralstoffen, die aus dem Reis und den Gerstenkeimen stammen.

### Maismalz

Es ist süßer als Reismalz und dadurch mehr yin. Es hat im Gegensatz zu Gerstenmalz nur einen milden Eigengeschmack.

### Gerstenmalz

Es ist etwas dickflüssiger und hat einen ausgeprägten Eigengeschmack. Zur einfacheren Handhabung erhitzen.

#### Agavensirup

Zur Herstellung wird der Saft aus Agaven gepresst, danach gefiltert und erhitzt, um die Kohlenhydrate in Zucker umzuwandeln. Das Kohlenhydrat ist eine komplexe Form von Fructose, Inulin genannt. Menschen mit Fructoseunverträglichkeit sollten Agavensirup also meiden. Die glykämische Last von Agavensirup ist eine der niedrigsten unter allen verfügbaren Süßungsmitteln. Der gefilterte und erhitzte Saft wird zu einer sirupähnlichen Flüssigkeit konzentriert. In der veganen Küche wird er als Honigersatz verwendet. Agavensirup ist mehr yin als Reismalz oder Reissirup.

### Ahornsirup

Durch das Anbohren des Stammes kann ein Teil des Pflanzensaftes entnommen werden. Der gesammelte Pflanzensaft wird gekocht und eingedickt. Durch das Kochen karamellisiert der Saft, was für sein charakteristisches Aroma mitverantwortlich ist.

### Apfel-Birnendicksaft

Er wird aus konzentriertem Apfel- oder Birnensaft gewonnen und beinhaltet ausschließlich Fruchtzucker (Einfachzucker).

**Amazake**
Eine Creme aus fermentiertem süßen Reis, die zum Süßen von Shakes und Desserts besonders gut geeignet ist. Da das in Japan wohlbekannte Amazake hierzulande kaum verbreitet ist, ist es nicht so leicht zu bekommen. In Bioläden mit gutem makrobiotischen Sortiment findet man es meistens. Sonst: Fragen Sie einfach danach, es wird meist gerne für Sie bestellt.

Am Anfang der Nahrungsumstellung kann es sein, dass Sie etwas mehr Süße brauchen, als in meinen Rezepten angegeben ist. Geben Sie diesem Verlangen ruhig eine Weile nach, reduzieren Sie dann aber Schritt für Schritt die Menge wieder. Ahornsirup, Apfeldicksaft und Agavendicksaft können manchmal in kleinen Mengen verwendet werden.

RELAX – EVERYTHING IS OUT OF CONTROL.

## Getränke: die Menge bestimmt Ihr Körpertyp

Hier gibt es einfache Daumenregeln: Wer nach dem Sattva-Prinzip isst, braucht weniger Flüssigkeit (es gibt keine extremen Nahrungsmittel, versteckten Zucker, Süßstoffe oder Kochsalz). Wer ausgewogene Speisen mit viel Salz und scharfen Gewürzen würzt, braucht ebenfalls mehr Wasser.

Trinken sollte man in kleinen Mengen und nur wenn man Durst hat. Die oft gehörte Empfehlung, mindestens drei Liter täglich zu trinken, bezieht das Wissen von Körpertypen und Ernährungsweise nicht ein. Der Erd-Typ neigt beispielsweise zu Wasserstau und Wasseransammlungen im Körper und braucht daher weniger Flüssigkeit und weniger Salz. Auch der Urin kann Ihnen über die für Sie geeignete Flüssigkeitszufuhr Aufschluss geben: er sollte die Farbe von hellem Bier haben.

Ich empfehle 15 Minuten vor und bis 30 Minuten nach der Mahlzeit nichts zu trinken. Ihre Speichelmenge erhöht sich (der basische Speichel ist für eine bessere Vorverdauung mitverantwortlich). Im übrigen stellt sich auch das Bedürfnis nach besserem Kauen von selbst ein, wenn man zum Essen nichts trinkt.

**Auch Ingwerwasser in Maßen genießen!** Zuviel davon wirkt austrocknend. Ideal sind etwa zwei bis drei Tassen mildes Ingwerwasser pro Tag. Das bringt die Verdauung in Schwung.

## Kaffee und Sattva

Im Rahmen einer ausgleichenden, nicht extremen Ernährungs- und Lebensweise gibt es keinen Platz für regelmäßigen Kaffeekonsum, bzw. Koffeinsucht. Koffein, gehört den psychoaktiven Drogen aus der Gruppe der Stimulantien an. Es putscht kurzzeitig auf und wirkt aktivierend, doch gehen mit dieser Wirkung eine ganze Bandbreite von Nebenerscheinungen einher.

Der Magen wird übersäuert, dem Körper werden Mineralstoffe und Wasser entzogen, Blutdruck und Insulinspiegel werden erhöht und Verdauungsabläufe gestört. Das gesamte Herz-Kreislauf-System wird in Mitleidenschaft gezogen, die Folge sind u. a. erhöhter Blutdruck, Unruhe und Schlaflosigkeit.

Auch die einzelnen Körpertypen reagieren unterschiedlich auf Kaffeekonsum. Der Luft-Typ verträgt Kaffee generell sehr schlecht, der Feuer-Typ überhitzt, wird knallrot und fast unerträglich schnell. Dem Erd-Typ schadet Kaffee noch am wenigsten, weil sein Luftelement erhöht wird und er dadurch kurzfristig weniger träge ist.

| GETRÄNK | KOFFEINGEHALT/170 ml |
|---|---|
| Kukicha | In Spuren |
| Bancha | 22 mg |
| Schwarzer Tee Darjeeling | 77 mg |
| Kaffee | 80–130 mg |

## Der Mensch und die Milch der Kuh

Kuhmilch ist die perfekte Milch für Kälber, die irgendwann zu bis zu 1000 Kilogramm schweren Tieren heranwachsen. Kälber haben ein Recht auf ihre Muttermilch. Bei den Menschen sieht es etwas anders aus: hier sollte uns die wachsende Anzahl an Menschen mit Laktose-Intoleranz zu denken geben (siehe Bibliographie).

Milch und Milchprodukte sind zu fett und zu eiweißreich und können zu dauerhaften entzündlichen Prozessen, Neben- und Stirnhöhleneiterungen, Hautproblemen, Übergewicht, chronischer Müdigkeit, hohem Cholesterinspiegel und in weiterer Folge zu schwerer Krankheit führen. Milch als die beste Kalziumquelle anzuführen, ist – den neueren Einsichten zum Trotz – ein noch immer weitverbreiteter Irrglaube. Bessere Kalziumlieferanten sind beispielsweise Sesam, Mandeln, grünes Gemüse und Meeresalgen.

**Vegane Alternativen zu Kuhmilch!**

- ॐ Reis- & Hirsemilch (für Süßspeisen) GLF
- ॐ Gerstenmilch (für Süßspeisen)
- ॐ Hafermilch (für pikante Speisen, Suppen, Bechamel)
- ॐ Sojamilch (für pikante & süße Speisen)
- ॐ Sojajoghurt

Sobald sich ein Kind abstillt, sind Getreide, Hülsenfrüchte, Gemüse, Samen, Kerne und Obst ein wesentlich sinnvollerer Beitrag zur gesunden Ernährung als Milch und Milchprodukte.

In der Welt der Wandlungen & Veränderungen gibt es keine Vollkommenheit – alles ist im Werden, kein Mensch ist perfekt. UDANA

Verlangt das Kind nach tierischen Produkten, ist Fisch zu empfehlen und auch Eier können in gewissen Entwicklungs- und Wachstumsstadien eine Option sein.

Ich habe in meiner Tätigkeit als Ernährungsberaterin und Coach unzählige positive Entwicklungen an meinen KlientInnen beobachtet, sobald diese auf Kuhmilch und Kuhmilchprodukte verzichteten. Bei chronischen Entzündungen, Hautproblemen, (Akne, Neurodermitis, Schuppenflechte etc.), Allergien, Magen- und Darmproblemen und Übergewicht war ausnahmslos sehr schnell eine Erleichterung festzustellen, bei vielen Klienten verschwanden die körperlichen Beschwerden zur Gänze.

In dem Moment, in dem Sie Milchprodukte konsequent absetzen, löst sich viel Schleim im Körper. Spucken Sie so viel Sie können aus. Es kann mitunter sogar zu einem Entgiftungsfieber kommen. Nehmen Sie in so einem Fall keine fiebersenkenden Mittel ein, sondern ruhen Sie sich lieber ein paar Tage aus.

Weitere positive Aspekte: Sie verlieren ohne viel Mühe Gewicht – und zwar an Stellen, an denen es sich bisher hartnäckig gehalten hat. Sie sind energiegeladener, brauchen weniger Schlaf und der Cholesterinwert sinkt von selbst. Auch Ihre Neben- und Stirnhöhlen profitieren davon.

## Gewürze: Milde walten lassen!

In meinen SOAMI Rezepten wird Ihnen auffallen, dass ich Speisen sehr sparsam würze und stark erhitzende Gewürze wie Chili und Pfeffer gar nicht verwende. Zu viel Würze vermindert schließlich den Eigengeschmack der einzelnen Zutaten. Falls Sie den milden Geschmack anfänglich vielleicht noch als langweilig empfinden sollten, empfiehlt es sich, in der Umgewöhnungsphase während des Kochens zunächst leicht nachzuwürzen und die

Umeboshi

### Achtung, Glutamat!

Das in der chinesischen Küche häufig und sehr großzügig verwendete Gewürz Glutamat (Ajinomoto) löst bei vielen Menschen allergische Reaktionen wie Herzrasen, Angstzustände, Kopfschmerzen, Wasserstau oder Schwellungen im Gesicht aus. Es besteht zu 60 % aus Natriumglutamat, das zwar kennzeichnungspflichtig ist, aber in Restaurants normalerweise nicht ausgewiesen wird. Bitten Sie beim China-Restaurant-Besuch darum, man möge das Gewürz *Ajinomoto* weglassen – Glutamat wird oft nicht verstanden.

Auch in heimischen Restaurants kommt Glutamat zum Einsatz, ebenso wird es häufig bei der Herstellung von Fertigsuppen, Saucen und Würzpulvern verwendet.

Speise danach immer noch einige Minuten auf kleiner Flamme ziehen zu lassen. Würzen Sie dann dafür bei Tisch nicht mehr nach, denn als Folge verlangt sonst der Körper nach mehr Flüssigkeit und/oder extrem süßen Desserts. Mit der Zeit wird Ihr Geschmackssinn sensibler und Sie können Salz und Gewürze immer mehr reduzieren, bzw. werden keinen Bedarf mehr verspüren, noch nachzuwürzen.

**Im Sommer generell weniger salzen** als im Winter!

Setzen Sie nach Lust und Laune alle heimischen Kräuter ein sowie ab und zu auch Kreuzkümmel, Gelbwurz (Kurkuma), Ingwer, Kardamom, Zimt, Koriander, Lemongrass oder in kleinen Mengen auch süße Currymischungen. Zum Salzen empfehle ich alle Salze außer jodiertes Kochsalz. Dabei ist zu beachten, dass Steinsalz mehr yang ist als Meersalz. Mein persönlicher Favorit: Fleur de Sel.

| ZUM WÜRZEN | GEWÜRZE & KRÄUTER |
|---|---|
| Fleur de Sel, Meersalz, Himalayasalz, Tamari, Miso | Basilikum, Oregano, Thymian, Majoran, Rosmarin, alle heimischen Kräuter |
| Ume Su (Essig/Würze), Reisessig, Mirin | Kreuzkümmel, Koriander, Kardamom, Gelbwurz (Kurkuma) |
| Senf (ohne Zucker) | Ingwer, Lemongrass, Zimt |
| Umeboshi-Pflaume | |

## Umeboshi – der blaue Diamant der Samurai

Ohne ein Loblied auf diese hochgeschätzte ständige Begleiterin in meiner Küche und meinem Medizinschrank kommt dieses Buch nicht aus. Sie taucht in vielen Rezepten und Tipps auf und ihre relative Unbekanntheit in unseren Breiten ist durchaus zu beklagen.

Die Ume-Pflaume (botanisch gesehen eigentlich eine Aprikose) wird in Japan seit jeher als wertvolles Nahrungs- und Heilmittel eingesetzt und ist in der Volksernährung allgegenwärtig. Ihre desinfzierende, entgiftende, blutreinigende, hormonausgleichende, die inneren Organe stärkende Wirkung (um nur einige zu nennen) ist längst wissenschaftlich bewiesen. Sie hilft bei Erschöpfung, beugt Erkältungen vor und vieles mehr. Ihr hoher Nährwert, ihr Gehalt an Mineralstoffen, Eiweiß, Kalzium, Phosphor etc. haben ihr den Namen „blauer Diamant" eingetragen. Die in der Ume-Pflaume enthaltene Zitrussäure unterstützt beim Abbau des Säureüberschusses, der durch den Genuss von Zucker, Weißmehl, Fleisch etc. im Körper entsteht, und wirkt so einer Schwächung des Immunsystems entgegen. Für den Gebrauch in der Küche wird die Ume-Pflaume auf vielfältige Weise verarbeitet. Z. B. werden die noch nicht gereiften Früchte mindestens ein Jahr lang (mitunter bis zu fünf Jahren) in einer salzigen Lake eingelegt und sind dann entweder im Ganzen oder als Paste erhältlich und zum Würzen, Verfeinern etc. einsetzbar. Die Paste ist zwar beim Kochen leichter zu handhaben, die ganze Pflaume weist jedoch eine größere Heilwirkung auf. Die mit Shisoblättern in Salzwasser eingelegten Ume-Pflaumen sind als Umeboshi (Foto links) bekannt und liefern dank der Shisoblätter auch noch eine Menge Vitamin A.

Darüberhinaus werden Ume-Essig (Ume Su, Umeboshi-Würze), -Kügelchen, -Konzentrat, -Bonbons etc. angeboten sowie auch Umeboshi-Tabletten. Sämtliche Produkte aus der Ume-Pflaume stärken den Organismus, verbessern die Darmflora und helfen bei Verdauungsproblemen, Kopfschmerzen und vielem mehr.

**Sollten Sie** auf die Umeboshi verzichten wollen, können Sie sie beim Kochen durch Salz ersetzen.

## Yin/Yang und die Garmethoden

Die Yang-Qualität von Speisen kann durch eine längere Garzeit sowie durch Hitze, Druck, Salz und andere Gewürze erhöht werden. Umgekehrt wird durch weniger Hitze und weniger Gewürze das Yin-Element verstärkt. Rohkost ist demnach mehr yin als gekochtes Gemüse. Die unterschiedlichen Garmethoden sind ebenfalls entweder mehr yin oder mehr yang. So ist zum Beispiel das Frittieren eine Yang-Garmethode und kommt daher nur im Winter (Yin) zum Einsatz. Die schonenden Garmethoden wie Blanchieren oder Dämpfen werden dem Element Yin zugeordnet. Braten ist also beispielsweise mehr yang als Dämpfen. Wenn Sie längere Zeit nach SOAMI kochen und essen, lernen Sie schon bald, Nahrung und den Kochvorgang einzusetzen, um je nach Bedarf mehr Yin oder mehr Yang in Ihr Leben zu bringen. Im Rezeptteil finden Sie die SOAMI Balance Teller, die als harmonische Yin/Yang-Mahlzeiten komponiert sind – von den Zutaten über die Zubereitungsmethode bis hin zur Zusammenstellung.

## Yin/Yang und die Schnitttechniken

Auch innerhalb jedes einzelnen Gemüses überwiegt zum Teil Yin und zum Teil Yang. Generell kann man sagen: der dem Himmel zugewandte Teil des Gemüses ist mehr yin, der tiefer ins Erdreich wachsende Teil mehr yang. Um Sattva, den Ausgleich, bereits beim Schneiden des Gemüses zu fördern, empfehle ich, Wurzelgemüse immer schräg zu schneiden. So ist in jedem Stück das Yin/Yang-Element in Harmonie. Eine bebilderte Übersicht zu den verschiedenen Schnitttechniken finden Sie auf Seite 62.

## Die Menge macht's

Lassen Sie Ihrem Magen Platz zum Verdauen. Das heißt: essen Sie nicht zuviel, auch nicht zuviel Gesundes. Sie sollten sich nie voll fühlen. Wenn man beginnt tierische Produkte zu ersetzen, verändert sich die Qualität des Sättigungsgefühls. Sollten Sie zwischendurch Hunger bekommen war der Eiweiß- oder Fettanteil Ihrer Mahlzeit vielleicht zu gering, oder Sie brauchen eine Kleinigkeit zwischendurch. Verwenden Sie dann anfangs etwas mehr Öl, beträufeln Sie Speisen vor dem Anrichten zum Beispiel mit kaltgepresstem Lein- oder Olivenöl und achten Sie auf die Ausgewogenheit Ihrer Mahlzeiten. Dann haben Sie tatsächlich auch mehr und länger anhaltende Energie.

# SOAMI REZEPTE

## Utensilien

**Was Sie früher oder später beim Zubereiten der Rezepte in diesem Buch benötigen werden:**

- Set Messtassen (Cups)
- Set Messlöffel (Spoons)
- Caddie (scharfes japanisches Messer, erhältlich bei SOAMI, im Bio- oder Asialaden)
- Kleines japanisches Gemüsemesser scharf
- Gemüsebürste zum Reinigen von Gemüse
- Gemüsepresse klein (erhältlich bei SOAMI oder im Internet)
- Gemüseschäler, Rettichschneider
- Siebe (fein, mittel, grob)
- Zitronenreibe
- Ingwerreibe
- Mörser
- Dämpfsieb
- Handmixer
- Guter Stand-/Stabmixer
- Gusseisenpfannen und -töpfe
- Druckkochtopf (2,5 Liter)
- Sushi Matte (erhältlich bei SOAMI, im Bio- oder Asialaden)
- Crêpes-Pfanne
- Einwegspritzsack
- Backpapier
- Tortenheber
- Kuchenform (Ø 22 cm)
- Kastenform für Kuchen (24 x 32 x 5,5 cm und 25 x 12 x 8 cm)
- Springform für Torten (42 x 29 x 7 cm), evtl. Tarteform
- Muffin-Backform (+ Papierförmchen zum Einlegen)

### Maßeinheiten

Die amerikanischen Maßeinheiten Cups & Spoons (Tasse, EL, TL) finde ich besonders praktisch und unkompliziert. Sie erfordern zu Beginn vielleicht noch etwas Umrechnen, bald aber werden auch Sie auf Ihre Tassen und Löffel nicht mehr verzichten wollen!

Wenn Sie kein Set zuhause haben, nehmen Sie zum Abmessen immer die gleichen Tassen und Löffel. Die Sets sind auch bei SOAMI oder im Internet erhältlich.

**Kleine Umrechnungshilfe:**

| | |
|---|---|
| 1 Tasse: | 240 ml |
| ½ Tasse: | 120 ml |
| ⅓ Tasse: | 80 ml |
| ¼ Tasse: | 60 ml |
| 4 ¼ Tassen: | ca. 1 l |
| 1 EL: | 15 ml |
| 1 TL: | 5 ml |

## Menü- & Speiseplanung

Planen Sie Ihre Mahlzeiten je nach Zeit, Lust und Bereitschaft entweder simpel oder aufwendiger und fragen Sie sich regelmäßig: „Was brauche ich, um mich rundum genährt zu fühlen?"

### Die Checkliste für ausgewogene Mahlzeiten:

ॐ **„Welche Eiweißquelle wähle ich?"**
Sollen z. B. Bohnen auf dem Speiseplan stehen, müssen diese am Abend vorher eingeweicht werden. Ich empfehle, stets fertig gekochte Hülsenfrüchte vorrätig zu haben – diese aufzuwärmen dauert dann nur wenige Minuten. Man kann tatsächlich sagen, dass eine Mahlzeit ohne Eiweiß nicht befriedigend ist und eigentlich kein vollwertiges Essen darstellt.

ॐ **„Welches Getreide ist heute an der Reihe?"**
Bei der Vielfalt an Getreidesorten kann je nach Zeitaufwand und Lust entschieden werden. Habe ich am nächsten Tag etwa nur wenig Zeit, kann ich den Reis am Abend vorkochen. Wenn ich mich nach einem ganz simplen, schnell zubereiteten Essen fühle (weil ich vielleicht lieber den Vormittag mit den Kindern verbringen, lesen oder spazierengehen möchte), dann kommen zum Beispiel Nudeln, Hirse oder Quinoa in den Topf, da sie eine kurze Kochdauer haben.

ॐ **„Welches Gemüse habe ich im Haus? Worauf habe ich Lust?"**
Gemüse wird am besten immer frisch zubereitet. Je nach Gemüsesorte liegt die Garzeit zwischen 2 und 20 Minuten. Ein stets gut mit saisonalem, regionalem Gemüse gefüllter Kühlschrank regt dazu an, beim Kochen kreativ zu sein und abwechslungsreiche Speisen auf den Tisch zu bringen.

ॐ **„Was für ein Dessert kreiere ich heute für mich/uns? Wieviel Zeit habe ich dafür?"**
Eine Kuzu-Fruchtcreme z. B. ist in 5 Minuten zubereitet. Nach Möglichkeit macht man gleich mehr davon, damit man auch für den nächsten Tag einen „süßen Vorrat" hat, oder sogar andere Menschen mit einem gesunden Dessert überraschen kann. Eine liebevoll zubereitete Nachspeise ist eine deutliche Botschaft an sich selbst: „Ich schätze mich wert und umsorge mich."

> HEUTE IST DER ERSTE TAG VOM REST MEINES LEBENS. WAS SOLL ICH DAMIT ANFANGEN? AYYA KHEMA

**Noch ein paar nützliche organisatorische Tipps**

ॐ Nehmen Sie sich 1x in der Woche Zeit dafür, Kerne und Samen vorzubereiten (z. B. zu rösten) und gut getrocknet in geschlossenen Gläsern abzufüllen.

ॐ Wenn Sie wöchentlich einen frischen Vorrat an eingelegtem und milchsauer vergorenem Gemüse (z. B. Sauerkraut) im Bioladen kaufen, haben Sie stets eine gesunde Beilage parat.

ॐ Gepresstes Gemüse kann zweimal wöchentlich zubereitet und im Kühlschrank aufbewahrt werden, man fügt davon jeder Hauptmahlzeit nur 2–3 Esslöffel hinzu.

ॐ Saucen und Dressings sind schnell hergestellt und halten sich einige Tage gut im Kühlschrank.

ॐ Zum Mitnehmen und fürs Büro eignen sich am besten Gerichte aus den Kapiteln Vorspeisen, Salate, Brot & Getreide, Gemüse Basics und Desserts.

## Schnitttechniken

Einen bebilderten Überblick über die verschiedenen Schnitttechniken, die ich bei den Rezepten in diesem Buch anwende, finden Sie auf der nächsten Seite.

**Schräg geschnitten:**

Wurzelgemüse in ½ cm Scheiben

**Großwürfelig geschnitten:**

ca. 1 ½ $cm^2$ große Würfel

**Bleistifttechnik:**

Wurzelgemüse aufstellen, das Gemüse drehend die Ecken zuspitzen (wie beim Bleistiftspitzen)

**In Viertelmonde geschnitten:**

geviertelt und in 3 mm dicke Scheiben geschnitten

**In Halbmonde geschnitten:**

halbiert und in 3 mm dicke Scheiben geschnitten

**In Streifen geschnitten:**

½ x ½ x 4 cm

**Feinnudelig geschnitten:**

2 mm dick

In **Zündholzform**:

3 cm x 2 mm Streifen

**Kleinwürfelig geschnitten:**

ca. 1 cm² große Würfel

# Getreide Basics

## Umeboshi-Reis

- 1½ Tassen Reis
- 3 Tassen Wasser
- ½ Umeboshi-Pflaume
- 5 cm Kombu Alge

1 Den Reis gut waschen und über Nacht einweichen.

2 Am nächsten Tag Reis mit Wasser, Kombu Alge und Umeboshi-Pflaume im Druckkochtopf 50 Minuten am 1. Ring kochen. Solange stehen lassen, bis das Kochtopfventil ganz unten ist.

3 Kombu Alge entnehmen und Umeboshikerne entfernen.

**Diese Reisvariante ist die** Urform einer asiatischen Reisbeilage und hat eine reinigende, ausgleichende Funktion.

## Reis-Hirse-Mischung

- 1 Tasse Rundkornreis
- ½ Tasse Hirse
- 3 Tassen Wasser
- 5 cm Kombu Alge

1 Gewaschenes Getreide mit Kombu Alge aufkochen und zugedeckt 50 Minuten köcheln lassen.

2 Nach dem Kochvorgang Kombu Alge entfernen.

# Roter Reis

- 1 Tasse roter Reis
- 2 ½ Tassen Wasser
- 1 Prise Salz
- 5 cm Kombu Alge (gewaschen)

1 Reis waschen, mit Kombu Alge und Salz zugedeckt ca. 50 Minuten im Wasser köcheln lassen.

**Die Konsistenz von rotem** Reis ist klebriger als z. B. Langkorn- oder Basmatireis.

# Buchweizen

- 1 Tasse Buchweizen
- 2 Tassen Wasser
- 1 EL Reismiso
- 1 TL Olivenöl

1 Getreide gut waschen und in einem schweren Topf mit Reismiso und Öl anbraten.

2 Mit doppelter Menge Wasser oder Suppensud aufgießen und zum Kochen bringen. 35 Minuten zugedeckt köcheln lassen.

**Buchweizen hat eine wärmende** Wirkung und einen sehr hohen Eiweißgehalt. Er ist deshalb ein „Wintergetreide". **Miso wird hier** als Salzersatz verwendet.

# Hirse natur

- 1 Tasse Hirse
- 2 Tassen Wasser
- 1 Prise Meersalz

1 Hirse gut heiß waschen.

2 Mit Wasser aufkochen, salzen und zugedeckt 30 Minuten köcheln lassen.

**Hirse ist sehr basisch** und wirkt u. a. positiv auf das Hautbild.

# Quinoa

1 Quinoa mehrmals gut waschen.

2 Mit doppelter Menge Wasser aufkochen, salzen und zugedeckt 30 Minuten köcheln lassen.

- 1 Tasse Quinoa
- 2 Tassen Wasser
- 1 Prise Salz

**Quinoa hat einen hohen** Eiweißgehalt und ist sehr gut verträglich.

# Amaranth

1 Getreide im feinen Sieb zwei- bis dreimal waschen, bis das Wasser klar ist.

2 Mit Wasser zustellen und zum Kochen bringen. Salzen, zudecken und 40 Minuten auf mittlerer Flamme köcheln lassen.

- 1 Tasse Quinoa
- ¼ Tasse Amaranth
- 2 ½ Tassen Wasser
- 1 Prise Salz

**Amaranth mische ich gerne** mit anderen Getreidesorten. Alleine gekocht nach ca. 35 Minuten gar, kann Amaranth durchaus länger gekocht werden. Mit Reis beträgt die Garzeit z. B. 50 Minuten.

# Rundkornreis

1 Reis 2–3 Mal gut waschen, doppelte Menge Wasser beigeben, zum Kochen bringen, salzen.

2 <u>Variante 1</u>: zugedeckt 50 Minuten auf mittlerer Stufe kochen lassen.
<u>Variante 2</u>: im Druckkochtopf am ersten Ring 50 Minuten garen, 15 Minuten rasten lassen und danach erst servieren. Dieser Reis wird weicher, klebriger und ist wärmender.

- 1½ Tassen Reis
- 3 Tassen Wasser
- 1 Prise Meersalz od. ½ Umeboshi-Pflaume

**Diese Variante ist ideal** für den täglichen Gebrauch sowie zum Entgiften oder Fasten. **Optional: Für die Aufspaltung** von Zink ist es von Vorteil, den gewaschenen Reis in der doppelten Wassermenge über Nacht einzuweichen. Dann im Einweichwasser (siehe Rezept) kochen.

# Kamut- & Dinkelgriess

1 Tasse Dinkel- oder Kamutgrieß
2 Tassen Wasser
1 Prise Salz

1 Wasser aufkochen, salzen, Grieß mit der Schneerute einrühren. 3 Minuten stark kochen lassen, öfters umrühren. Temperatur reduzieren und zugedeckt 30 Minuten ziehen lassen. Danach weiterverarbeiten.

**Diese beiden Getreidearten brauchen** ein ganz starkes Verdauungsfeuer. Bekömmlicher sind sie in Brot- und Nudelform.

# Wildreis natur

1 Tasse Wildreis
2 ½ Tassen Wasser
1 Prise Meersalz

1 Wildreis waschen und mit Wasser zustellen, zum Kochen bringen, salzen, zudecken und 60 Minuten auf kleiner Flamme köcheln lassen.

**Wildreis natur passt besonders** gut zu Salaten!

# Langkorn Wildreis

1 Tasse Langkornreis (eher kühlend)
½ Tasse Wildreis
3 ¼ Tassen Wasser
1 Prise Meersalz

1 Beide Reissorten waschen und mit Wasser zustellen. Zum Kochen bringen.

2 Salzen und zugedeckt ca. 60 Minuten auf mittlerer Flamme kochen lassen.

**Wenn Sie genügend Zeit** haben, weichen Sie die gewaschene Reismischung einige Stunden lang ein und kochen Sie diese dann im Einweichwasser. **Wildreis wird meistens** mit anderen Reissorten gemischt.

# Kamutbulgur

1. Wasser zum Kochen bringen, salzen.
2. Bulgur und Öl mit Schneerute einrühren und zudecken. Bei mittlerer Hitze 30 Minuten köcheln lassen.

1 Tasse Kamutbulgur
2 Tassen Wasser
1 TL Olivenöl
1 Prise Meersalz od. Himalaya Salz

# Basmatireis

1. Basmatireis im Sieb gut waschen und abtropfen lassen. Empfehlenswert: den Reis vor dem Zubereiten 30 Minuten einweichen.
2. Olivenöl oder Kokosöl in einem Topf erhitzen. Reis mit Kurkuma kurz anbraten.
3. Mit Einweichwasser oder Suppensud aufgießen, mit Kardamomkapseln würzen, aufkochen lassen. Zugedeckt bei kleiner Flamme 40 Minuten köcheln lassen, dann erst salzen.

1 ½ Tassen Basmati Vollreis
2 ½ Tassen Wasser od. Suppensud
½ TL Meersalz
1 TL Olivenöl oder Kokosöl
½ TL Kurkuma
3 Kardamomkapseln (aufgedrückt)

# Maisgriess

1. Wasser zum Kochen bringen, salzen. Den Grieß mit einem Schneebesen einrühren und ca. 3 Minuten unter ständigem Rühren köcheln lassen.
2. Danach Temperatur auf ein Minimum reduzieren und Grieß zugedeckt noch 50 Minuten ziehen lassen. Zum Schluss das Olivenöl einrühren.

1 Tasse Maisgrieß
3 Tassen Wasser
1 EL Olivenöl
½ TL Salz

**Feiner Maisgrieß (Polenta) ist** zwar für die schnelle Küche geeignet, weil er in 20 Minuten gekocht ist, die gröbere Variante (ca. 50 Minuten) schmeckt aber besser, ist weniger „babynahrungsmäßig" und regt außerdem zum Kauen an. **Achtung bei Elektroherden:** Stellen Sie den Topf nach dem ersten Kochvorgang kurz beiseite und, sobald die Platte etwas abgekühlt ist, wieder auf den Herd. Der Grieß darf keinesfalls stark kochen, weil er schnell anbrennt.

# EIWEISS BASICS

## WEISSER TOFU GEBRATEN

1 EL Olivenöl, Bratöl oder Kokosöl
1 Pkg. weißer Tofu ca. 200 g
½–1 EL Tamari

1 Das Öl in einer schweren Pfanne erhitzen. Tofu bei mittlerer Hitze zwei bis drei Minuten auf jeder Seite braten.

2 Hitze reduzieren, mit Tamari würzen, noch kurz ziehen lassen und zu Getreide und verschiedenen Gemüsesorten servieren.

**Tofu ist sehr vielseitig** verwendbar und schon lange kein asiatisches Produkt mehr. Er wird mittlerweile auch in Österreich und Deutschland produziert. Tofu schmeckt auch mit Teriyaki-Sauce sehr gut. Verwenden Sie stets biologisch zertifizierten Tofu, da konventionelle, billige Tofuprodukte fast immer aus genmanipulierten Bohnen hergestellt werden.

# Tempeh Grundrezept

1 Tempeh in Öl anbraten und mit Wasser oder Suppensud aufgießen.

2 Mit Tamari und Ingwersaft würzen und 20 Minuten zugedeckt köcheln lassen.

3 Kuzu mit 2 EL Wasser in einem geschlossenen Glas aufschütteln.

4 Tempehfilets herausnehmen und die Kuzumischung in den Saft einrühren.

5 2 Minuten aufkochen lassen und eventuell etwas Suppensud oder Wasser beimengen und mit geröstetem Sesamöl verfeinern.

6 Mit Getreide, Gemüse, Salat & Pickles anrichten. Auch Dijon-Senf passt gut dazu!

- 200 g Tempehrolle (in ½ cm Scheiben geschnitten)
- 1 EL Bratöl oder Kokosfett
- 2–3 EL Tamari
- 1 TL Ingwersaft (siehe Glossar)
- 2 Tassen Suppensud od. Wasser
- 1 TL Kuzu
- 2 EL kaltes Wasser
- 1 TL Sesamöl (geröstet)

# Dinkelseitan
## (Fleischersatz)

1 Seitan mit der Hand ausdrücken, in Streifen schneiden.

2 Schalotten in Öl anbraten, Karotten beifügen und anbraten. Salzen, mit Wasser oder Suppensud aufgießen. 15 Minuten köcheln lassen.

3 Danach Seitan hinzufügen. 5 Minuten köcheln lassen, mit Tamari abschmecken, 5 Minuten ziehen lassen.

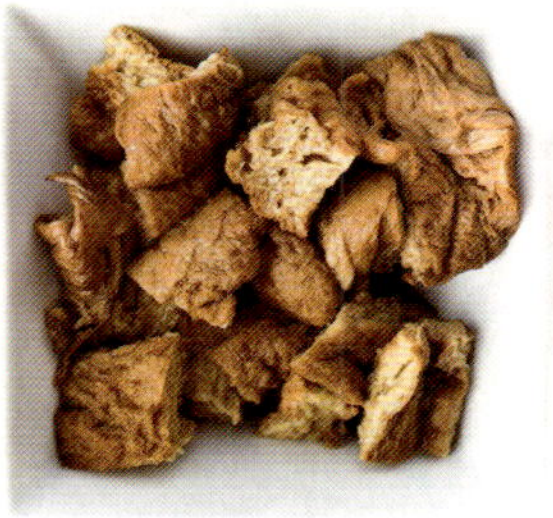

4 Mit Petersilie bestreuen und zu Getreide und verschiedenen Gemüsesorten und Salat servieren.

- 1 Glas Dinkelseitan
- 1 EL Bratöl oder Kokosfett
- 3 Schalotten (fein gewürfelt)
- 3 Karotten (in Streifen geschnitten)
- 1 Prise Meersalz
- 1 Tasse Suppensud od. Wasser
- 1 TL Tamari

Gelbe Linsen

Grüne Linsen

Schwarze Bohnen

Belugalinsen

Azuki Bohnen

## Bohnenarten

| GROSSE BOHNEN: | KLEINE BOHNEN: |
|---|---|
| Ackerbohnen | Azuki Bohnen |
| Kichererbsen | Hokkaido Azuki-Bohnen |
| Schwarze Bohnen | Mungbohnen |
| Nierenbohnen | |
| Weiße Bohnen | |

Kleine Bohnen sind auch bei schwachem Verdauungsfeuer* gut verträglich. Die Hokkaido Azuki-Bohnen unterstützen überdies die Nierenfunktion.

## Linsenarten

| | |
|---|---|
| Belugalinsen (schwarz) | Gelbe Linsen |
| Berglinsen (braun) | Rote Linsen |
| Grüne Linsen | Spalterbsen |
| Erbsen | |

## Gewürze für Bohnen & Linsen (optional)

Lorbeerblatt, Bohnenkraut, Asafoetida* (speziell geeignet für den Luft-Typ und den Erd-/Wasser-Typ)

## Bei der Zubereitung zu beachten:

ॐ Waschen Sie Bohnen und Linsen vor der Zubereitung gut, um kleine Steine auszuwaschen.

ॐ Linsen müssen nicht eingeweicht werden.

ॐ Wer Bohnen nicht gut verdauen kann, sollte sie vor der Verarbeitung bis zu 20 Std. einweichen (das Wasser dazwischen einmal erneuern) und beim Kochen mit Ingwer, Bohnenkraut und Asafoetida* würzen. Führt das zu keiner Besserung, steigen Sie auf Linsen und geschälte Mungbohnen um.



* Siehe Glossar

# Azuki-Bohnen-Kürbis-Topf

1 Azuki Bohnen waschen, mit Wasser gut bedeckt abends einweichen, morgens Wasser abschütten, zwei- bis dreimal spülen.

2 <u>1. Variante:</u> Bohnen mit Wasser aufgießen, mit Gewürzen und Alge zustellen und 30 Minuten ohne Deckel kochen. Schaum abschöpfen und zugedeckt ca. 2 Stunden köcheln lassen. Wassermenge kontrollieren, eventuell etwas nachgießen. Nach ca. 2 Stunden mit Tamari oder Meersalz würzen und weiterkochen, bis die Bohnen ganz weich sind. Alge entfernen. Danach Reismalz, Reisessig und Senf einrühren und 5 Minuten ziehen lassen.

<u>2. Variante:</u> Die Bohnen im Druckkochtopf mit doppelter bis dreifacher Menge Wasser, Gewürzen und Alge aufsetzen. Bohnen 30 Minuten ohne Deckel kochen lassen und Schaum abschöpfen. Dann Deckel schließen und am 1. Ring 30 Minuten köcheln lassen. Erst öffnen, wenn das Dampfventil ganz unten ist. Die Alge entfernen. Mit Tamari oder Meersalz würzen. Kürbis hinzufügen, noch weitere 20 Minuten köcheln lassen. Danach Reismalz, Reisessig und Senf einrühren und 5 Minuten ziehen lassen.

- 2 Tassen Azuki Bohnen
- 1 kl. Hokkaido Kürbis (klein gewürfelt)
- 6–8 Tassen Wasser im normalen Kochtopf
- 4–5 Tassen Wasser im Druckkochtopf
- 8 Tassen Wasser zum Einweichen
- 5 cm Kombu Alge (gewaschen)
- 2 Lorbeerblätter
- ½ TL Bohnenkraut
- 2 EL Tamari od. ½ TL Meersalz
- 3 EL Dijon Senf
- 1 EL Reismalz
- 1 TL Reisessig

Azuki Bohnen sind sehr gut verträglich. Hokkaido Azukibohnen werden sogar zu Heilzwecken eingesetzt. Je nach Gericht kann auch die Wassermenge variieren.

# Linsen

1 Linsen waschen, mit Wasser und Kombu Alge zum Kochen bringen, zudecken und 30 Minuten köcheln lassen.

2 Salzen und noch 10 Minuten köcheln lassen.

3 Reismiso einrühren und 5 Minuten ziehen lassen. Dann Öl hinzufügen.

- 2 Tassen Linsen (gut waschen)
- 4–5 Tassen Wasser
- 5 cm Kombu Alge (gewaschen)
- ¼ TL Himalaya- od. Meersalz
- 2 EL Reismiso
- 1 TL–1 EL Olivenöl

Alle Linsenarten vor dem Kochen 2–3 Mal waschen und dann ca. 30–40 Minuten kochen. Anschließend zu Salat, Aufstrich oder Ragout weiterverarbeiten.

# GEMÜSE BASICS

Gemüse schonend zuzubereiten bedarf einiger Aufmerksamkeit. Wurzel- und Knollengemüse eignen sich am besten zum Braten (auch im Rohr), zum Dünsten, langen Kochen oder auch zum Pressen und Einlegen. Diese Gemüsearten vertragen Hitze über längere Zeit. Sie sollten in gegartem Zustand eher weich sein. Im Sommer darf aber ruhig auch einmal das Wurzelgemüse knackig sein, wenn es z. B. im Wok zubereitet wird.

Gemüse, das über der Erde wächst, wird am besten gedämpft, blanchiert, gepresst, eingelegt oder manchmal gebraten. Es sollte immer knackig sein. In diesem Kapitel finden Sie ausführliche Beschreibungen zu den unterschiedlichen Garmöglichkeiten von Gemüse.

**Biogemüse 1–2 Mal pro** Woche kaufen und im Kühlschrank lagern. Zur gründlichen Reinigung eine Gemüsebürste benützen. Biogemüse muss nicht geschält werden (Ausnahmen sind z. B. dickschaliger oder lang gelagerter Kürbis, Pastinaken, Sellerie, Kohlrabi, Rote Bete). Frische Kräuter, die nicht sofort verwendet werden, in etwas feuchte Küchenrolle einwickeln und im Kühlschrank lagern.

# GEDÄMPFTES CHINAKOHLGEMÜSE

1 Das Dämpfsieb ins Wasser stellen und Chinakohl einlegen. Das Wasser zum Kochen bringen und ca. 4 Minuten bei hoher Hitze dämpfen.

2 Gleich warm servieren oder kurz mit kaltem Wasser abschrecken und kalt servieren. Je nach Belieben mit oder ohne Dressing anrichten.

**Utensilien:**
Dämpfsieb

1 Chinakohl (feinnudelig geschnitten)
1 Tasse Wasser, je nach Topfgröße ca. 1 ½ cm Wasser im Topf

# BLANCHIERTES KOHLRABIGEMÜSE

1 Kohlrabigrün ins kochende Salzwasser legen und je nach Blattstärke zwischen 2 und 6 Minuten kochen.

2 Blätter kurz kalt abschrecken, feinnudelig schneiden und mit Dressing Ihrer Wahl (ab Seite 178) marinieren.

1 Bund Kohlrabigrün
4 ¼ Tassen Wasser
¼ TL Meersalz

**Die Kohlrabiblätter schmecken sehr** fein und wirken positiv auf den Mineralstoffhaushalt. Blanchiertes wie gedämpftes Gemüse sollte immer bissfest sein.

# BLANCHIERTER WIRSING

1 Wasser zum Kochen bringen und salzen. Ganze Wirsingblätter zwischen 5 und 7 Minuten kochen, abseihen und das Wasser für die Suppe aufheben.

2 Kalt abschrecken, Blätter feinnudelig schneiden, mit Pesto oder Sesamdressing marinieren und als Gemüsebeilage servieren.

1 kleiner Wirsingkohl
7 Tassen Wasser
Prise Salz

# Gemüse Tempura

Zubereitung Teig:

1 Kuzu mit Mineralwasser verrühren. Alle anderen Zutaten beifügen und verrühren.

Zubereitung Tempura:

1 Öl in einer tiefen, schweren Pfanne erhitzen.

2 Gemüse durch den Teig ziehen, abtropfen lassen und im Fett schwimmend beidseitig goldbraun backen. Tempura mit der glutenfreien Teigvariante brauchen etwas länger beim Backen.

3 Auf einer Küchenrolle abtropfen lassen und mit Sauce servieren.

Zubereitung Sauce:

1 Den Ingwer durch ein feines Sieb pressen.

2 Den Saft und die übrigen Zutaten miteinander verrühren.

**Frittieren ist eine Zubereitungsart,** die speziell zum Winter passt. Man sollte Frittiertes jedoch nur als kleine Beilage servieren und möglichst immer mit einer Sauce, die Ingwer oder Rettich (regen das Verdauungsfeuer an) enthält.

**Zutaten Teig** NICHT GLF:

2 Tassen Dinkelmehl 1050

1 TL Salz

3 EL Kuzu

2 Tassen kaltes, prickelndes Mineralwasser

**Zutaten Teig** GLF:

1 Tasse Kichererbsenmehl fein

3 EL Buchweizenmehl

½ TL Salz

3 EL Kuzu

1 ¾ Tassen kaltes, prickelndes Mineralwasser

**Zutaten Gemüse:**

2 Tassen Lauch (feinnudelig geschnitten)

2 Tassen Süßkartoffel, Karotten oder Kürbis (in Zündholzform geschnitten)

1 Brokkoli oder 1 Blumenkohl (in Röschen)

1 ½–2 Tassen Bratöl oder Kokosöl

**Zutaten Tempura Sauce:**

3 EL Tamari

1 EL Mirin

5 EL Kukicha Tee, Wasser oder Suppensud

2 EL Ingwer (gerieben)

1 EL Rettich (gerieben)

# Nishime

- 1 Zwiebel (in Scheiben geschnitten)
- 2 Streifen Kombu Alge (3 cm, gewaschen)
- 1 Sellerieknolle (großwürfelig geschnitten)
- 2 Karotten (großwürfelig geschnitten)
- 1 Tasse Weißkraut (großwürfelig geschnitten)
- ½ Tasse Wasser
- 1 Prise Meersalz
- 1 TL Tamari
- 1 TL Mani Zitronen-Olivenöl

1. 2 Streifen Kombu Alge in einen schweren Topf geben.
2. Gemüse in Schichten einlegen. Zuerst die Kombu Alge, danach die Zwiebeln, dann den Sellerie, darauf die Karotten und zum Schluss das Weißkraut.
3. Das Wasser beifügen, eine Prise Meersalz dazugeben und auf eine große Flamme stellen, bis das Wasser kocht.
4. Flamme zurückdrehen, zudecken und 25 Minuten köcheln lassen, bis das Gemüse weich ist.
5. Mit Tamari würzen, 5 Minuten ziehen lassen und mit etwas Zitronen-Olivenöl oder kaltgepresstem Kernöl beträufeln.

**Nishime bedeutet:** ohne bzw. mit wenig Wasser kochen. Das Gemüse schmeckt besser, weil alle Inhaltstoffe erhalten bleiben. Auch andere Gemüsesorten eignen sich natürlich für diese Zubereitungsweise.

# Bratgemüse-Wok

1 Öl in einer schweren Pfanne erhitzen, Lauch kurz anbraten und restliches Gemüse (außer Chinakohl und Brokkoli) beigeben, salzen und unter oftmaligem Rühren (ca. 6–8 Minuten) braten. Um das Ankleben des Gemüses zu verhindern, können Sie 2–3 EL Wasser beigeben. Das Gemüse sollte noch knackig sein.

2 Danach Chinakohl und Brokkoli hinzufügen, 5 Minuten mitbraten, mit Tamari würzen und kurz ziehen lassen. Als Beilage anrichten.

**Grünes Gemüse kann auch** gebraten werden, sollte aber erst am Ende des Kochvorgangs hinzugefügt werden, sodass es knackig bleibt. Wok Gemüse eignet sich am besten für die Sommerküche.

1 EL Erdnuss- oder Kokosöl

2 Kohlrabi (in Zündholzform geschnitten)

2 Gelbe Rüben (in Zündholzform geschnitten)

1 Tasse Chinakohl (in große Stücke geschnitten)

1 Stange Lauch (feinnudelig geschnitten)

1 Rose Brokkoli (in Röschen)

1 Prise Salz

1 TL–1 EL Tamari

# Süsskartoffeln im Rohr

1 Backrohr auf 180° C vorheizen.

2 Backblech mit Backpapier belegen.

3 Öl auf das Backpapier geben. Die Süßkartoffeln im Öl wenden, auflegen und salzen. Ca. 30 Minuten backen, bis sie ganz weich sind.

4 größere Süßkartoffeln (geschält, in ½ cm dicke Scheiben geschnitten)

1 EL Kokosöl (erwärmt)

½ TL Meersalz

# GEGRILLTER KÜRBIS IM ROHR

1 Hokkaido Kürbis
(entkernt, in ½ cm dicke Scheiben geschnitten)
1–2 EL Olivenöl
1–2 EL Tamari mit 2 EL Wasser vermengt

1 Das Backrohr auf 180 °C vorheizen.

2 Backpapier auf ein Backblech legen, Olivenöl darauf verteilen und die Kürbisscheiben darin wenden.

3 Den Kürbis 30 Min. backen, mit Tamari-Wassergemisch beträufeln und weitere 5–10 Min. backen. Als Beilage servieren.

**Gemüse aus dem Rohr** hat eine wärmende Wirkung. Es ist ein herrliches Herbst-/Wintergericht & auch für Kinder immer ein Highlight! Der Kürbis schmeckt auch kalt als Snack.

# GEPRESSTES GEMÜSE

**Utensilien**
Variante 1:
Kleine Gemüsepresse

Variante 2 (wie früher):
Schüssel und einen etwas kleineren Teller zum Zudecken, großen Stein zum Beschweren

2 Bund Radieschen (feinblättrig geschnitten)

½ TL Meersalz

1 Das Salz und die Radieschen mit der Hand gut vermischen/drücken und mit der Gemüsepresse (oder nach Variante 2) pressen.
Variante 2: Radieschen in die Schüssel geben und salzen. Danach mit dem Teller zudecken und mit dem Stein beschweren.

2 Nach 2 bis 6 Stunden kann man die gepresste Rohkost als kleine Beilage bereits essen, das entstandene Wasser muss vorher abgeschüttet werden. Sollte man wenig Zeit haben, verwendet man etwas mehr Salz. So kann man das Gemüse auch nur 1 Stunde pressen – vor dem Anrichten sollte man das Gemüse aber unbedingt abwaschen.

**Am besten eignen sich** zum Pressen Gurken, Radieschen, Rettich und Chinakohl. **Einsalzen & Pressen** macht rohes, oft blähendes Gemüse leichter verdaulich. Es ist somit die verträglichste Form von Rohkost, die eher yin ist und durch Einsalzen und Pressen mehr yang, also ausgeglichener, wird.

# GEPICKLETES GEMÜSE

Gepickletes Gemüse selbst zuzubereiten ist ein recht zeitaufwendiger Vorgang. Wenn Sie noch ein Leben außerhalb der Küche haben wollen, rate ich einfach dazu, frisches, nicht pasteurisiertes Sauerkraut, Rettichpickles, Ingwerpickles oder Gurkenpickles im Bioladen zu kaufen.

# Gepresster Rettich

1 Den Rettich mit dem Salz vermengen, Umeboshi-Essig und Rote-Bete-Saft hinzufügen und in einer kleinen Gemüsepresse 3–6 Stunden pressen.

**Die Menge, die nicht verbraucht wird**, kann man weiterpressen. Gepresster Rettich hält im Kühlschrank bis zu einer Woche.

- 1 weißer Bierrettich (mit Rettichschneider feinblättig geschnitten)
- ½ TL Meersalz
- 1 EL Umeboshi-Essig (optional)
- 1 EL Rote-Bete-Saft

# Lang gepresster Gemüsesalat

1 Alle Zutaten gut vermengen und in eine Gemüsepresse geben.

2 3–6 Stunden pressen. Noch besser schmeckt das Gemüse, wenn es 2–4 Tage an einem kühlen, dunklen Platz gepresst wird.

**Man kann auch täglich** 2–3 Löffel davon entnehmen & das übrige Gemüse weiterpressen.

- 1 Krautkopf mittelgroß (feinnudelig geschnitten)
- 2 mittelgroße Karotten (in Zündholzform geschnitten)
- 2 Gelbe Rüben (in Zündholzform geschnitten)
- 3–4 Umeboshi-Pflaumen (kernlos, feingehackt)
- ½ TL Salz

# Samen & Sprossen

Samen und Sprossen sind eine tolle Nahrung, weil sie saisonunabhängig sind und keinen Garten zum Gedeihen benötigen. Sie sind eines der vitaminreichsten Lebensmittel. Sprossen sind „Pflanzenbabies", die gerade ihre ersten Keimblätter entwickelt haben. Sie tragen eine enorme Vitalität in sich. Sie sind von ihrer Struktur her zart und leicht verdaulich.

Zum Ziehen von Sprossen, das ich hier beschreibe, bevorzuge ich Gläser. Sollten Sie sich auch für das Keimen interessieren, suchen Sie zuerst das richtige Keimgerät aus. Diesem liegt eine Anleitung und Information über die richtige Vorgehensweise bei.

## Sprossen ziehen

**Utensilien**
Keimgläser mit Ständer

½ Tasse Mungbohnen, Bockshornklee- oder Radieschensamen

2 Tassen Wasser

1 Mungbohnen (bzw. Bockshornklee- oder Radieschensamen) gut waschen, über Nacht im Keimglas mit Wasser einweichen.

2 Am Morgen das Wasser abschütten, zwei- bis dreimal durchschwemmen, das Glas umdrehen und mit dem Sieb nach unten auf den Rost stellen. Bei Raumtemperatur an einem schattigen Platz 2–3 Tage keimen lassen, bis der Keimling eine Länge von ca. 1 cm hat. Zweimal täglich die Sprossen mit kaltem Wasser spülen.

3 Dann in einem verschließbaren Behälter in den Kühlschrank geben; die Sprossen sind 2–3 Tage haltbar.

# Meeresalgen

Wenn Meeresalgen für Sie geschmacklich und in puncto Verarbeitung Neuland sind, lassen Sie diese erst nach und nach ihren Platz auf Ihrem Speiseplan finden. Wählen Sie zu Beginn etwa nur 2–3 Sorten, z. B. Wakame Algen für Suppen, Kombu Algen für Bohnen und Nori Algen als Snack. Auch Arame Algen sind ausgezeichnete „Einsteiger-Algen" – sie schmecken nussig und sind bei allen Gästen sehr beliebt. Sie werden als warme oder kalte Vorspeise oder als Beilage auf dem Balance Teller serviert. Algen sind keine Gemüseart, die in großen Mengen genossen werden sollte. Sie eignen sich am besten als Beigabe zu Salaten oder Nudeln.

## Arame Algen

- 1 Tasse Arame Algen
- 2 Tassen Wasser
- 1 EL Tamari
- 1 TL Mani Zitronen-Olivenöl
- 1 EL Zitronensaft
- 1 TL Zitronenschale
- Schnittlauch (feingehackt)
- 4 EL Sonnenblumenkerne (geröstet)

1 Die Algen 15 Minuten einweichen. Anschließend 15 Minuten im Einweichwasser zugedeckt kochen.

2 Tamari und Zitronenschale dazugeben und noch weitere 5 Minuten köcheln lassen, bis das Wasser verkocht ist. Zitronensaft, Olivenöl, Sonnenblumenkerne und Schnittlauch daruntermengen.

## würzige Hiziki Algen

- 1 Tasse Hiziki Algen
- 2 ½ Tassen Wasser
- 1 EL Tamari
- 1 EL Mirin
- 1 TL Sesamöl
- 2 EL Sesam (geröstet)
- 1 Stange Jungzwiebel (feinnudelig geschnitten) od. ½ Bund Petersilie (feingehackt)

1 Algen 20 Minuten einweichen, Wasser abgießen und mit frischem Wasser 30 Minuten kochen.

2 Mit Tamari und Mirin würzen und noch 5 Minuten köcheln lassen, bis die Flüssigkeit verkocht ist.

3 Dann mit Sesamöl und Jungzwiebel vermengen und mit Sesam bestreuen. Als Beilage oder Vorspeise servieren.

**Das Einweichwasser zum Blumengießen** verwenden.

# KERNE & NÜSSE BASICS

## GERÖSTETE KERNE & NÜSSE

als Snack oder Kondiment

| | |
|---|---|
| 1 Tasse Sonnenblumen- oder Kürbiskerne, Mandeln oder Cashew-, Wal- oder Haselnüsse (ganz oder gehackt) | |
| 1 TL Tamari | |
| 1 TL Wasser | |

1 Kerne in einem Sieb gut waschen, dann in einer schweren Pfanne, unter ständigem Rühren, ohne Öl goldgelb rösten. Die Pfanne kurz vom Herd stellen, etwas auskühlen lassen.

2 1 TL Tamari mit 1 TL Wasser verrühren und über die Kerne gießen. Die Kerne bei kleiner Flamme trocknen lassen, öfters umrühren und dann ausgekühlt in ein Glas füllen.

**Wer zu Blähungen und/oder** träger Verdauung neigt, kann die Mandeln über Nacht einweichen und dann mit heißem Wasser überbrühen und ca 10 Minuten ziehen lassen, danach schälen und zum Frühstück oder als Snack genießen. Vor dem Einfüllen in ein Schraubglas ist es am besten die Mandeln in der Sonne trocknen zu lassen.

# Frühstück

Ein guter Tag beginnt mit einer Tasse Kukicha Tee oder einer Tasse warmen Zitronen- oder Ingwerwassers. In der Umstellungsphase auf Kaffeefreiheit ist eine Tasse Bancha Tee eine gute Alternative. Er unterstützt Körper und Kreislauf in der Entgiftungsphase.

Sollten Sie morgens keinen Appetit haben oder keine Zeit zu frühstücken, ist es ratsam, sich ein Frühstück für eine kleine Pause in die Arbeit mitzunehmen. Da können Sie dann in Ruhe Ihr Porridge genießen. Ohne Frühstück laufen speziell der Luft- und der Feuer-Typ Gefahr, in die Vormittags-Heißhungerfalle zu tappen (z. B. Tasse Kaffee mit Kipferl). Der Erd-/Wasser-Typ kommt gut bis zum späten Vormittag ohne Frühstück aus.

Meine Empfehlung für ein energiespendendes und ausgewogenes Frühstück: Misosuppe oder Basensud und ein Getreideporridge mit Gemüsepickles, garniert mit Samen oder Kernen. Wenn man abends wenig und früh isst, stellt sich morgens der Hunger ganz natürlich ein. Ein warmes Frühstück ist das ganze Jahr über zu empfehlen, für den Erd-/Wasser-Typ eignet sich im Sommer am Morgen auch nur heimisches Obst oder Gemüse.

**Wenn Sie am Vorabend** spät und viel gegessen haben, können Sie sich gleich am Morgen einen SCAMI Ume Sho Bancha Heildrink (siehe Seite 354) zubereiten und diesen noch vor dem Frühstück zu sich nehmen.

# Soami Sonntagsbrunch

- Misosuppe
  siehe Seite 132
- Porridge oder Pancakes
  siehe Seiten 96, 98 und 102
- Sauerteigbrot (gedämpft)
  siehe Seite 108
- Pikante oder süße Aufstriche
  ab Seite 114
- Tofueierspeise
  siehe Seite 106
- Gedämpftes oder gepresstes Gemüse, Oliven, Sauerkraut
  siehe Seite 84
- Cornbread (Maisbrot)
  siehe Seite 112
- Getreidekaffee, Kukicha- oder Bancha Tee
  siehe Seite 344

---

Diese Frühstücksvariante ist ziemlich zeitaufwendig. Wenn Sie Zeit & Muße dafür haben, bietet sie aber einen wunderbaren Rahmen zum Zelebrieren der gemeinsamen Mahl-Zeit mit Freunden und Familie!

# Reisfrühstück pikant mit Gemüse

1 Tasse gekochter Rundkornreis
1 Tasse Wasser
1 Karotte oder 1 Stück Kürbis

1. Reis im Wasser aufkochen und ca. 5 Minuten köcheln lassen.
2. Dem Brei kann man Karotten oder Kürbis beifügen und das Gemüse 10–15 Minuten mitköcheln lassen.
3. Der Reisbrei schmeckt besonders gut mit Gomasio oder gerösteten Kürbiskernen und mit etwas Sauerkraut bzw. Ingwer-oder Rettichpickles und Nori-Streifen, eventuell noch mit etwas Tofu.

**Die Zubereitung gilt für** alle Sorten von Restgetreide, die man für das Morgenporridge verwendet.

# Haferflockenporridge/Haferschrot

1 Tasse Haferflocken (oder GLF: Reisflocken)
3 Tassen Wasser
1 Prise Meersalz
4–5 Dörrpflaumen (geschnitten)
2 EL geröstete Walnüsse (zum Bestreuen)

1. Wasser aufkochen, Flocken oder Schrot einrühren, salzen und Flocken 20–25 Minuten zugedeckt köcheln lassen. Für Schrot beträgt die Garzeit 40–45 Minuten.
2. Pflaumen dazugeben und 5–10 Minuten weiter köcheln lassen. Mit gerösteten Walnüssen anrichten.

**Als Alternative: Haferschrotporridge** – statt Haferflocken Haferschrot verwenden.

# Geröstetes Buchweizenporridge

## mit gehackten Maroni & Haselnüssen

| | |
|---|---|
| 1 Tasse Buchweizen | |
| 3 Tassen Wasser od. Suppensud | |
| 1 Prise Salz | |
| 6 Stück fertige Maroni aus dem Glas (grob gehackt) | |
| 3 EL gehackte Haselnüsse (geröstet oder eingeweicht) | |
| 1 TL Leinöl | |

1. Buchweizen gut waschen und im Topf ohne Fett trocken rösten.
2. Danach mit Wasser oder Suppensud aufgießen, aufkochen lassen, salzen.
3. Zugedeckt 20 Minuten köcheln lassen, die Maroni beifügen und 10 weitere Minuten köcheln lassen.
4. Mit Haselnüssen, Leinöl und Gurkenpickles anrichten.

# Kinderporridge

## mit Apfel & Rosinen

| | |
|---|---|
| 1 Tasse Rundkornreis gekocht (siehe S. 69) | |
| 2 Tassen Wasser | |
| ⅓ Tasse Rosinen | |
| 1 Apfel (geraspelt) | |
| ⅛ TL Zimt (optional) | |
| ½ Tasse Reis- oder Hirsemilch | |

1. Reis und Wasser aufkochen und ca. 10 Minuten köcheln lassen.
2. Äpfel, Rosinen und Zimt hinzufügen und mit geschlossenem Deckel bei geringer Temperatur weitere 5–10 Minuten köcheln lassen.
3. Vor dem Anrichten mit Reis- oder Hirsemilch übergießen und mit Kernen oder geschälten Mandeln anrichten.

# Kärntnerisches Sterz-Frühstück

2 ½ Tassen Wasser
1 Tasse Maisgrieß (mittel bis grob)
1 Prise Meersalz
1 EL Olivenöl
½ Tasse Hafer- oder Sojamilch
¼ l Getreidekaffee (1 EL Instant-Getreidekaffee in ¼ l heißes Wasser einrühren, mit einem Schuss Reis- oder Sojamilch ergänzen)

1 Wasser aufkochen und salzen.

2 Maisgrieß einfließen lassen, aufkochen, 2–3 Minuten kochen lassen, dabei ständig umrühren, bis der Maisgieß eindickt. Danach 45 Minuten auf kleinster Flamme köcheln lassen.

3 Süße Variante: In einer Müslischale Polenta anrichten, 1 Tasse Getreidekaffee darübergießen und mit etwas Reismalz süßen.

Salzige Variante: Hafer- oder Sojamilch mit einer Prise Salz erhitzen. Polenta in eine Schüssel geben und mit Milch übergießen. Mit einem 1 TL Fett Ihrer Wahl verfeinern.

**Vor dem „Sterz" empfiehlt** es sich, eine Tasse Suppenbrühe oder Suppe einzunehmen.

# Hirse-Amaranth-Porridge

¾ Tasse Hirse
¼ Tasse Amaranth
3–4 Tassen Wasser
Prise Salz
¼ TL Zimt (optional, im Winter)
¼ TL Kardamom (oder 2 Kardamom-Kapseln zerdrückt)
4 EL Rosinen oder getrocknetes Obst

1 Getreide mehrmals waschen, mit Wasser und Gewürzen aufkochen lassen, salzen und zugedeckt 30 Minuten köcheln lassen.

2 Danach kann man Rosinen dazugeben; wer sie ganz weich mag, kann sie von Beginn an mitkochen, andernfalls erst die letzten Minuten hinzufügen.

**Wer den Brei gerne** süß isst, kann vor dem Servieren einen Schuss Reismilch hinzufügen.

# Dinkel-Heidelbeer-Pancakes

für 6 Pancakes

- 2 Tassen Dinkel-Vollmehl
- ⅔ Tasse Dinkelmehl 1050
- 1 ½ TL Backpulver
- 1 Prise Salz
- 2 EL Reismalz
- 2 TL Bratöl
- 1 ½ Tassen Mineralwasser
- ¾ Tasse Heidelbeeren
- 1 EL Bratöl- oder Kokosöl (zum Braten)
- 4–6 EL Reismalz od. Ahornsirup (zum Übergießen)

1 Alle Zutaten (außer die Heidelbeeren) mit dem Pürierstab glatt rühren. Teig 15 Minuten rasten lassen.

2 Heidelbeeren unterheben.

3 Eine Pfanne mit Öl bestreichen und einen Schöpflöffel Teig in die heiße Pfanne gießen. 2 Pancakes passen größenmäßig in die Pfanne. Beidseitig goldgelb braten.

4 Nach dem Anrichten die Pancakes mit Reissirup oder Ahornsirup übergießen.

**Vorsicht: die Pfanne darf** nicht zu heiß sein, sonst verbrennen die Pancakes äußerlich und sind innen noch roh.

# Buchweizen-Himbeer-Pancakes

**Utensilien:**
Crêpe-Pfanne, Pinsel

- 3 ½ Tassen Buchweizenmehl
- ¼ TL Meersalz
- ½ TL Backpulver (optional)
- 2 EL Reissirup
- 2 EL Bratöl
- 1 Messerspitze Zimt
- 2 ½ Tassen Mineralwasser
- ¾ Tasse Himbeeren
- 1 EL Öl (für die Pfanne)
- 4–6 EL Reismalz od. Ahornsirup (zum Übergießen)

1 Alle Zutaten, mit Ausnahme der 4–6 EL Reissirup oder Ahornsirup, mit dem Pürierstab glatt verrühren. Teig 15 Minuten rasten lassen und die Beeren in den Teig einrühren.

2 Pfanne mit Öl bestreichen, einen Schöpflöffel Teig in die heiße Pfanne gießen und auf kleiner Flamme goldgelb braten. Die Oberfläche sollte leicht angetrocknet sein. Danach wenden.

3 Nach dem Anrichten die Pancakes mit Reissirup oder Ahornsirup übergießen.

**Vorsicht: die Pfanne darf** nicht zu heiß sein, sonst verbrennen die Pancakes äußerlich und sind innen noch roh. **Wenn es keine frischen Beeren in Bio-Qualität gibt**, verwende ich auch manchmal Bio-Tiefkühlbeeren.

# Buchweizenwaffel mit Apfelmus

Utensilien:
Waffeleisen

- 3 ½ Tassen Buchweizenmehl
- ½ TL Meersalz
- ½ TL Zimt
- 2 ½ Tassen Mineralwasser
- 3 EL Malz
- ¼ Tasse Sonnenblumenbratöl od. Kokosöl
- 2 EL Öl (zum Bepinseln des Waffeleisens)

1. Alle Zutaten verrühren. Den Teig 10 Minuten rasten lassen und eventuell noch etwas Wasser hinzufügen.
2. Das Waffeleisen mit Öl bepinseln und einen mittelgroßen Schöpflöffel Teig darauf geben. Waffel ca. 5–7 Minuten backen.
3. Mit Apfelmus servieren.

**Vorsicht! Das Waffeleisen nicht** zu früh öffnen, sonst reißt die Waffel.

# Apfelmus

- 15 mittelgroße, entkernte Äpfel (in Viertelmonde geschnitten)
- ½ Tasse Wasser
- 1 Prise Meersalz
- ¼ TL Zimt (optional)
- 2 EL weißes Mandelmus (zum Verfeinern, optional)
- 1 EL Apfeldicksaft (optional)

1. Wasser zum Kochen bringen. Äpfel geviertelt hinzufügen, Salz und Zimt dazugeben und bei kleiner Flamme 10–15 Minuten, je nach Größe der Äpfel, köcheln lassen.
2. Danach Äpfel und Mandelmus mit Pürierstab pürieren. Für eine ganz feine Konsistenz durch ein Sieb passieren. Auskühlen lassen.

**Ergibt eine größere Menge,** die einige Tage im Kühlschrank aufbewahrt werden kann. **Meist brauchen Äpfel kein** zusätzliches Süßungsmittel, außer sie haben durch längere Lagerung an Süße verloren.

# Rosinen-Nuss-Mochi-Waffeln

Utensilien:
Waffeleisen

- 1 Stange Nuss-Rosinen-Mochi (in ½ cm Scheiben geschnitten)

1. 5 Stück in ein Waffeleisen legen und auf mittlerer Stufe ca. 5 Minuten backen. Mit Malz bestreichen.

Für Kinder der beste Snack der Welt!
Für stillende Mütter & Frauen vor der Periode ein Powerfood!

# Tofueierspeise

für 6 Personen

1 Pkg. Räuchertofu
1 Pkg. weißer Tofu
1 EL Kokosfett oder Sonnenblumenbratöl
1 Tasse Mungbohnensprossen (optional)
½ TL Salz
1 Zehe Knoblauch (fein gehackt)
2 EL Tamari
1 Tasse Lauch (feinnudelig geschnitten)
Meersalz nach Geschmack
¼ TL Kurkuma (geröstet optional)
½–¾ Tasse Wasser od. Suppensud
1 Pkg. Seidentofu
½ Tasse Schnittlauch

1 Räuchertofu und weißen Tofu im Standmixer fein bröselig zerkleinern.

2 Öl in schwerer Pfanne erhitzen, Kurkuma, Lauch und Knoblauch hinzufügen, kurz anbraten.

3 Räucher- und weißen Tofu hinzufügen. Mungbohnensprossen und etwas Salz beifügen und gut umrühren.

4 Danach mit Tamari, Wasser oder Suppensud aufgießen.

5 Zugedeckt 15 Minuten bei mittlerer Flamme köcheln lassen. Die Flüssigkeit sollte ganz verkocht sein.

6 Zum Schluss den Seidentofu abseihen und mit einer Gabel unterrühren. Abschmecken und 5 Minuten durchziehen lassen. Mit Schnittlauch bestreuen und servieren.

# Brot & Cookies

Am Bekömmlichsten ist abgelegenes, gedämpftes Brot. Frisches, noch warmes Brot führt bekanntlich zu Blähungen und getoastetes Brot ist schwer verdaulich (zu yang). Durch Dämpfen bekommt das Brot Feuchtigkeit und wird besser verdaulich – sogar für den Luft-Typ, der zu Blähungen neigt. Bei schwachem Verdauungsfeuer ist Sauerteigbrot aus Dinkel oder Kamut bekömmlicher – für Roggenbrot hingegen ist ein starkes Verdauungsfeuer nötig. Weizen ist für die meisten Menschen nicht empfehlenswert, da er bei vielen allergische Reaktionen auslöst.

Auch Brot kaufen Sie am besten im Bioladen. Dort gibt es eine größere Auswahl an unterschiedlichen Getreidesorten und sie stammen aus kontrolliert biologischem Anbau. Wie schon erwähnt, spielt Brot jedoch auf dem Speiseplan nur eine Nebenrolle, denn zu viel davon führt zu Übergewicht und Verdauungsproblemen.

## Gedämpftes Brot

4 Scheiben abgelegenes Brot
1 Tasse Wasser

1 Wasser in einen Topf geben, Dämpfsieb hineinstellen. Brot einlegen und Deckel schließen. 1–2 Minuten dämpfen. Im Dampfgarer wird das Brot zu weich!

## American Biscuits

ca. 10 Biscuits

1 Tasse Dinkelmehl 1050
1 Tasse Dinkel-Vollmehl
½ TL Salz
1 TL Backpulver
¾ Tasse Sojamilch
½ Tasse Olivenöl

1 Alle Zutaten miteinander verrühren.

2 Mit einem Esslöffel die Biscuits auf einem mit Backpapier ausgelegten Backblech portionieren. 15–17 Minuten bei 190 °C im Backrohr backen.

**Die Biscuits sind eine** leckere Knabberei für Zwischendurch und können auch zu Suppen oder zu Salaten gereicht werden.

# Miso-Nori-Schnitte

3 Tassen Rundkornreis gekocht (siehe S. 69)
¾ Tasse Buchweizenmehl
⅓ Tasse Reismiso
1 Tasse Sonnenblumenkerne (geröstet)
2 EL Olivenöl
1–2 Blatt Nori Algen geviertelt und mit Schere in feine Streifen geschnitten (optional)

1 Das Backrohr auf 160 °C vorheizen.

2 Miso mit Öl verrühren und zu allen anderen Zutaten mischen. 1–2 Minuten kneten.

3 Ein Backblech mit Backpapier auslegen und Teig darauf verteilen. Ca. 40 Minuten im Rohr backen. Nach 25 Minuten im Rohr das Brot mit einem Backpapier bedecken, ansonsten wird die Oberfläche zu hart.

Diese Reisschnitte ist ein vollwertiger Snack und passt auch gut zu Suppen!

# Pikante Haferflocken-Dulse-Cookies

ca. 10 Cookies

1 Tasse Dinkel-Vollmehl
½ Tasse Dinkelmehl 1050
½ Tasse Haferflocken (fein)
1 TL Backpulver
½ TL Natron
1 ½ TL Salz
1 TL Kümmel
½ Tasse Dulse
1 Tasse Wasser (zum Einweichen der Alge)
¾ Tasse Soja- oder Hafermilch
6 EL Olivenöl

**Würzvarianten statt Kümmel:**
1 TL süßer Curry und 1 TL Kreuzkümmel oder 1 TL Rosmarin bzw. Basilikum

1 Das Backrohr auf 175 °C vorheizen.

2 Die trockenen Zutaten verrühren.

3 Dulse Alge in Wasser einweichen, nach 5 Minuten ausdrücken und fein hacken. Wasser eventuell für Suppe beiseite stellen.

4 Alle flüssigen Zutaten und die Dulse Alge mit den trockenen Zutaten vermengen.

5 Das Backblech mit Backpapier auslegen. Den Teig mit einem Suppenlöffel auf dem Blech portionieren. Zwischen den einzelnen Cookies einen Abstand von ca. 3 cm einhalten.

6 Die Cookies 15–17 Minuten im Rohr backen und danach auskühlen lassen.

Die Cookies sind 3–5 Tage haltbar. Sie eignen sich gut zum Mitnehmen, als Snack oder als Beilage zu Suppen und Salaten.

# Soami Kamut-Cornbread

**Utensilien:**
Kastenform (24 x 32 x 5,5 cm)

- 2 Tassen Rundkornreis gekocht (siehe S. 69)
- 1 ⅓ Tassen Haferflocken
- 1 ⅓ Tassen Maisgrieß (mittel)
- 1–1 ½ TL Meersalz
- 3 Tassen Mineralwasser (prickelnd)
- 1 ½ Tassen Apfelsaft
- 4 EL Malz
- 2 EL Ahornsirup (optional)
- 1 Tasse Kamutgrieß (fein)
- ¼ Tasse Olivenöl
- 6 EL Sesam (in den Teig)
- 8 EL Sesam (zum Bestreuen)
- 1 TL Bratöl (zum Einfetten)
- 1 EL Dinkelmehl (für die Form)

1. Das Backrohr auf 150 °C Heißluft vorheizen.
2. Die trockenen Zutaten (außer Sesam zum Bestreuen) in eine Schüssel geben und mischen.
3. Die flüssigen Zutaten ebenfalls gut verrühren. Die trockenen mit den flüssigen Zutaten vermengen und mit der Schneerute gut verrühren.
4. Die Kastenform einfetten und mit Mehl bestreuen.
5. Den Teig einfüllen, nochmals mit der Gabel durchrühren und mit Sesam bestreuen. 60–65 Minuten backen.
6. Aus dem Rohr nehmen und eine Stunde auskühlen lassen. Vor dem Stürzen vorsichtig die Ränder lösen.
7. Mit verschiedenen Aufstrichen (z. B. Gemüseaufstrich) servieren. Kinder lieben das Cornbread süß mit Malz bestrichen. Auch zu Suppen oder zu Tee und Getreidekaffee schmeckt es einfach herrlich!

# Soami Cornbread

- 2 Tassen Rundkornreis gekocht (siehe S. 69)
- 1 ⅓ Tassen Reisflocken
- 1 ⅓ Tassen Maisgrieß
- 1 Tasse Buchweizenmehl
- 1–1 ½ TL Meersalz
- 6 EL Sesam in den Teig
- 3 Tassen Mineralwasser (prickelnd)
- 1 ½ Tassen Apfelsaft
- 4 EL Malz
- 2 EL Ahornsirup (optional)
- ¼ Tasse Olivenöl
- 8 EL Sesam (zum Bestreuen)
- 1 TL Bratöl od. Kokosfett (zum Einfetten)
- 1 EL Buchweizenmehl (für die Form)

1. Das Cornbread wie oben beschrieben zubereiten.

---

**Cornbread eignet sich perfekt** zum Mitnehmen. **In Folie eingepackt hält** es 4–5 Tage im Kühlschrank. Am besten schmeckt es dann gedämpft (im Dämpfsieb ca. 1 Minute).

# Aufstriche

Nicht nur zum Frühstück lieben Groß und Klein eine Vielfalt an süßen und herzhaften Aufstrichen. Sie sorgen auch für abwechslungsreiche Snacks zu Hause, bei Partys und unterwegs!

## Mandelmus-Aufstrich

3 EL Mandelmus
3 EL Reissirup oder -malz
1–2 EL Wasser

1 Zutaten mit der Schneerute gut verrühren und als Aufstrich für Brot oder Reiswaffeln verwenden.

**Mandelmusaufstrich hält sich über** eine längere Zeit im Kühlschrank. **Speziell für Frauen** in der prämenstruellen Phase wirkt dieser Aufstrich Wunder gegen Heißhunger-Attacken auf Süßes und Fettes.

# Dörrobst-Aufstrich

- 1 ½ Pkg. Dörrpflaumen (ca. 300 g)
- 1 Pkg. Dörraprikosen (ca. 200 g)
- 1 ¼ Tasse Wasser (zum Einweichen)
- 1 EL Zitronensaft
- ½ TL Zimt
- 1 Prise Salz

1 Obst über Nacht in Wasser einweichen. Am nächsten Tag ⅓ Tasse Einweichwasser abgießen, mit restlichem Wasser und übrigen Zutaten das Obst pürieren.

2 Der Aufstrich hält sich mindestens eine Woche im Kühlschrank.

**Kinder lieben diese Aufstrichvariante** auf Reiswaffeln oder Cornbread.

# Karotten-Tahin-Aufstrich

- 4–6 Tassen Karotten (geschält und schräg geschnitten)
- ¾ Tasse Wasser
- 1 EL helles Tahin
- 1 ½ TL Sojasauce
- 1 TL Zitronensaft
- 1 EL Kapern
- 1 Prise Meersalz
- 10 Blätter frisches Basilikum

1 Wasser zum Kochen bringen. Karotten hinzufügen, salzen und zugedeckt 20 Minuten köcheln lassen.

2 Mit Sojasauce würzen und ohne Deckel Wasser verkochen lassen.

3 Danach die Karotten mit den restlichen Zutaten pürieren.

4 Den Aufstrich auskühlen lassen. Im Kühlschrank 3–4 Tage haltbar.

# Kürbis-Oliven-Aufstrich

- 1 mittelgroßer Hokkaido Kürbis (kleinwürfelig geschnitten)
- ¼ TL Meersalz
- 1 Tasse Wasser
- 1 TL Olivenöl
- 1 TL Rosmarin
- ½ Tasse Sonnenblumenkerne (geröstet u. gemahlen)
- ½ Tasse Oliven schwarz

1 Kürbis salzen und 10 Minuten im Dämpfsieb dämpfen. Der Kürbis sollte ganz weich sein.

2 Kürbis mit den restlichen Zutaten pürieren. Den Aufstrich auskühlen lassen. Im Kühlschrank 3–4 Tage haltbar.

**Eine tolle Basis** für Nudelsauce!

# Humus Aufstrich

1 Kichererbsen gut abspülen und über Nacht einweichen (mindestens 8 Stunden).

2 Einweichwasser abgießen, Kichererbsen gut spülen und mit Kombu Alge und vierfacher Wassermenge (im Druckkochtopf mit dreifacher Wassermenge) kochen. Bei beiden Kochvarianten sollten die Kichererbsen die erste halbe Stunde ohne Deckel gekocht werden. Danach den Schaum abschöpfen und den Topf mit Deckel schließen.

3 Im normalen Topf zwischen 2 ½ und 3 Stunden zugedeckt kochen lassen (eventuell Wasser nachfüllen) oder im Druckkochtopf 35 Minuten am ersten Ring kochen. Kombu Alge entfernen.

4 Nach dem Kochen Tamari dazugeben und noch 10 Minuten köcheln lassen. Kichererbsen abseihen. Flüssigkeit aufbewahren.

5 Knoblauch in Olivenöl langsam anbraten.

6 Dann alle Zutaten inklusive Knoblauch im Mixer zu einer Paste mixen. Sollte der Humus zu dickflüssig sein, noch etwas Flüssigkeit dazugeben.

7 In einer Schüssel anrichten, mit ein wenig Mani Zitronen-Olivenöl beträufeln und mit Zitronenscheiben und Oliven garnieren.

Für 6–8 Personen

1 ¼ Tassen Kichererbsen
5 cm Kombu Alge
3 EL Tahin
2 EL Olivenöl
2 Umeboshi-Pflaumen
½ TL Zitronensaft
2 Zehen Knoblauch (feingehackt)
1 TL Olivenöl
½–1 TL Salz

**Humus verdirbt schnell, wenn** er nicht gekühlt wird. Deshalb sollte der Teil, der nicht sofort gegessen wird, immer im Kühlschrank gelagert werden. Lassen Sie den Humus auskühlen, bevor Sie ihn in den Kühlschrank geben.

# Suppen

Die chinesische Heilkunde sagt von Suppen, dass sie „die Mitte wärmen und stärken". In unserem Verständnis bedeutet das, dass unser Verdauungssystem intakt ist und den gesamten Organismus nähren und mit Energie versorgen kann – Hände und Füße sind warm, das Immunsystem ist stark.

Suppen sind dank ihrer basischen Qualität auch als Frühstück sehr bekömmlich. In Japan beispielsweise beginnt der Tag mit einer Miso-Suppe. Ideal sind frisch zubereitete Suppen auf Basis von Gemüsesud. Bevorzugen Sie gehaltvollere Suppen, können Bohnen, Linsen oder übriggebliebenes Getreide als Suppeneinlage dienen. Zur Entlastung des Verdauungssystems eignen sich Suppen speziell auch als leichte, einfache, aber nährende Abendmahlzeit.

## Suppensud

- 2 Brokkolistiele
- 4 Karotten
- 1 Stange Lauch (geviertelt)
- 2 Tassen Chinakohlreste
- 1–2 Tassen Kürbisgehäuse
- 4 l Wasser
- 5 cm Kombu Alge (gewaschen)
- 2 getrocknete Shiitake-Pilze (optional)

1. Das Gemüse sollte nicht geschält sein, sondern nur sehr gut gebürstet und gewaschen.
2. Das Wasser mit dem grob geschnittenen Gemüse, Kombu Alge und Shiitake aufkochen lassen und für mindestens 2–3 Stunden zugedeckt wallen lassen. Das Gemüse soll ausgekocht und geschmacklos sein.
3. Sobald der Suppensud fertig ist, das Gemüse abseihen, auskühlen lassen und kühl stellen.

**Eine Tasse Suppensud mit** einigen Tropfen Tamari oder Umeboshi-Würze verfeinert, ist ein wunderbares Basen-Getränk. **Ein Tipp speziell für Frauen:** in der prämenstruellen Phase täglich drei Tassen Suppensud zu trinken, nimmt den Heißhunger auf Süßes. **Hier ist nur eine von vielen möglichen Suppensud-Varianten beschrieben.** Sie können nahezu jedes Gemüse verwenden. Wichtig ist es, immer etwas Wurzelgemüse hinzuzufügen, da es am meisten Süße abgibt. Warmer Suppensud ist ein basisches, süßes Kraftfutter. Er verleiht Suppen und pikanten Speisen (z. B. Saucen, Ragouts oder Eintöpfen) das gewisse und gesunde Etwas.

# Miso-Suppe mit gebratenen Reismochi & Daikonrettich

**Zutaten Miso-Suppe:**
- 6 Tassen Wasser oder Suppensud
- 2 mittelgroße Zwiebel in Halbmonde geschnitten (optional)
- 4 Karotten (schräg geschnitten)
- 2 Tassen Rettich (halbiert, schräg geschnitten)
- 4 Shiitake-Pilze
- 5 cm Wakame Alge gewaschen (10 Min. eingeweicht, fein geschnitten)
- 4–6 EL Reismiso
- ½ Tasse Jungzwiebeln (fein geschnitten)
- 1 Tasse Tofu gewürfelt (optional)

1 Den Suppensud bzw. das Wasser zum Kochen bringen.

2 Die Zwiebel und Shiitake-Pilze beigeben und 5 Minuten kochen lassen.

3 Danach das restliche Gemüse beigeben. Bei mittlerer Temperatur ungefähr 15–20 Minuten kochen. Die Pilze herausnehmen, die Stiel entfernen, die Kappen feinnudelig schneiden und mit Wakame und Tofu wieder ins Wasser geben. Die Wakame Alge hat einen harten Teil, der entfernt werden sollte, bevor sie geschnitten wird.

4 Miso mit ein wenig Suppensud oder Wasser anrühren und in die fertige Suppe einrühren (Miso immer mit einem Holzlöffel aus dem Glas nehmen, denn Miso und Metall verträgt sich nicht).

5 Umrühren, 5 Minuten ziehen lassen, wobei die Suppe wallen und nicht mehr kochen sollte.

6 Zum Schluss die Suppe mit fein geschnittenen Jungzwiebeln oder Schnittlauch garnieren.

**Zutaten Reismochi:**
- 1 Stange Reismochi (in ½ cm Scheiben geschnitten)
- 3 Blatt Nori Algen geröstet
- 2 EL Kokosfett oder Bratöl
- 1–2 EL Tamari
- 1 EL Wasser
- ½ TL geriebener Ingwer

Zubereitung Reismochi:

1 Öl in einer schweren Bratpfanne erhitzen und Mochi 4 Minuten auf mittlerer Flamme an beiden Seiten anbraten. Mit einer Küchenrolle abtupfen.

2 Die in 4 cm breite Streifen geschnittenen Nori-Blätter durch das Tamari-Wasser-Ingwer-Gemisch ziehen, Mochi damit einwickeln und möglichst sofort genießen.

---

**In Österreich gibt es** die besten Mochi von der Firma Sojvita.
**Im Winter wird das Gemüse** in 1 EL Kokos-, Sonnenblumenbrat- oder Olivenöl angebraten: zuerst die Zwiebeln (2–3 Minuten), dann die restlichen Zutaten hinzufügen und einige Minuten mitbraten. Mit Suppensud aufgießen.

# Spalterbsensuppe

| | |
|---|---|
| ½ Pkg. Spalterbsen (1 ⅓ Tassen) | |
| 8 Tassen Wasser od. Suppensud | |
| 5 cm Kombu Alge | |
| 1 Lorbeerblatt | |
| 3 Karotten (in Halbmonde geschnitten) | |
| 1 EL Kokos- oder Erdnussöl | |
| 3 Pastinaken (geschält, in Halbmonde geschnitten) | |
| 1 TL Kreuzkümmel (geröstet, vermahlen; optional) | |
| 2 EL Tamari oder etwas Salz | |
| 1 Pkg. Räuchertofu (ca. 200 g) | |
| 5 EL Kokosmilch | |
| 1 EL Ingwer (gerieben) | |
| ½ Bund Koriander oder Petersilie (gezupft) | |
| 2 EL Ingwer (gerieben) | |

1 Spalterbsen waschen und mit Suppensud oder Wasser, Lorbeerblatt und Kombu Alge ca. 1 Stunde bei mittlerer Hitze zugedeckt kochen (im Kelomat 30 Minuten).

2 Einen Topf mit 1 ½ cm Wasser zustellen. Das Wasser aufkochen und das Gemüse hinzufügen. Salzen und 15 Minuten bei niedriger Flamme kochen lassen.

3 Kokos- oder Erdnussöl in einer schweren Pfanne erhitzen, den im Mörser vermahlenen Kreuzkümmel dazugeben und bei geringer Temperatur unter ständigem Rühren kurz rösten.

4 Für den Ingwersaft den Ingwer in ein feines Sieb geben und mit einem Esslöffel den Saft auspressen.

5 Ingwersaft und Kreuzkümmel zu den Spalterbsen dazugeben.

6 Wurzelgemüse ebenfalls daruntermischen. Sollte die Suppe zu dick sein, kann sie mit 1–2 Tassen Suppensud oder Wasser verlängert werden.

7 Räuchertofu in 1 cm Würfel schneiden, dann Räuchertofu und Tamari hinzufügen und noch ca. 5–10 Minuten köcheln lassen.

8 Lorbeerblatt herausnehmen und Kokosmilch unterrühren. Da die Suppe eine indische Anmutung hat, eignet sich zum Bestreuen frischer Koriander.

**Statt Spalterbsen kann man** jede andere Art von Linsen verwenden, wobei diese nur zw. 30 und 40 Minuten köcheln müssen.

# Kürbiscremesuppe

1 großer Butternuss- oder Hokkaido Kürbis, ca. 1,5 kg (entkernt, großwürfelig geschnitten)
1 Stange Lauch (feinnudelig geschnitten)
6 Tassen Suppensud oder Wasser
½ TL Meersalz
5 EL Shiro Miso
4 EL Reismiso (für die Winterversion)
Kräuter (optional)
1 Blatt Nori Alge geröstet
2 EL Petersilie (feingehackt)

Sommer-Version:

1. Den Sud zum Kochen bringen, Lauch und den Kürbis hineingeben, etwas salzen.
2. Zugedeckt auf mittlerer Flamme 20 Minuten kochen, bis der Kürbis weich ist.
3. Mit dem Pürierstab pürieren.
4. Mit Shiro Miso würzen und 5 Minuten ziehen lassen. Dann die Suppe anrichten.

Winter-Version:

1. Öl erhitzen, Lauch kurz anbraten, Kürbis beifügen und mitbraten, salzen und mit 4 Tassen Suppensud aufgießen.
2. Zugedeckt auf mittlerer Flamme 20 Minuten kochen lassen, bis der Kürbis weich ist.
3. Mit dem Pürierstab pürieren.
4. Mit Reismiso würzen, den restlichen Suppensud hinzufügen und 5 Minuten ziehen lassen. Dann die Suppe anrichten.

**Österreichisch serviert: mit Kernöl** & Petersilie. **Asiatisch garniert:** mit Nori Algen & Sesam. **Dunkles Reismiso** kann (in reduzierter Menge) natürlich auch in der Sommer-Variante verwendet werden.

# „Nomato“ Soup

Für 6–8 Personen

- 7 Tassen Wasser oder Suppensud
- 5 Schalotten (geschält und fein geschnitten)
- 1 EL Brat-, Olivenöl oder Kokosfett
- 6 Karotten (schräg in Scheiben geschnitten)
- 1 kleiner Kürbis, (entkernt und großwürfelig geschnitten)
- 2 kleine Rote Bete (geschält und fein geraspelt)
- 1 TL Basilikum
- 1 TL Rosmarin
- 1 EL Umeboshi-Würze
- 1 TL Himalaya Salz od. etwas Tamari
- 2 Zehen Knoblauch (feingehackt; optional)
- 8 Blätter Basilikum (zum Garnieren)
- 1 EL Hafersahne NICHT GLF oder 1 EL Sojasahne GLF

1. Öl erhitzen, Schalotten dazugeben und glasig anbraten.
2. Knoblauch und Gemüse dazugeben und anbraten.
3. Alle Kräuter und Gewürze hinzufügen, mit Wasser oder Sud aufgießen und 30 Minuten zugedeckt köcheln lassen.
4. Danach pürieren, abschmecken und noch 5 Minuten ziehen lassen.
5. Garnieren und anrichten.

Tomaten werden in der alltäglichen SOAMI Küche nicht empfohlen. Alle Nachtschattengewächse sind sehr Yin (ausdehnend). Für gesunde Menschen ohne körperliche Beschwerden ist im Sommer ab und zu eine kleine Menge frische Tomaten kein Problem. In großen Mengen kann sich das in ihnen enthaltene Solanin negativ auf das körperliche Wohlbefinden auswirken, in manchen Fällen den Körper sogar extrem schwächen.

# Kokos-Lemongrass-Suppe

8 Shiitake-Pilze getrocknet
2 Tassen Wasser (zum Einweichen)
10 cm Kombu Alge (gewaschen)
1 EL Kokosöl
6 Tassen Suppensud (zum Kochen)
2 Stangen Bio-Zitronengras (in ½ cm Scheiben geschnitten)
1 Scheibe Ingwer
¼ TL Meersalz
3 EL Tamari
3 EL weißes Reismiso
½ Tasse Kokosmilch
2 EL Mirin
1 EL Reisessig

**Zutaten Nudeln:**
1 Pkg. Reisnudeln (Bio-Thainudeln, GLF)
5 Tassen Wasser (zum Kochen)
½ TL Sesamöl geröstet
½ Tasse Koriander (fein geschnitten)

1 Shiitake-Pilze 1 Stunde in Wasser einweichen.

2 Suppensud mit Kombu Alge, Zitronengrasscheiben, Ingwer, 1 ½ Tassen Shiitakewasser und Salz 30 Minuten zugedeckt kochen.

3 Shiitake ohne Stiel feinnudelig schneiden, in Kokosöl anbraten, mit ½ Tasse Shiitakewasser und 1 EL Tamari aufgießen und 15 Minuten mit Deckel köcheln lassen. Beiseite stellen.

4 Die Kombu Alge und die Lemongrasscheiben aus dem Suppensud entfernen, die Alge feinnudelig schneiden und wieder dazugeben. Alle Zutaten, außer die Reisnudeln, miteinander verrühren. 10 Minuten köcheln lassen.

5 Nudeln kurz kochen (2 Minuten), dann kalt abschrecken und mit einigen Tropfen Sesamöl beträufeln. Durchmischen, sodass die Nudeln nicht kleben.

6 Beim Anrichten in die heiße Suppe geben, Shiitake auf den Nudeln verteilen und mit Koriander servieren oder anrichten wie auf dem Foto.

# Pastinaken-Apfel-Cremesuppe

- 1 rote Zwiebel (feinwürfelig geschnitten)
- 1 EL Olivenöl
- 4 mittelgroße Pastinaken (geschält, in schräge Scheiben geschnitten)
- 3 Äpfel (geschält und geviertelt)
- 1 Prise Zimt
- 1 Prise Muskat (optional)
- 4 ¼ Tassen Suppensud oder Wasser
- 1 TL Himalayasalz
- 1 EL Umeboshi-Essig
- 1 TL Kuzu
- 2 EL Wasser
- 4 EL Walnüsse (geröstet, zum Garnieren)
- 1 TL Wasser
- 1 TL Tamari
- 4 EL Sojasahne GLF
- 1 TL Kürbiskernöl

1 Die Zwiebel in Olivenöl nicht zu heiß anbraten.

2 Pastinaken und Äpfel beimengen und mitbraten.

3 Salzen, mit Zimt und Muskat würzen, mit Suppensud aufgießen und dann zugedeckt ca. 20 Minuten köcheln lassen.

4 Die Suppe pürieren. Eventuell noch etwas Sud dazugeben. Kuzu mit Wasser aufschütteln, einrühren, mit Umeboshi-Essig und Salz abschmecken.

5 Die Suppe 2 Minuten aufkochen lassen.

6 Walnüsse in einer trockenen Pfanne anrösten, sodass sie leicht braun werden und gut duften. Pfanne kurz vom Herd nehmen, abkühlen lassen und mit Tamari-Wasser-Mischung würzen. Achtung: die Nüsse mit Tamari verbrennen sehr leicht. Die Nüsse sollten trocken und knusprig sein. Suppe anrichten und mit Walnüssen garnieren.

# Shiro-Miso-Suppe

- 6 Tassen Suppensud od. Wasser
- 4 Schalotten (in feine Halbmonde geschnitten)
- 3 Kohlrabi (kleinwürfelig oder in Streifen geschnitten)
- Kohlrabiblätter (feinnudelig geschnitten)
- 200 g Fisolen geputzt
- 2 Karotten (würfelig oder in Streifen geschnitten)
- 1 Stange Wakame Alge ca. 10 cm, eingeweicht (feinnudelig geschnitten)
- 6 EL Shiro Miso
- 2 EL Tamari
- ½ Tasse frische Kräuter

1 Suppensud aufkochen, Schalotten dazugeben und 5 Minuten köcheln lassen.

2 Kohlrabi, Fisolen und Karotten dazugeben, zugedeckt 10 Minuten bei mittlerer Hitze köcheln lassen.

3 Blattgrün, Wakame Alge und Tamari hinzufügen und 5 Minuten köcheln lassen. Miso beimengen. 5 Minuten ziehen lassen.

4 Mit Kräutern Ihrer Wahl garnieren.

---

**Die Shiro Miso Suppe** ist eine herrliche, leichte Sommersuppe! **Wenn Sie eine größere Suppenmenge** auf Vorrat zubereiten, teilen Sie am besten die Suppe. Den Teil, den Sie gleich essen, wie beschrieben würzen, den Rest (noch ohne Miso) im Kühlschrank aufbewahren. Erst kurz vor dem Genuss der Suppe das Miso frisch einrühren und nochmals einige Minuten wallen lassen (Miso immer mit einem Holzlöffel aus dem Glas nehmen, denn Miso und Metall verträgt sich nicht).

# Fritattensuppe

**Zutaten Fritatten:**

1 ½ Tassen Dinkelmehl 1050
½ Tasse Dinkel-Vollmehl
1 Prise Meersalz
1 ½ Tassen Hafermilch
2 EL Kuzu
3 EL kaltes Wasser
1 ½ Tassen Mineralwasser prickelnd
4 EL Buchweizenmehl
½ TL Meersalz
2 EL heller und schwarzer Sesam
1 EL Bratöl für die Pfanne

**Zutaten Suppe:**

6 Tassen Suppensud
4 EL Tamari
2 Lorbeerblätter
½ –1 TL Meersalz
½ Bund Schnittlauch oder Petersilie (feingehackt)

Zubereitung Fritatten:

1 Kuzu mit kaltem Wasser im Glas aufschütteln, alle Zutaten mit der Schneerute verrühren, sodass ein dünnflüssiger Teig entsteht. Es sollten keine Klümpchen mehr im Teig sein. Am besten kurz mit dem Pürierstab glatt rühren.

2 Teig ca. 15 Minuten rasten lassen. Der Teig dickt etwas ein; sollte er zu dickflüssig sein, fügen Sie noch einen Schuss Mineralwasser hinzu.

3 Erhitzen Sie die Pfanne, streichen Sie diese mit Öl aus und geben Sie einen Schöpflöffel Teig in die Pfanne.

4 Dabei die Pfanne leicht schräg halten, damit sich der Teig gleichmäßig verteilen kann.

5 Braten Sie die Palatschinke auf jeder Seite goldbraun. Wenden Sie die Palatschinke erst, wenn die Oberfläche getrocknet ist.

Zubereitung Suppe:

1 Fritatten feinnudelig schneiden oder (wie auf dem Foto) zusammenrollen, schneiden und abwechselnd in hellem und dunklem Sesam wenden.

2 Den Suppensud mit den Gewürzen erhitzen und 15 Minuten köcheln lassen. Lorbeerblätter entfernen.

3 Die Fritatten auf den Tellerrand legen und die Suppe einfüllen. Mit Schnittlauch oder Petersilie garnieren.

# Dashi mit Soba-Nudeln

**Zutaten Dashi:**

- 8 ½ Tassen Wasser (ca. 2 Liter)
- 10 cm Kombu Alge (gewaschen)
- 1 Tasse Shiitake-Pilze (getrocknet)
- 4 EL Reisessig
- ½ Tasse Mirin
- ½–¾ Tasse Tamari
- ¼ Tasse Ingwersaft (siehe Glossar)

Zubereitung Dashi:

1. Wasser mit der Kombu Alge zum Kochen bringen. 10 Minuten köcheln lassen. Die Kombu Alge entfernen und Wasser für Suppensud weiterverwenden. Dann die Shiitake-Pilze hinzufügen.
2. Die Suppe 1 Stunde zugedeckt köcheln lassen.
3. Die restlichen Zutaten hinzufügen und nochmals 5 Minuten köcheln lassen.
4. Die Pilze abseihen, ohne Stiel feinnudelig schneiden und zur Suppe geben.
5. Das Dashi heiß in eine Schale füllen, Nudeln hinzufügen und mit Sesam bestreuen.

**Zutaten Nudeln:**

- 1 Pkg. Soba-Nudeln oder Cha Soba
- 6 Tassen Wasser (ca. 1 ½ Liter)

Zubereitung Nudeln:

1. Das Wasser zustellen und die Nudeln nach Anleitung kochen.
2. Nach dem Kochvorgang mit kaltem Wasser abschrecken.

**Dashi wirkt entgiftend und** unterstützt die Leberfunktion.

# Vanille-Blumenkohl-Cremesuppe

- 1 gr. Blumenkohl (in Röschen)
- ½ TL Bourbon Vanillepulver
- 2 Lorbeerblätter
- 1 TL Ume-Essig
- 1 TL Meersalz
- 5 Tassen Suppensud
- 1 TL Malz
- 3 EL kaltes Wasser
- 1 Tasse Suppensud
- ½ Tasse Hafermilch NICHT GLF oder ½ Tasse Sojamilch GLF
- 1 TL Kuzu
- 2 EL Wasser
- 1 TL Lein- oder Kokosöl

1 Suppensud oder Wasser aufkochen.

2 Die Blumenkohlröschen dazugeben und salzen. Der Strunk kann für Suppensud verwendet werden.

3 Lorbeerblätter, Bourbon Vanillepulver und Umeboshi-Essig beimengen, mit Suppensud oder Wasser aufgießen und ca. 15 Minuten köcheln lassen. Die Lorbeerblätter entfernen.

4 Die Suppe fein pürieren, Kuzu mit Wasser aufschütteln und beifügen. Zwei Minuten köcheln lassen.

5 Zum Schluss mit Hafer- oder Sojamilch verfeinern. Vor dem Servieren mit Lein- oder Kokosöl beträufeln.

**Wer die Suppe gerne** flüssiger hat, kann sie mit einer Tasse Suppensud verlängern und nachwürzen.

# Abendsuppe

- ½ Stange Lauch (feinnudelig geschnitten)
- 1 TL Kokosfett oder Olivenöl
- ½ Rettich (in feine Halmonde geschnitten)
- ½ Kürbis (großwürfelig geschnitten)
- 1 Kohlrabi (kleinwürfelig geschnitten)
- 6 Tassen Suppensud od. Wasser
- 1 Prise Salz
- 1 Brokkoli (in Röschen)
- 2–3 EL Tamari oder Miso
- 2 EL Dulse Alge od. Nori-Streifen

1 Öl erhitzen und Lauch kurz anbraten, dann das restliche Gemüse (außer Brokkoli) beigeben, salzen, aufgießen und 20 Minuten köcheln lassen.

2 Brokkoli hinzufügen und 5 Minuten weiter köcheln lassen.

3 Tamari (oder Miso) und Algen hinzufügen und 5 Minuten ziehen lassen. Die Nori-Streifen können auch erst vor dem Servieren über die Suppe gestreut werden.

4 Die Suppe mit Nudeln, Reis oder Linsen servieren.

# Vorspeisen

Vorspeisen und Salate eignen sich perfekt als Snack oder als kleines Mittagessen am Arbeitsplatz, in der Schule und unterwegs. Alle Salate sind auch als Teil des Balance Tellers oder als Vorspeise besonders empfehlenswert.

## Tofukäse mariniert

- 2 Pkg. Tofu weiß, 2 x 200 g (in große Würfel geschnitten)
- ⅓ Tasse Shiro Miso
- 1 ½ TL Salz
- ¼ Tasse Wasser od. Suppensud
- 1 EL Mirin (optional)
- 1 EL Mani Zitronen-Olivenöl
- 1 Zehe Knoblauch (fein gehackt; optional)
- Kräuter wie Schnittlauch oder Basilikum
- 1 EL Umeboshi-Essig

1. Alle Zutaten verrühren und Tofu damit marinieren.
2. 1–3 Tage in einer verschließbaren Dose im Kühlschrank ziehen lassen.
3. Die Dose immer wieder wenden.

**Passt sehr gut zu** Salaten (statt Schafkäse) und ist ein herrlicher Snack. Mit etwas gedämpftem Gemüse und übriggebliebenem Getreide wird er zu einem idealen kleinen Mittagessen für´s Büro.

# Tofukäse

2 Pkg. Tofu weiß,
2 x 200 g (gut abgetrocknet)

½ Tasse Reismiso

1 Blatt Nori
(in Streifen geschnitten)

1 Pkg. Dinkelgrissini

1 Tofu mit Küchenrolle gut abtrocknen und in der Mitte waagrecht durchschneiden. Die beiden Tofustücke rundum mit Miso bestreichen, wieder zusammenfügen und in Frischhaltefolie einwickeln. 24 Stunden im Kühlschrank lagern – je länger der Tofu zieht, desto salziger wird der Käse.

2 Miso-Schicht abnehmen und für die Suppe verwenden.

3 Tofu in Filets schneiden und mittig mit einem Noristreifen umwickeln.

4 Mit Dinkelgrissini anrichten und mit Olivenöl beträufeln.

5 Gedämpftes Gemüse dazu servieren.

---

**Der Tofukäse ist eine** tolle Vorspeise für den Sommer. Püriert setzt man ihn als würzigen Topfen- oder Feta-Ersatz ein. Er kann auch als Topping über Pasta bzw. Reis oder Salate gestreut werden. Der Tofukäse lässt sich mit etwas Soja-/Hafermilch und Kräutern gut zu einer Nudelsauce weiterverarbeiten oder eignet sich auch zum Überbacken von Gemüse.

# Linsenpaté mit Thymianzwiebeln

**Zutaten Linsenpaté:**
- 1 ⅓ Tassen braune Linsen (gewaschen)
- 3 ½ Tassen Wasser
- 5 cm Kombu Alge
- 3 Lorbeerblätter
- 3 EL Reismiso
- 3 EL Wasser
- 1 EL Tamari
- 1 ½ Tassen Walnüsse
- 2 Knoblauchzehen (feingehackt)
- 1 TL Balsamicoessig
- 1 TL Olivenöl
- 1 EL Sesamöl (geröstet)

1. Linsen mit Wasser, Lorbeerblättern und Kombu Alge aufkochen, 35 Minuten zugedeckt bei mittlerer Hitze kochen.
2. Lorbeerblätter und Alge entfernen.
3. Tamari dazugeben und 5 Minuten ohne Deckel köcheln lassen.
4. Miso mit Wasser verrühren, den Linsen beifügen und 5 Minuten ziehen lassen.
5. Knoblauchzehen in Olivenöl kurz anbraten, beimengen und Sesamöl hinzufügen.
6. Walnüsse kurz anrösten und mit einer Hälfte der Thymianzwiebeln, den Linsen, dem Balsamico und etwas Suppensud zu einer feinen Paste pürieren. Wie auf dem Foto mit Reiscrackern und der zweiten Hälfte der Zwiebel anrichten.

**Zutaten Thymianzwiebeln:**
- 1 EL Olivenöl
- 4 kleine Zwiebeln (fein geschnitten)
- 2 TL Thymian
- ¼ TL Meersalz
- 1 TL Reisessig
- 2 TL Mirin
- 1–2 EL Tamari
- 1 ½ Tassen Suppensud oder Wasser
- ½ TL Kuzu
- 4 EL Wasser

Zubereitung Thymianzwiebeln:

1. Zwiebeln in Öl in einem kleinen Topf anbraten, salzen und Thymian dazugeben.
2. Mirin, Reisessig und Suppensud oder Wasser beifügen. Zugedeckt 25 Minuten köcheln lassen.
3. Tamari hinzufügen und nochmals 5 Minuten köcheln lassen.
4. Kuzu mit Wasser aufschütteln und zu den Zwiebeln geben. Zwei Minuten aufkochen lassen und zur Seite stellen.
5. Die eine Hälfte der Thymianzwiebeln mit den Linsen pürieren (siehe Beschreibung oben), die andere zum Anrichten verwenden.

---

**Die Linsenpaté sollte im** warmen Zustand nicht zu trocken sein, da sie mit dem Auskühlen noch fester wird. Eventuell noch etwas Suppensud beimengen.

# Spalterbsen-Veggie-Aspik

## mit Meerrettichsauce

**Zutaten Veggie-Aspik:**

- 1 Pkg. Spalterbsen 500 g
- 5 Tassen Wasser oder Suppensud
- 5 cm Kombu Alge
- ½ Tasse Agar-Agar-Flocken
- 2 Tassen Gemüse wie Karotten, Brokkoli, Selleriestangen (alles kleinwürfelig geschnitten)
- ½ Tasse Maiskörner (aus dem Glas)
- 3 EL Tamari
- ⅛–¼ TL Meersalz
- 1 TL Thymian
- 1 TL Rosmarin
- ½ Tasse Wasser + 3 EL für Kuzu
- 1 EL Kuzu
- 4 EL Shiro Miso
- 2 TL Ingwer

1. Spalterbsen waschen, mit Wasser, Kombu Alge, Agar-Agar-Flocken und Gewürzen im Druckkochtopf zum Kochen bringen.
2. Den Topf schließen. Im Druckkochtopf ½ Stunde auf dem 1. Ring kochen. Den Topf beiseite stellen. Erst öffnen, wenn sich das Druckventil ganz abgesenkt hat. Kombu Alge entfernen.
3. Das Gemüse (außer den Mais) in ½ Tasse Wasser zwischen 5–10 Minuten köcheln lassen. Das Gemüse sollte bissfest sein.
4. Den Mais abseihen.
5. Alle Zutaten gut verrühren. Kuzu mit 3 EL Wasser aufschütteln und einrühren. 2 Minuten aufkochen, kurz ziehen lassen und mit Miso würzen.
6. Eine eckige Auflaufform mit etwas Olivenöl ausstreichen und die Mischung einfüllen.
7. 2 Stunden im Kühlschrank fest werden lassen, danach stürzen, in Scheiben schneiden und mit Meerrettichsauce anrichten.

**Zutaten Meerrettichsauce:**

- 1 EL Kokosfett oder Olivenöl
- 1 Pkg. Hafer- oder Sojasahne
- 1 EL Meerrettich (frisch gerieben oder aus dem Glas)
- 1 EL Wasser
- 1 EL Umeboshi-Essig

Zubereitung Meerrettichsauce:

1. Alle Zutaten miteinander verrühren.

**Pikante Haferflocken-Dulse-Cookies und ein** gepresster Salat passen gut als Beilage zum Spalterbsenaspik.

# KOHLRABICARPACCIO

## MIT NATTO-MISO-DRESSING

**Zutaten Carpaccio:**
4 mittelgroße Kohlrabi (geschält und in feine Scheiben geschnitten)
¾ Tasse Wasser
1 Prise Meersalz

**Zutaten Dressing:**
3 EL Natto Miso
1 EL Olivenöl
1 TL Zitronensaft
1 EL Wasser

1 Wasser zum Kochen bringen. Kohlrabischeiben einlegen, salzen und ca. 15 bis 20 Minuten bei niedriger Temperatur köcheln lassen. Das Restwasser für die Suppe verwenden.

2 Mit Natto-Miso-Dressing anrichten.

Zubereitung Natto-Miso-Dressing:

1 Für eine cremige Konsistenz alle Zutaten im Standmixer pürieren, ansonsten mit der Schneerute zusammenrühren.

**Dieses Gericht schmeckt auch** mit Sellerie sehr gut!

# Tahin Rolls

## für den Sommer

**Utensilien:**
Crêpe-Pfanne, Finsel

**Zutaten Rolls:**
- ¾ Tasse Dinkelmehl 1050
- 4 EL Buchweizenmehl
- ¼ TL Salz
- 2 ¼ Tassen Soja- od. Hafermilch
- 1 Prise Gelbwurz (Kurkuma)
- 1 EL Bratöl (für die Pfanne)

**Zutaten Fülle:**
- 2 Tassen Karotten (geraspelt)
- 8 Blätter Radicchio
- 1 Handvoll Rucola

**Zutaten Tahin-Creme:**
- 4 EL Tahin (hell)
- 3 Umeboshi-Pflaumen (gehackt)
- 3 EL Wasser

**Zutaten Sauce:**
- 2 EL Tamari
- 2 EL Wasser
- 1 TL Zitronensaft

Zubereitung Rolls:

1. Alle Zutaten verrühren und Teig 15 Minuten rasten lassen.
2. Pfanne mit Öl ausstreichen, erhitzen, einen halben Schöpflöffel Teig eingießen und kleine Palatschinken 2–3 Minuten pro Seite backen.
3. Palatschinken erkalten lassen.
4. Die Palatschinke mit 1 EL Tahin Creme bestreichen, mit Gemüsefülle belegen und einrollen.
5. Tahin Roll in 2 cm große Stücke schneiden und mit etwas Sauce servieren.

Zubereitung Tahin-Creme:

1. Alle Zutaten miteinander verrühren.

Zubereitung Sauce:

1. Alle Zutaten miteinander verrühren.

**Dunkles Tahin wird aus** ungeschältem Sesam hergestellt und kann, wenn man es nicht gewöhnt ist, als etwas bitter empfunden werden. In diesem Fall empfehle ich helles Tahin (aus geschältem Sesam) zu verwenden.

# Salate

Salate sind ein wichtiger Teil des Soami Balance Tellers und somit Bestandteil einer ausgewogenen Mahlzeit. Mit wenigen Ausnahmen (z. B. Linsensalat oder Nudelgemüsesalat) stellen Salate selbst aber keine Hauptmahlzeit dar.

## Schwarzer Reisnudelsalat mit Rote-Bete-Dressing

**Zutaten Nudeln:**

1 Pkg. schwarze Reisnudeln
6 Tassen Wasser
1 Prise Meersalz
1 TL Olivenöl

**Zutaten Salat:**

1 Tasse Mungbohnensprossen
1 TL Kokos- oder Sonnenblumenbratöl
2 Salatgurken gepresst (siehe S. 84)
1–2 EL Tamari
3 EL Wasser
1 EL Mirin
3 EL Ingwerpickles (feinnudelig geschnitten)
1 Bund Koriander (gezupft, zum Garnieren)

**Zutaten Dressing:**

1 Tasse Sojajoghurt
1 EL Umeboshi-Würze oder Zitronensaft
½ TL Meersalz
1 EL Rote-Bete-Saft
1 TL Sesamöl geröstet

1. Wasser aufkochen, salzen, Reisnudeln hinzufügen, umrühren, 2 Minuten kochen lassen, abseihen und gut kalt abspülen, sodass die Nudeln nicht zusammenkleben. Mit geröstetem Sesam- oder Olivenöl beträufeln.
2. Mungbohnensprossen spülen und in Kokos- oder Bratöl kurz anbraten.
3. Mit Mirin, Tamari und Wasser löschen, gut durchrühren, 2–3 Minuten köcheln und danach auskühlen lassen.
4. Gepresste Gurken und Mungbohnengemisch miteinander vermengen.
5. Die Ingwerpickles fein hacken. ⅔ daruntermischen, den Rest zum Garnieren nehmen.
6. Gemüsegemisch zuerst auf dem Teller anrichten und die Nudeln darüber verteilen.
7. Ein bis zwei Esslöffel Dressing pro Portion über den Salat verteilen und die Korianderblätter über den Salat streuen.

Zubereitung Rote-Bete-Dressing:

1. Alle Zutaten miteinander verrühren. (Übriggebliebenes Dressing im Kühlschrank aufbewahren. Es hält bis zu einer Woche.)

**Man kann statt Reisnudeln** auch Dinkel- oder Buchweizennudeln verwenden. Die glutenfreien biologischen Reisnudeln (King Soba und Terrasana) sind bei SOAMI und in Bioläden erhältlich.

# Sandrines Vogerlsalat

## mit gebratenen Süsskartoffeln & Kokosdressing

1 Pkg. Vogerlsalat (ca. 125 g, gewaschen)
1 große Süßkartoffel (geschält, in Viertelmonde geschnitten)
1 EL Oliven- oder Kokosöl
⅛ TL Meersalz

1 Das Backrohr auf 180°C vorheizen.

2 Süßkartoffeln mit Öl und Salz vermengen und im Rohr 20–25 Minuten backen. Auskühlen lassen und unter den Vogerlsalat mischen.

**Zutaten Dressing:**
1 Tasse Kokosmilch
2 EL Zitronensaft
3 EL Shiro Miso
1 Prise Salz

Zubereitung Dressing:

1 Alle Zutaten miteinander verrühren, kurz erhitzen und 5 Minuten wallen lassen. Verrühren und danach auskühlen lassen. Den Salat damit marinieren.

# Wakame-Salat

3 Streifen Wakame Algen (feinnudelig geschnitten)
2 Gurken (gepresst, siehe S. 84)
⅓ Tasse Kürbiskerne geröstet
1 TL Tamari
1 TL Wasser

1 Algen 10 Minuten in Wasser einweichen, ausdrücken, den harten Teil entfernen, den weichen Teil feinnudelig schneiden. Die gepressten Gurken dazugeben.

2 Kürbiskerne in einer trockenen Pfanne anrösten. Die Pfanne etwas auskühlen lassen. Tamari und Wasser verrühren, Kerne damit würzen und auf kleiner Flamme trocknen lassen.

**Zutaten Dressing:**
1 TL Reisessig
1 TL Umeboshi-Essig
3 EL Sojajoghurt
1 TL Kürbiskernöl
1 EL Wasser

Zubereitung Dressing:

1 Dressing verrühren und über den Salat gießen. Mit Kürbiskernen garnieren.

# Arame-Algen-Salat

## mit Kresse & gepressten Radieschen

1 Tasse Arame Algen
2 ½ Tassen Wasser
1 Bund Radieschen (gepresst)
1 Tasse Sonnenblumenkerne (geröstet)
1 Glas Maiskörner
1 Handvoll Bachkresse oder normale Kresse
1 EL Zitronenschale (gerieben)
1 EL Olivenöl
2 TL Zitrone od. 1 TL Reisessig
1 TL Tamari
1 TL Wasser

1 Radieschen pressen (siehe Seite 84).

2 Arame 15–20 Minuten einweichen und 15 Minuten zugedeckt im Topf mit Einweichwasser kochen, mit Tamari würzen und weitere 5–10 Minuten ohne Deckel kochen lassen, bis die Flüssigkeit verdunstet ist.

3 Sonnenblumenkerne unter ständigem Rühren in einer trockenen, schweren Pfanne rösten. Pfanne beiseite stellen und abkühlen lassen. Tamari mit Wasser verrühren und über die Kerne gießen. Bei niedriger Flamme trocken rösten.

4 Alle Zutaten vermengen.

**Diesem Salat kann auch** jede Art von Nudeln hinzugefügt werden. Eine ½ Tasse **geröstete Sonnenblumenkerne** kann als Snack für den nächsten Tag in einem verschließbaren Glas abgefüllt werden.

# Hiziki-Algen-Salat

## mit gebratenem Kürbis & Shiitake Pilzen

| |
|---|
| 4 Shiitake-Pilze (feinnudelig geschnitten, ohne Stiel) |
| 2 Tassen Wasser (zum Einweichen) |
| 2 Tassen Butternusskürbis (in Zündholzform geschnitten) |
| ½ Stange Lauch (feinnudelig geschnitten) |
| 1 Tasse Wasser |
| ½ Tasse Hiziki Algen |
| ½ Tasse semi-getrocknete Tomaten |
| 1 TL Oliven- oder Kokosöl |
| 2 EL Sesam (geröstet) |
| 1 EL Tamari |
| 1 TL Reisessig |
| ½ Tasse Wasser |
| 1 Bund Schnittlauch |
| ½ Tasse Mandelblättchen (kurz angeröstet) |
| 1 TL Sesamöl (zum Beträufeln) |

1 Shiitake-Pilze ca. 1–2 Stunden in Wasser einweichen. Den Stiel entfernen und nur die Kappen schneiden.

2 Hiziki Algen 20 Minuten einweichen. Mit Wasser bedecken und 30 Minuten kochen lassen, danach mit Tamari würzen und weitere 5–10 Minuten köcheln lassen, bis die Flüssigkeit verdampft ist.

3 Die Shiitake-Pilze, Kürbis und Lauch in Öl anbraten und 10–15 Minuten unter ständigem Rühren braten. Die Algen etwas zerkleinern.

4 Sesam waschen und in einer schweren Pfanne langsam rösten, bis der Sesam trocken ist und „hüpft".

5 Alle Zutaten vermengen, kurz vor dem Anrichten mit Shiro-Miso-Dressing (siehe Seite 188) marinieren und mit Schnittlauch garnieren.

# Hiziki-Penne-Salat

## mit Orangen-Shiso-Dressing

1 Pkg. Dinkel-Penne (500 g)
4 violette Karotten (in Zündholzform geschnitten)
1 Tasse Selleriestangen (fein geschnitten)
¼ Tasse Kapern (fein gehackt)
1 Tasse Rucola (fein gehackt)
½ Tasse Hiziki Algen (eingeweicht)
2 Tassen Wasser
1 TL Tamari

1. Wasser zum Kochen bringen. Karotten 5 Minuten köcheln.
2. Hiziki Algen 20 Minuten einweichen, 30 Minuten kochen, mit Tamari würzen und Wasser verkochen lassen.
3. Penne nach Anleitung al dente kochen.
4. Mit allen übrigen Zutaten vermengen und mit Dressing marinieren.

**Zutaten Dressing:**
½ Tasse Orangensaft (frisch gepresst)
⅓ Tasse helles Tahin
1 TL Umeboshi-Essig
2 TL rote Shiso Blätter (aus dem Glas mit den Umeboshi)
2 EL Wasser
½ TL Reismalz

Zubereitung Orangen-Shiro-Dressing:

1. Alle Zutaten im Standmixer pürieren.

# Roter Chinakohlsalat

## mit Mandeldressing

1 Chinakohl, feinnudelig geschnitten und 2–3 Std. gepresst (siehe S. 84)
3 kleine Rote Bete (geschält, kleinwürfelig geschnitten oder im Ganzen)
½ Tasse Kürbiskerne (geröstet)
¼ TL Meersalz

**Zutaten Dressing:**
2 EL weißes Mandelmus
2 EL Shiro Miso
1 EL Zitronensaft
1 Prise Meersalz
2 EL Wasser

1 Chinakohl pressen.

2 1. Variante: Rote Bete waschen, im Druckkochtopf mit Wasser bedeckt aufkochen lassen und ¼ TL Meersalz dazugeben. Den Kochtopf verschließen und am ersten Ring 30 Minuten kochen lassen. Den Topf erst öffnen, wenn das Ventil ganz abgesunken ist.

2. Variante: Rote Bete leicht salzen und im Dampfgarer bei 120 °C 8–10 Minuten dämpfen.

3. Variante: Geschälte und würfelig geschnittene Rote Bete 40 Minuten in etwas Wasser kochen.

3 Kürbiskerne rösten.

4 Für das Dressing alle Zutaten verrühren.

5 Chinakohl ausdrücken, mit den restlichen Zutaten vermischen und mit Mandeldressing marinieren.

**Probieren Sie unterschiedliche Varianten!** Durch den Kochvorgang der 1. Variante werden die Bete viel süßer. Für die 2. Variante benötigen Sie einen Dampfgarer. Beim Kochvorgang der 3. Variante geht viel von der Süße der Roten Bete ins Wasser über. Im Bioladen gibt es auch schon ganze, gekochte Rote Bete; wenn es also einmal schnell gehen soll, sind diese leichter zu verarbeiten (sie schmecken aber nicht mehr so gehaltvoll).

# Gekochter Gemüsesalat

## mariniert mit japanischem Dressing

½ Chinakohl (in große breite Streifen geschnitten)
1 Rettich (in Streifen geschnitten)
2 Karotten (in Streifen geschnitten)
3 Tassen Wasser
1 Prise Meersalz
½ Tasse Bockshornklee-sprossen

1 Wasser zum Kochen bringen und salzen. Kohlrabi oder Rettich und Karotten 4 Minuten köcheln lassen, danach den Chinakohl hinzufügen und 3 Minuten mitköcheln lassen.

2 Gemüse abseihen. Den Sud für Suppen beiseite stellen.

3 Salat mit Dressing marinieren und mit Noristreifen und Bockshornklee-Sprossen garnieren.

**Japanisches Dressing:**
2 EL Reisessig
2 EL Tamari
1 EL Mirin
2 TL Lein- oder Sesamöl
2 EL Wasser

Zubereitung Dressing:

1 Alle Zutaten verrühren.

# Gedämpfter Wirsingsalat
## mit Tempehwürfel

1 Wirsing im Dämpfsieb 5–7 Minuten garen und danach mit kaltem Wasser abschrecken.

2 Tempeh in Kokosöl anbraten, mit etwas Sud oder Wasser und Tamari löschen und zugedeckt ca. 15 Minuten köcheln lassen.

3 Alle Zutaten (außer Sesam) miteinander vermengen.

4 Sesam waschen und unter ständigem Rühren trocknen, bis er „hüpft“.

5 Den Salat mit dem Dressing marinieren, mit Sesam und Petersilie garnieren.

1 Wirsingkohl (feinnudelig geschnitten)
1 Pkg. Tempeh (in kleine Würfel geschnitten)
1 EL Kokosfett oder Olivenöl
1 EL Tamari
1 Tasse Wasser/Suppensud
¼ Tasse schwarzer Sesam
1 TL Umeboshi-Essig
¼ Bund Petersilie (feingehackt)

Zubereitung Dressing:

1 Alle Zutaten im Standmixer pürieren und durch ein feines Sieb gießen.

**Zuaten Dressing**:
2 EL Olivenöl
1 ½ TL Zitronensaft (frisch gepresst)
1 ½ EL Tamari
1 EL Dijon Senf
½ TL Rote-Bete-Saft
¼ Tasse Wasser

Für eine 100 % **glutenfreie** Variante lassen Sie einfach den Senf weg.

# Marokkanischer Karottensalat

4 gr. Karotten (halbiert, schräg geschnitten)
1 Zehe Knoblauch (grob gehackt; optional)
1 Tasse Wasser
10 Mani Oliven schwarz (fein geschnitten)
2 EL Petersilie (gezupft)

**Zutaten Ingwerdressing:**
1 EL Reisessig
etwas Wasser
1 TL Sesamöl (geröstet)
1 TL frischer Ingwer (geschält und gerieben)
¼ TL Meersalz

1 Wasser aufkochen, Karotten und Knoblauch dazugeben und 10 Minuten auf mittlerer Flamme köcheln lassen.

2 Danach das Wasser abseihen und für Suppensud aufbewahren. Alle anderen Zutaten untermischen und mit Dressing vermengen.

Zubereitung Dressing:

1 Alle Zutaten vermengen.

# Steirischer Kürbissalat
## mit Kernöldressing

1 gr. Hokkaido Kürbis (ca. 800 g) (feinblättrig geschnitten)
¾ Tasse Wasser
¼ TL Salz
2 Bund Jungzwiebel (fein geschnitten)
1 Tasse frisches Sauerkraut
4 EL Kürbiskerne (geröstet)

**Zutaten Dressing:**
2 EL Reisessig
½ TL Salz
1 EL Kernöl
1TL Malz
etwas Wasser

1 Wasser aufkochen, den Kürbis hinzufügen, salzen und 7–10 Minuten köcheln lassen. Kürbis sollte nicht ganz weich sein. Eine andere Variante: den Kürbis im Dampfgarer 5 Minuten bei 95 °C dämpfen.

2 Abseihen, Wasser für Suppe aufheben. Jungzwiebel und Sauerkraut beimengen.

3 Marinieren und mit Kürbiskernen garnieren.

Zubereitung Dressing:

1 Alle Zutaten verrühren.

**Schmeckt auch warm herrlich,** mit Mani Zitronen-Olivenöl statt Kernöl.

# Warmer Krautsalat (Cole Slaw)

3 Tassen Weißkraut (in Zündholzform)
½ Tasse Sellerie (Zündholzform)
½ Tasse Gelbe Rüben (in Zündholzform)
4 Tassen Wasser
¼ TL Meersalz
1 Tasse Tofu-Mayonnaise
1 Bund Jungzwiebeln (fein geschnitten, zum Ganieren)

**Zutaten Mayonnaise:**
¾ Pkg. Seidentofu
2 EL Malz
1 EL Reisessig
1 EL Olivenöl
1 TL Meersalz
½ TL Dijon Senf (zuckerfrei)
3 EL Wasser
1 TL Ume-Essig oder 1 EL Zitronensaft

1 Wasser zum Kochen bringen und salzen.

2 Sellerie und Gelbe Rüben beifügen, 3 Minuten köcheln lassen, danach das Kraut dazugeben und 5 Minuten mitkochen lassen. Abseihen und Gemüse kalt abschrecken.

3 Alle Zutaten untermischen, mit Mayonnaise vermengen und mit Jungzwiebeln garnieren. Cole Slaw warm servieren.

Zubereitung Mayonnaise:

1 Alle Zutaten mit Pürierstab mixen.

# Schwarzer Bohnensalat
## mit cremigem Korianderdressing

2 Tassen schwarze Bohnen (gekocht, siehe S. 74)
1 Stange Jungzwiebel (fein gehackt)
1 Karotte (geraspelt)
½ Tasse Stangesellerie (fein geschnitten)
im Sommer: ½ Avocado (würfelig geschnitten)

**Zutaten Dressing:**
3 EL Sojasauce
2 EL Zitronensaft
1 TL Sesamöl (geröstet)
1 TL Ingwer (gerieben)
¼ Bund Koriander (gehackt)
⅓ Tasse Wasser

1 Alle Zutaten vermengen und mit dem Dressing marinieren.

Zubereitung Dressing:

1 Alle Zutaten vermengen und mit dem Standmixer pürieren.

**Mit Getreide und Pickles** angerichtet ist dieser Salat eine einfache Mahlzeit für die Mittagspause in der Arbeit.

# GEDÄMPFTER SELLERIE-WALDORFSALAT

5 Sellerieknollen (geschält, in Streifen geschnitten)
3 Äpfel (geschält, in Streifen)
4 mittelgroße Essiggurken zuckerfrei (in Streifen)
½ Tasse Walnüsse (grob gehackt)

1 Sellerie im Dämpfsieb 5–7 Minuten dämpfen.

2 Äpfel 1 Minute dämpfen oder roh hinzufügen.

3 Walnüsse in einer schweren Pfanne kurz rösten. Pfanne beiseite stellen, kurz auskühlen lassen, dann mit Tamari löschen, durchrühren und bei geringer Temperatur trocknen lassen.

4 Alle Zutaten vermengen.

5 Die Hälfte der Walnüsse in den Salat geben.

6 Salat mit Dressing marinieren und 15 Minuten beiseite stellen. Salat anrichten und mit den restlichen Walnüssen garnieren.

**Zutaten Dressing:**
1 Tasse Sojajoghurt
1 EL Umeboshi-Würze oder 1 TL Zitronensaft
1 EL Oliven- oder Walnussöl
2 EL Shiro Miso
¼ TL Meersalz (optional)

Zubereitung Dressing:

1 Alle Zutaten vermengen.

# Grünkohlsalat Los Angeles

8 Blätter Grünkohl (gewaschen, im Ganzen)
8 Tassen Wasser
⅛ TL Salz

1 1. Variante: Die Grünkohlblätter im Dampfgarer bei 95 °C 12 Minuten dämpfen. Danach mit kaltem Wasser abschrecken.

2. Variante: Die Kohlblätter in ca. 2 Liter kochendem, gesalzenem Wasser 12–15 Minuten blanchieren und danach mit kaltem Wasser übergießen.

2 Die Blätter feinnudelig schneiden und mit Tahin-Dressing marinieren. Vor dem Servieren noch mit Sesam und getrockneten Rosenblättern bestreuen.

**Zutaten Dressing:**
4 EL Tahin (hell)
1 ½ EL Reisessig
1 TL Malz
3 EL Wasser
¼–½ TL Meersalz

**Zum Garnieren:**
2 EL Sesam geröstet
getrocknete Rosenblätter

Zubereitung Dressing:

1 Alle Zutaten miteinander verrühren.

**Grünkohl wird erst nach** dem ersten Frost geerntet, weil er sonst bitter schmeckt. Er ist für seinen hohen Vitamingehalt bekannt.

# Blattsalat
## mit Radieschensprossen

1 kleiner Radicchio
1 kleiner Blattsalat
1 Tasse Radieschensprossen
½ Tasse Kürbiskerne geröstet

**Zutaten Balsamicodressing:**
1 EL Olivenöl
2 EL Balsamicoessig
1 TL Tamari
2 EL Wasser
1 Prise Salz

1 Alle Zutaten vermengen und mit dem Dressing marinieren.

Zubereitung Dressing:

1 Alle Zutaten verrühren.

# gepresster Gemüsesalat
## mit Sonnenblumenkernen

3 Tassen Rotkraut (feinnudelig geschnitten)
¾ Tasse Karotten (in Zündholzform geschnitten)
½ Tasse Radieschen (feinblättrig geschnitten)
3 EL Tamari od. 3 EL Umeboshi-Würze
½ TL Meersalz

1 Gemüse mit Tamari oder Umeboshi-Würze und Salz gut vermengen und 3–6 Stunden pressen (oder auch länger). Siehe dazu Anleitung auf Seite 84.

2 Mit gerösteten Sonnenblumenkernen bestreuen (siehe Seite 90) und als Beilage zum Balance Teller oder zu Nudeln servieren.

# Eissalat mit Mungbohnensprossen und gepressten Radieschen

1 Eissalat (zerkleinert)
½ Tasse Mungbohnensprossen
1 Bund Radieschen (gepresst)
1 Glas Mais (abgeseiht)
½ Tasse Dill (gezupft)

**Zutaten Dressing:**
2 EL Leinöl
2 EL Zitronensaft
1–2 EL Tamari
4 EL Sojajoghurt (optional)
1 EL Wasser

1 Alle Zutaten vermengen und mit dem Dressing marinieren.

Zubereitung Dressing:

1 Alle Zutaten verrühren.

# Linsensalat mit Senfdressing

1 Tasse braune Linsen
2 ½ Tassen Wasser
5 cm Kombu Alge
1 EL Tamari
2 Karotten (kleinwürfelig)
1 Fenchel (kleinwürfelig)
1 Brokkoli (in Röschen)
1 Karotte (in Zündholzform geschnitten)

**Zutaten Senfdressing:**
2 ½ EL Senf
1 ½ EL Olivenöl
2 EL Tamari
1 TL Zitronensaft
½ Tasse Wasser
1 Prise Salz

1 Linsen in Wasser mit Kombu Alge 30 Minuten zugedeckt kochen.

2 Mit Tamari würzen und weitere 10 Minuten köcheln lassen. Flüssigkeit sollte ganz verdunstet sein. Kombu Alge entfernen.

3 Topf mit Wasser zustellen, Dämpfsieb einlegen, Gemüse (außer Brokkoli) hinzufügen, 5 Minuten mit Deckel dämpfen. Brokkoli hinzufügen, weitere 5 Minuten dämpfen.

4 Alle Zutaten miteinander vermengen, Dressing dazugeben und mit Karottenstiften garnieren.

Zubereitung Dressing:

1 Alle Zutaten vermengen.

# Dressings & Toppings

**Mit dieser Vielzahl an Dressings und Toppings bringen Sie Farbe und das gewisse Extra auf jeden Teller. Lassen Sie Ihrer Experimentierfreude freien Lauf!**

## Dillsauce

1 Alle Zutaten verrühren.

- 1 Becher Sojajoghurt
- 1 EL Olivenöl
- ½ TL Ingwersaft (optional; siehe Glossar)
- 2 EL Dille (feingehackt)
- 1 EL Umeboshi-Würze oder
- 1 EL Zitronensaft mit 1 Prise Salz

## Kapern-Senfsauce

für Gemüsevorspeisen, Basic Bohnen- oder Linsengerichte

1 Alle Zutaten im Standmixer pürieren.

- 4 EL Kapern (fein gehackt)
- 5 EL Senf
- 1 Glas Essiggurken (klein gewürfelt)
- ½ Tasse Suppensud oder Wasser
- 2 EL Shiro Miso
- 2 EL Olivenöl
- 1 Zehe Knoblauch (gehackt, gebraten)

# Tahin-Umeboshi-Sauce

1 Alle Zutaten mit dem Standmixer pürieren.

4 EL Tahin
1 Umeboshi Pflaume
1 Zehe Koblauch (gebraten)
1 EL Shiro Miso
1 TL Umeboshi-Essig
4 EL Wasser
1 Bund Schnittlauch (optional)

# Umeboshi-Sonnenblumenkern-Dressing

1 Alle Zutaten mit dem Standmixer pürieren.

2 Umeboshi-Pflaumen (kernlos)
¼ Tasse Schnittlauch
½ Tasse Sonnenblumenkerne (geröstet)
1 EL Olivenöl
½ TL Salz oder 1 EL Tamari
¾ –1 Tasse Wasser
1 TL Zitronensaft
⅛ TL Spirulinapulver (optional)

# Sushi Dip-Sauce

1 Alle Zutaten miteinander verrühren.

3 EL Sojasauce
1 EL Wasser
1 TL Mirin

# Salatdressing Hildegard

für 10 Personen

1 Alle Zutaten miteinander verrühren.

½ Tasse Tamari
¼ Tasse Reisessig
¼ Tasse Olivenöl
1 TL Apfeldicksaft
½–¾ Tasse Wasser

# Leinöl-Dressing

1 Alle Zutaten miteinander verrühren.

2 EL Leinöl
2 EL Zitronensaft
1–2 EL Tamari
4 EL Sojajoghurt (optional)
1 EL Wasser

Leinöl immer im Kühlschrank aufbewahren und nicht erhitzen.

# Italienisches Dressing

1 Alle Zutaten miteinander verrühren.

¼ Tasse Olivenöl
¼ Tasse Basalmicoessig
1 EL Basilikum (getrocknet) oder
2 EL Basilikum (frisch, feingehackt)
½ TL Salz
2 EL Wasser

# Shiso-Dressing

1 Alle Zutaten im Standmixer pürieren.

- ½ Tasse Orangensaft (frisch gepresst)
- ⅓ Tasse helles Tahin
- 2 TL rote Shiso Blätter (aus dem Glas mit den Umeboshi)
- 1 TL Umeboshi-Essig
- 2 EL Wasser
- 1 TL Reissirup

# Sahne-Dressing

1 Alle Zutaten miteinander verrühren.

- 2 EL Umeboshi-Essig
- ½ TL Malz
- 4 EL Hafersahne
- 2 EL Wasser

# Natto-Miso-Dressing

1 Für eine cremige Konsistenz alle Zutaten im Standmixer pürieren, ansonsten mit der Schneerute verrühren.

- 3 EL Natto Miso
- 1 EL Olivenöl
- 1 TL Zitrone
- 1 EL Wasser

# Rote-Bete-Meerrettich-Dressing

scharf!

1 Alle Zutaten miteinander verrühren.

- 1 Tasse Sojajoghurt (optional)
- 1 EL Umeboshi-Würze oder Zitronensaft
- ½ TL Meersalz
- 1 EL Rote-Bete-Saft
- 1 TL Olivenöl
- 1–2 EL Meerrettich (frisch gerieben)

# Cocktail-Dressing

für Salat

1 Alle Zutaten miteinander verrühren.

- 1 Tasse (240 ml) Sojajoghurt
- 1 EL Reisessig
- 2 EL Tamari
- 4 EL Nomato Sauce (siehe Seite 260)
- 2 EL Reismalz
- 1 EL Olivenöl

# Nomato-Dressing

über Getreide, Gemüse oder Salat

1 Alle Zutaten miteinander verrühren.

- 1 Tasse Nomato Sauce (siehe Seite 260)
- 1 TL Zitrone
- ½ Tasse Apfelsaft
- 1 EL Olivenöl
- 1 EL Tamari od. etwas Salz
- 2 EL feingehackter Basilikum
- etwas Wasser

# Wasabischaum

1 Wasabipulver mit Wasser anrühren und mit den übrigen Zutaten pürieren.

2 EL weißes Mandelmus
½ TL Wasabipulver
2 EL Wasser
¼ TL Salz
⅛ TL Zitronenschale (gerieben)

# Mandel-Dressing

1 Alle Zutaten miteinander verrühren.

2 EL weißes Mandelmus
2 EL Shiro Miso
1 EL Zitronensaft
1 Prise Meersalz
2 EL Wasser

# Balsamico-Dressing

zu Gemüse

1 Alle Zutaten miteinander verrühren.

1 EL Olivenöl
2 EL Balsamicoessig
1 TL Tamari
2 EL Wasser
1 Prise Meersalz

# ZITRONEN-KNOBLAUCH-MINZSAUCE

für den Sommer!

1 Alle Zutaten miteinander verrühren.

4 EL Zitronensaft
3 EL Olivenöl
2 EL Minze (fein gehackt)
½ TL Meersalz
2 Knoblauchzehen (fein gehackt, angebraten)
2–3 EL Wasser

# SHIRO-MISO-DRESSING

1 Alle Zutaten miteinander verrühren.

2 EL Shiro Miso
1 EL Reisessig
1 TL Reismalz
1 TL Olivenöl
2 EL Wasser

# CREMIGES KORIANDERDRESSING

zu gebratenem Tofu, Gemüse oder Sprossen

1 Alle Zutaten im Standmixer pürieren.

3 EL Sojasauce
2 EL Zitronensaft
1 TL Sesamöl (geröstet)
1 TL Ingwer (gerieben)
¼ Bund Koriander (gehackt)
⅓ Tasse Wasser

# Walnuss-Miso-Dressing

1 Alle Zutaten mit dem Standmixer pürieren.

1 Tasse Walnüsse (geröstet)
¼ Tasse Shiro Miso
2 E_ Zitronensaft oder 1 EL Reisessig
1 EL Tamari
1 Tasse Wasser

# Senfdressing

1 Alle Zutaten miteinander verrühren.

2 ½ EL Senf
1 ½ EL Olivenöl
2 EL Tamari
1 TL Zitronensaft
½ Tasse Wasser
1 Prise Salz

# Japanisches Dressing

für Salate

1 Alle Zutaten miteinander verrühren.

2 EL Reisessig
2 EL Tamari
1 EL Mirin
2 TL Sesamöl geröstet
2 EL Wasser

# Rucola Pesto

zu Nudelgerichten, Getreide & Gemüse

1 Walnüsse im Standmixer fein mahlen. Die Rucolastiele entfernen und die Blätter mit den restlichen Zutaten auf höchster Stufe mit dem Standmixer pürieren.

1 Tasse Walnüsse (kurz geröstet)
2–3 Bund Rucola
1 EL Malz
1 Umeboshi-Pflaume (kernlos, zerdrückt)
1 EL Tamari
¼ TL Salz
½ Tasse Mani Zitronen-Olivenöl
1 TL Zitronensaft

# Basilikum Pesto

zu Hülsenfrüchten oder Nudeln mit Gemüse

1 Kerne im Standmixer fein mahlen und mit den übrigen Zutaten auf höchster Stufe fein pürieren.

1 EL Rosinen
4 Handvoll Basilikumblätter
1 Knoblauchzehe (gebraten, optional)
½ Tasse Olivenöl
2 EL Zitronensaft
½ Umeboshi-Pflaume
1 ½ TL Meersalz
1 ½ Tassen Kürbiskerne oder Mandeln (kurz geröstet)

Meine Pesto-Varianten sind von vergleichsweise fester Konsistenz, da sie weniger Öl beinhalten als herkömmliche Pesti und dadurch auch bekömmlicher sind. Sie können das Pesto bedenkenlos eine Woche im Kühlschrank lagern. Vor dem Servieren mit etwas Suppe oder Wasser anrühren.

# French Dressing

für Salate, gedämpftes Gemüse, Seitan, Tofu oder Fisch

1 Alle Zutaten vermengen.

1–2 EL Reisessig oder Zitronensaft
¼ Tasse Olivenöl
4 TL Dijon Senf
1 TL Meersalz
1 TL Reismalz

# Gomasio

1 Den gewaschenen Sesam in eine schwere Gusseisenpfanne geben. Unter ständigem Rühren bei geringer Temperatur trocknen und rösten.

2 Sobald die Samen in der Pfanne „hüpfen“, diese in den Mörser füllen.

3 Pfanne säubern, trocknen und erhitzen. Das Salz hinzufügen und einige Minuten rösten, bis es gräulich wird. Zum Sesam in den Mörser geben.

4 Beides im Mörser vermahlen, bis mindestens die Hälfte der Samen zermahlen ist.

5 Auskühlen lassen und in ein verschließbares Glas füllen. Über Getreide streuen.

1 EL Meersalz

15–20 EL Sesam
hell oder schwarz

**Dieses Sesamsalz selbst zuzubereiten** ist ein meditativer Prozess. **Nicht zu lange rösten**, der Sesam wird sonst bitter. **Für den Feuer-Typ:** milderes Gomasio (weniger salzig) zubereiten.

# Nori Gomasio

1 Nori ca. 1–2 Minuten in der Pfanne rösten.

2 Im Standmixer zerkleinern.

3 Salz und Sesam wie bei Gomasio verarbeiten und Nori Algen dazugeben.

20 EL Sesam

1 EL Meersalz

3 Blätter Nori Algen
(geschnitten)

# Goma Shiso

1 Rohr auf 100 °C vorheizen.

2 Shiso-Blätter kurz mit Wasser waschen, sodass sie an Salz verlieren.

3 Butterpapier auf ein Backblech legen, Shiso Blätter einzeln auf 2 Backblechen 15–20 Min. ganz trocknen lassen.

4 Sesam waschen und in einer trockenen, schweren Pfanne anrösten (wie bei Gomasio).

5 Shiso-Blätter im Mörser zu Pulver vermahlen. Größere Blattfasern entfernen.

6 Sesam dazugeben und wie bei Gomasio mit Shiso-Pulver verrühren.

- 1 Pkg. Shiso-Blätter
- 2 Tassen Sesam

Für reines Shiso-Pulver den Sesam weglassen.
Das Pulver eignet sich als Würzmittel für Getreide, Gemüse oder Makis.

# Tofu-Rosmarin-Parmesan

für Risotto & Pasta

1 Öl in einer schweren Pfanne erhitzen, Tofu und Rosmarin dazugeben und salzen.

2 10–15 Minuten braten, bis der Tofu ganz knusprig ist. Auskühlen lassen, in ein Glas füllen und im Kühlschrank aufbewahren. Über Risotto oder Pasta streuen.

- 2 Pkg. weißer od. Räuchertofu (mit Zitronenreibe fein gerieben)
- 3 EL Oliven- oder Kokosöl
- 1 EL Rosmarin (getrocknet und im Mörser zerkleinert)
- ⅛–¼ TL Meersalz

Dieses Topping schmeckt auch mit Salbei sehr gut.

# Gemüse Variationen

Auf jedem Soami Balanceteller finden sich mehrere Gemüsekreationen, die Sie aus diesem Kapitel und aus den Gemüse-Basics wählen und zusammenstellen können. Sie bieten auch eine gute Basis zum Ausprobieren eigener Kreationen. Lassen Sie sich inspirieren!

## Blumenkohl-Raita

- 1 Blumenkohl (gewaschen und in Röschen geschnitten)
- 1 ½ Tassen Wasser
- 1 Tasse Sojajoghurt
- 1 EL Reisessig od. Umeboshi-Würze
- 1 TL Kreuzkümmel (zerstoßen)
- ½ TL Meersalz (wenn keine Umeboshi-Würze vorhanden ist)
- ¼ Tasse Wasser

1. Wasser in einen Topf füllen und Dämpfsieb einlegen. Den Blumenkohl ca. 5 Minuten bei hoher Hitze mit Deckel dämpfen.
2. Den Kreuzkümmel in einer schweren Pfanne ohne Öl leicht anrösten und danach im Mörser zu feinem Pulver zerstoßen.
3. Alle Zutaten verrühren und ausgekühlten Blumenkohl dazugeben.
4. Mit Korianderblättern oder Petersilie dekorieren.

**Diese Beilage ist kühlend** und daher gut für den Sommer geeignet. Im Winter können Sie den Blumenkohl warm mit etwas Ingwersaft (siehe Glossar) servieren. **Achtung:** Röstet man den Kreuzkümmel zu lange, wird er leicht bitter.

# Ofensüsskartoffeln
## mit Gurken-Schnittlauch- oder Dillsauce

4 Süßkartoffeln (gebürstet und gut gewaschen, im Ganzen)

**Gurken-Schnittlauch-Sauce:**

1 Tasse Sojajoghurt
1 Gurke (gepresst, feingehackt)
½ Bund Schnittlauch (feingehackt)
1 EL Umeboshi-Würze
1 TL Olivenöl

**Dillsauce:**

1 Becher Sojajoghurt
1 EL Umeboshi-Würze od. 1 EL Zitronensaft mit 1 Prise Salz
1 EL Olivenöl
½ TL Ingwersaft (optional; siehe Glossar)
2 EL Dill (feingehackt)

1 Das Backrohr auf 200 °C vorheizen.

2 Süßkartoffeln in Alufolie einpacken und auf ein Backblech legen. Eingepackte Süßkartoffeln mehrmals mit der Gabel anstechen. Je nach Größe zwischen 45–60 Minuten im Rohr backen. Die Süßkartoffeln sollten ganz weich sein.

3 Wie Folienkartoffeln anrichten, d.h. der Länge nach anschneiden.

4 Für die Sauce alle Zutaten vermischen und über die Süßkartoffeln verteilen.

**Die Süßkartoffel kommt bei** Gästen immer gut an!
**Für Nicht-Veganer:** Süßkartoffeln schmecken gut zu Fisch mit gedämpftem Gemüsesalat.

# Winter-Rotkraut
## mit Äpfeln & Kastanien

½ Kopf Rotkraut (feinnudelig geschnitten)
1 Zwiebel (fein gehackt)
1 EL Brat- oder Olivenöl
2 große Äpfel (in kleine Stücke geschnitten)
1 Tasse Kastanien (essfertig, halbiert)
1 Tasse Apfelsaft
½ TL–1 TL Salz
2 EL Umeboshi-Essig
⅛ TL Zimt
1 EL Kuzu
3 EL kaltes Wasser

1 Zwiebel in Öl bei mittlerer Hitze anbraten, bis sie nicht mehr scharf riecht.

2 Rotkraut hinzufügen, mit Apfelsaft aufgießen, salzen und mit Zimt und Umeboshi-Würze würzen. 15–20 Minuten köcheln lassen, danach Äpfel und Kastanien hinzufügen und ca. 5 Minuten weiterköcheln lassen.

3 Kuzu Mischung einrühren und 2 Minuten köcheln lassen.

4 Das Rotkraut passt hervorragend zu Seitan-Wildragout mit Tiroler Knödeln.

# Süsskartoffelpüree

4 mittelgroße Süßkartoffeln (ca. 1 kg, geschält, großwürfelig geschnitten)
5 Schalotten (fein gewürfelt)
1 EL Bratöl oder Kokosöl
1–2 Tassen Suppensud oder Wasser
1 Umeboshi-Pflaume (entkernt und gehackt)
4 EL Sojasahne oder Kokosmilch
½ TL Meersalz
1 Msp. Muskat (optional)

1 Schalotten in Bratöl oder Kokosöl anbraten. Süßkartoffeln dazugeben und kurz mitbraten. Meersalz und Muskat (optional) dazugeben.

2 Mit Suppensud oder Wasser aufgießen und bei mittlerer Hitze 20 Minuten köcheln lassen. Das Gemüse sollte ganz weich sein.

3 Umeboshipaste dazugeben und dann mit Schneerute oder Pürierstab gut durchrühren, eventuell noch nachwürzen und 5 Minuten bei niedriger Flamme köcheln lassen. Sojasahne oder Kokosmilch unterrühren.

# Kürbis auf Kürbis-Ingwer-Püree

1 großer Hokkaido Kürbis (kleinwürfelig geschnitten)
⅛ TL Meersalz
1 Tasse Wasser
1 EL Ingwer (gerieben)
1 TL Sesamöl (geröstet)

1 Wasser aufkochen, salzen und Kürbis 10 Minuten dünsten.

2 Kürbismenge in zwei Teile teilen. Den Ingwer durch ein Sieb pressen. Ingwersaft und Sesamöl zur einen Hälfte der Kürbismenge hinzufügen. Pürieren und wie auf dem Foto am Cover anrichten.

# Mandelfisolen

800 g Fisolen (geputzt)
¾ Tasse Mandelblättchen
1 EL Tamari
1 EL Olivenöl

1 Wasser zum Kochen bringen und Fisolen darin 5–7 Minuten blanchieren. Fisolen abseihen.

2 Fisolen und Mandelblättchen in Olivenöl und Tamari auf kleiner Flamme ca. 3 Minuten braten, öfters umrühren. Vorsicht, Mandeln nehmen sehr schnell Farbe an!

# Kohlrabi in Kohlrabiblätter-Mousse

2 Kohlrabi (geschält, in Streifen geschnitten)
7 Blatt Kohlrabigrün
4 ¼ Tassen Wasser
1 Prise Salz
1 TL Olivenöl
1 EL Shiro Miso
2 EL Suppensud oder Blanchierwasser

1 Kohlrabi in etwas Salzwasser 5–7 Minuten dünsten.

2 Blätter ohne Stiel in kochendem Salzwasser 5 Minuten blanchieren. Das Wasser abgießen und mit Olivenöl, Shiro Miso und Suppensud pürieren.

3 Kohlrabistreifen auf dem Mousse anrichten.

# Brennnessel-Mousse

5 Hände voll Brennnessel (gewaschen)
4 Tassen Wasser
Prise Salz
2 EL Shiro Miso
1 EL Hafersahne

1 Wasser zum Kochen bringen, salzen.

2 Brennnessel dazugeben, umrühren und 2 Minuten kochen lassen.

3 Abseihen, kurz kalt abschrecken und mit den übrigen Zutaten pürieren.

# Zwiebel-Dulse-Butter

## für Algenliebhaber!

1 Zwiebel (feingehackt) oder 3 Schalotten (feingehackt)
1 TL Kokosfett oder Erdnussöl
1 EL Umeboshi-Essig
1 TL Mirin
1 Tasse Suppensud
1 Tasse Dulse Algen (ca. 5 Minuten eingeweicht)
1 TL Mandelmus braun
3 TL Wasser

1 Zwiebel oder Schalotten in Kokosfett anbraten.

2 Mit Suppensud, Umeboshi-Essig und Mirin aufgießen, zudecken und 20 Minuten köcheln lassen.

3 Dulse Algen hinzufügen und noch weitere 5 Minuten köcheln lassen.

4 Zum Schluss Mandelmusmischung unterrühren.

# Kohlsprossen
## mit Petersilien-Bechamelsauce

½ kg Kohlsprossen
4 ¼ Tassen Wasser
¼ TL Salz

**Zutaten Sauce:**
2 Tassen Hafer- oder Sojamilch
2 EL Kuzu
4 EL Wasser
¼ TL Salz
½ TL Umeboshi-Würze
½ Bund Petersilie (fein gehackt)
1 Zehe Knoblauch (fein gehackt, optional)

1 Wasser zum Kochen bringen, salzen und Kohlsprossen darin 5–8 Minuten kochen.

2 Abseihen und Sud für Suppe beiseite stellen. Kurz abschrecken und die Kohlsprossen danach halbieren oder vierteln.

Zubereitung Bechamelsauce:

1 Milch zum Kochen bringen, salzen, mit Umeboshi-Würze würzen und Knoblauch hinzufügen.

2 Kuzu mit Wasser im Glas aufschütteln und in die kochende Milch einrühren.

3 Zum Schluss Petersilie unterrühren und die Sauce über die Kohlsprossen gießen.

**Dieses Gericht ist eine** herbstliche Gemüsebeilage.

# Rosmarin-Karotten

7 mittelgroße Karotten (schräg blättrig geschnitten)
½–1 Tasse Wasser oder Suppensud
1 TL Olivenöl oder Bratöl
½ EL Rosmarin (getrocknet) oder 1 EL Rosmarin (frisch gerebelt)
1 EL Tamari

1 Karotten und Rosmarin in Öl anbraten.

2 Eine Prise Salz hinzufügen, mit Wasser aufgießen und 15–20 Minuten köcheln lassen.

3 Tamari hinzufügen und zugedeckt weitere 5 Minuten köcheln lassen, bis die Flüssigkeit verkocht ist.

**Bei allen Rezepten am** Anfang eventuell leicht nachwürzen und nach dem Abschmecken kurz köcheln lassen. Weniger Salz bedeutet weniger Gusto auf sehr Süßes.

# Chinesisches Gemüse mit Sauce

- 3 Shiitake-Pilze (getrocknet)
- 1 ½ Tassen Wasser
- 1 Stange Lauch (feinnudelig geschnitten, optional)
- 2 Karotten (in Zündholzform geschnitten)
- 1 Tasse Frühkraut oder 1 Tasse Erbsenschoten
- 1 Brokkoli oder Blumenkohl (in Röschen)
- 1 EL Kokos- oder Erdnussöl
- 1 EL Kuzu
- 3 EL Wasser

**Zutaten Sauce:**

- 1 Tasse Shiitakewasser
- 2 EL Sojasauce
- 1 TL Mirin
- 2 EL Kuzu
- 5 EL Wasser
- 1 EL Sesamöl (geröstet)

1 Wasser zum Kochen bringen, Shiitake einlegen und 15–20 Minuten köcheln lassen. Die Pilze abseihen und das Wasser für die Sauce beiseite stellen.

2 Shiitake abkühlen lassen und nur die Pilzkappen feinblättrig schneiden.

3 Öl erhitzen, Lauch anbraten und alle anderen Gemüsesorten dazugeben. 10 Minuten braten und öfters umrühren. Das Gemüse sollte noch bissfest sein.

Zubereitung Sauce:

1 Shiitakewasser, Sojasauce und Mirin zum Kochen bringen.

2 Kuzu im verschlossenen Glas mit Wasser aufschütteln und in die Sauce gießen.

3 2 Minuten köcheln lassen und dann das Sesamöl einrühren.

4 Die Sauce über das Gemüse gießen.

**Sie können auch jedes** andere Gemüse Ihrer Wahl verwenden!
**Zu diesem Gemüsegericht passt** auch sehr gut roter Reis, Tofu oder (für Nicht-Veganer) Fisch oder Huhn.

# Schichtwurzelgemüse in Wasabischaum

3 Gelbe Rüben (schräg geschnitten)
3 Stangen Schwarzwurzeln (geschält, schräg geschnitten)
3 Karotten
5 cm Kombu Alge
⅛ TL Salz
¾ Tasse Wasser

**Zutaten Wasabischaum:**
2 EL weißes Mandelmus
½ TL Wasabipulver
2 EL Wasser
¼ TL Salz
⅛ TL Zitronenschale (gerieben)

1 Kombu Alge in einen schweren Topf geben.

2 Schwarzwurzeln, Karotten und Gelbe Rüben übereinander schichten. Mit Wasser aufgießen, aufkochen, salzen, zugedeckt auf kleiner Flamme 25 Min. köcheln lassen.

3 Sobald das Wasser verkocht ist, mit Wasabischaum anrichten.

Zubereitung Wasabischaum:

1 Wasabipulver mit Wasser anrühren und mit den übrigen Zutaten verrühren.

# Gedämpfter Brokkoli mit Dulse-Mandel-Sauce

1 Rose Brokkoli oder Blumenkohl (in Röschen)

**Zutaten Sauce:**
4 EL Dulse Algen
1 EL Zitronensaft (frisch gepresst) oder Reisessig
2 EL Mandelmus
1 TL Tamari
1 EL Wasser
etwas Salz
½ Bund Schnittlauch (fein gehackt)

1 Brokkoli in ein Dämpfsieb geben. Den Stamm für Suppensud aufbewahren oder schälen und auch dämpfen (sehr wertvoll). Den Topf mit ca. 1 ½ cm Wasser füllen. Das Dämpfsieb hineinstellen, zum Kochen bringen und den Brokkoli 3–5 Minuten bei mittlerer Hitze dämpfen.

Zubereitung Mandel-Sauce:

1 Dulse-Algen ca. 10 Minuten einweichen, dann abseihen. Einweichwasser für Suppen oder als Blumengießwasser aufbewahren.

2 Alle Zutaten (außer Schnittlauch) im Standmixer zu einer feinen Sauce mixen.

3 Beim Anrichten die Sauce über den Brokkoli gießen und mit Schnittlauch garnieren.

# Apfel-Rhabarber-Dulse-Chutney

- ½ Tasse Apfelsaft
- 3 Äpfel (geschält, in 2 cm große Stücke geschnitten)
- 1 Stange Rhabarber (gut geschält und fein geschnitten)
- 1 Stange Lauch (fein geschnitten)
- ¼ TL Zimt
- ¼ –½ TL Meersalz
- 1 TL Ingwersaft (siehe Glossar)
- 3 EL Dulse Algen

1 Apfelsaft zum Kochen bringen, Lauch, Obst und Zimt hinzugeben. Salzen und zugedeckt 10–15 Minuten köcheln lassen.

2 Dulse Alge im Wasser 5 Minuten einweichen, abseihen und dem fertigen Obst beifügen. Ingwersaft unterrühren. Ein paar Minuten ziehen lassen und mit der Schneerute durchrühren.

---

**Dieses Chutney schmeckt auch** alternativ mit Aprikosen oder Pfirsichen sehr gut.

# Butternusskürbis

- 1 TL Oliven- od. Palmöl
- 1 mittelgroßer Butternusskürbis (entkernt, würfelig geschnitten)
- 1 Zwiebel (fein gewürfelt, optional)
- ½ Tasse Wasser
- 1 Prise Meersalz

1 Öl im schweren Topf erhitzen. Zwiebel anrösten, bis sie nicht mehr scharf riecht.

2 Kürbis kurz mitbraten, salzen. Mit Wasser aufgießen und zudecken.

3 15 Minuten bei niedriger Flamme kochen lassen und danach unter Azuki Bohnen rühren oder separat auf dem Teller anrichten.

# Fenchel gedünstet
## mit Kapern-Senfsauce

4 Knollen Fenchel (in Scheiben geschnitten)
¾ Tasse Wasser
1 Prise Salz

**Kapern-Senfsauce:**
4 EL Kapern (fein gehackt)
5 EL Senf
1 Glas Gurken (fein geschnitten)
½ Tasse Suppensud od. Wasser
2 EL Shiro Miso
2 EL Olivenöl
1 Zehe Knoblauch (fein gehackt und gebraten)

1 Wasser erhitzen, Fenchel hinzufügen und salzen.

2 Zugedeckt 10–15 Minuten auf kleiner Flamme dünsten.

Zubereitung Kapern-Senfsauce:

1 Alle Zutaten im Standmixer vermengen.

# Frühkraut
## mit Balsamicodressing

1 kleiner Kopf Frühkraut (mit Strunk achteln)
1 ½ Tassen Wasser

**Zutaten Balsamicodressing:**
1 EL Olivenöl
2 EL Balsamicoessig
2 EL Wasser
1 TL Tamari

1 Das Frühkraut im Dämpfsieb 5–7 Minuten dämpfen lassen. Warm oder kalt mit Dressing servieren.

Zubereitung Balsamicodressing:

1 Alle Zutaten verrühren.

# Getreide Variationen

Der Getreideanteil einer Mahlzeit sollte je nach Körpertyp und persönlichem Bedürfnis etwas höher sein als der Eiweißanteil. Am wertvollsten ist Getreide in ganzer Form (bei Getreide-Basics beschrieben).

## Polentaknödel

### mit Pesto gefüllt

- 2 ½ Tassen Wasser
- 1 Tasse Maisgrieß (Polenta mitte grob)
- 1 EL Olivenöl
- ½ TL Meersalz

**Zutaten Basilikum Pesto:**

- 1 Pkg. (1 ½ Tassen) Kürbiskerne oder Mandeln
- 4 Handvoll Basilikum
- 1 ½ TL Meersalz
- 1 EL Rosinen
- ½ Tasse Olivenöl
- 2 EL Zitronensaft
- ½ Umeboshi-Pflaume (optional)
- 1 Knoblauchzehe (gebraten, optional)

1 Wasser zustellen, salzen, Olivenöl dazugeben und aufkochen lassen. Unter ständigem Rühren den Maisgrieß einrühren (ca. 2 Minuten) bis die Polenta dickflüssig wird. Danach 45 Minuten bei kleiner Flamme ziehen lassen.

2 Polenta auskühlen lassen und kleine Knödel mit 1 gehäuften Teelöffel Pesto füllen. (Dabei beachten, dass die Hände feucht sind.)

3 Vor dem Anrichten 5 Minuten im Dampfgarer oder im Dämpfsieb dämpfen.

Zubereitung Basilikum Pesto:

1 Alle Zutaten im Standmixer auf höchster Stufe fein pürieren.

# Kürbisgnocchi

**Utensilien:**
Einwegspritzsack

**Zutaten GLF:**
4 kleine Hokkaido Kürbisse (entkernt; in großen Scheiben)
1 ¼ Tassen Buchweizenmehl
¼ TL Zimt
8 ½ Tassen Wasser
1 ½ EL Salz

**Zutaten NICHT GLF:**
4 kleine Hokkaido Kürbisse (entkernt; in großen Scheiben)
1 ¼ Tassen Dinkelmehl 1050
¼ TL Zimt
8 ½ Tassen Wasser
1 ½ EL Salz

**Zutaten Sauce GLF:**
½ Tasse Olivenöl
1 EL Rosmarin
1 EL Salbei
1 Zehe Knoblauch (gedrittelt)

1 Hokkaido Kürbisse auf ein mit Backpapier ausgelegtes Backblech legen, in Alufolie einwickeln und mit der Gabel mehrmals anstechen. Ein kleines Schüsselchen mit Wasser ins Backrohr stellen, damit der Kürbis nicht zu sehr austrocknet. Im Rohr bei 180 °C ca. eine Stunde backen. Der Kürbis sollte ganz durchgegart sein.

2 Kürbisfleisch von der Schale trennen und mit dem Handmixer zu einer feinen Paste verrühren. Auskühlen lassen.

3 Mehl und Zimt mit der Kürbismasse vermengen und in einen Spritzsack füllen.

4 Wasser zum Kochen bringen, salzen. Den Spritzsack vorne kürzen, sodass die Öffnung ca. 1 ½ cm Durchmesser hat. Dann 2 ½ cm lange Gnocchi mit einer nassen Schere ins kochende Salzwasser hinein schneiden.

5 Gnocchi 5 Minuten wallen lassen. Sobald sie zur Oberfläche aufschwimmen, sind die Gnocchi gar. Mit einem Sieb herausnehmen und mit Sauce anrichten.

Zubereitung Sauce:

1 Olivenöl leicht erhitzen, Kräuter und Knoblauch 10 Minuten darin ziehen lassen.

2 Knoblauch entfernen.

**Gnocchi sind zwar ein** aufwendigeres Gericht, schmecken aber köstlich und sind deshalb einen Versuch wert. Sie können sie auch noch mit Tofuparmesan (siehe S. 246) bestreuen. Rettichpickles, gekochter Gemüsesalat & Tempeh machen es zu einem balancierten Gericht.

# Hirsepüree mit Bratensaft

1 Tasse Hirse
1 Zwiebel (fein gehackt)
1 EL Kokos-, oder Olivenöl
2 Tassen Blumenkohl (kleingeschnitten)
2–2 ½ Tassen Wasser oder Suppensud
½ TL Salz
1 EL Olivenöl (zum Anrichten)
½–1 Tasse Suppensud und ½ Tasse Sojamilch (zum Untermischen)

1. Die Zwiebel in Öl anbraten, Hirse hinzufügen und mitbraten.
2. Danach alle übrigen Zutaten beifügen, mit Wasser oder Suppensud aufgießen und bei geringer Temperatur 30 Minuten köcheln lassen.
3. Die Hirse mit dem Pürierstab pürieren. Falls das Püree etwas zu dickflüssig ist, kann man es mit etwas Suppensud verdünnen.
4. Kurz stehen lassen und dann erst mit Bratensaft servieren.

**Zutaten Bratensaft:**
⅓ Tasse Dinkelmehl
2 EL Kokos-, Brat-, oder Olivenöl
2 Tassen kaltes Wasser
1 EL Tamari
½ TL Salz
1 EL Salbei (getrocknet)
1 EL Petersilie

Zubereitung Bratensaft:

1. Öl erhitzen, Mehl einstreuen und unter ständigem Rühren anschwitzen.
2. Den Topf etwas abkühlen lassen und danach die übrigen Zutaten außer der Petersilie hinzufügen.
3. Das Wasser unter ständigem Rühren langsam hinzufügen, dann zum Kochen bringen und auf kleiner Flamme 15 Minuten köcheln lassen, dabei öfters umrühren.
4. Zum Schluss erst die Petersilie unterrühren und die Sauce mit dem Pürierstab pürieren.

# Erbsenreis

1 ½ Tassen Langkornreis
3 Tassen Wasser
1 Tasse Erbsen
1 TL Oregano
1 Prise Salz

1. Reis mehrmals gut waschen, mit Wasser zustellen und zum Kochen bringen. Salzen und mit Oregano würzen. Reis zugedeckt 30 Minuten auf mittlerer Flamme köcheln lassen.
2. Danach die Erbsen hinzufügen, nicht unterrühren und zugedeckt weitere 15–20 Minuten köcheln lassen, dann verrühren.

# Tiroler Bauernknödel

2 Tassen Hirse
½ TL Salz
4 ½ Tassen Wasser
1 Tasse Zwiebel (feingehackt)
1 EL Oliven- oder Bratöl
¾ Tasse Petersilie (feingehackt)
½ –1 TL Meersalz
1 Pkg. Räuchertofu (in kleine Würfel geschnitten)
½ Tasse Buchweizenmehl

1 Hirse mehrmals waschen und mit Wasser zum Kochen bringen, salzen und zugedeckt 30 Minuten köcheln lassen.

2 Zwiebeln in Öl anbraten, bis sie nicht mehr scharf riechen. Räuchertofu zu den Zwiebeln geben. 5 Minuten mitbraten und danach beiseite stellen.

3 Hirse in eine große Schüssel geben und kurz auskühlen lassen. Die restlichen Zutaten hinzufügen.

4 Kleine Knödel formen. Einen Topf mit ca. 2 cm Wasser befüllen. Das Dämpfsieb einlegen und Knödel ins Dämpfsieb legen. Zugedeckt 5–7 Minuten dämpfen. 2. Variante: Im Dampfgarer bei 95 °C 5 Minuten garen.

**Die Knödel schmecken sehr** gut zu Ragouts oder Eintöpfen und Kinder lieben sie.

# Quinoa Taboulé

2 Tassen Quinoa
3 ½ Tassen Wasser
2 Karotten (kleinwürfelig geschnitten)
1 Zucchini (kleinwürfelig geschnitten)
½ Tasse Zitronensaft oder
1–2 EL Umeboshi-Essig
2 EL Wasser
1 Bund Petersilie (fein gehackt)
2 EL Olivenöl
1 große Gurke (gepresst, siehe S. 84)

1 Quinoa mehrmals waschen und mit Wasser zum Kochen bringen, salzen und zugedeckt ca. 30 Minuten köcheln lassen.

2 Karotten in Olivenöl 3 Minuten braten, danach die Zucchini dazugeben und nochmals 3 Minuten braten. Im Sommer kann man das Gemüse auch einfach roh hinzufügen.

3 Gepresste Gurke fein hacken und alle Zutaten miteinander vermengen.

4 Mit Oliven Ihrer Wahl garnieren.

**Dieser Getreidesalat ist sehr** erfrischend, als herbstliche Variante kann er mit anderen Gemüsearten und ohne Zitronensaft warm gegessen werden.

# Hirse Couscous

1 Hirse mehrmals heiß waschen, mit Wasser zustellen, aufkochen, salzen und zugedeckt 20 Minuten auf kleinerer Flamme köcheln lassen. 15 Minuten ohne Hitze ziehen lassen.

2 Die Hirse in eine große Schlüssel geben, mit Öl beträufeln und mit den Händen durchmischen. Die Hirse soll bröselig sein und nicht zusammenkleben.

- 1 ½ Tassen Hirse
- 2 ½ Tassen Wasser
- Prise Meersalz
- 1 EL Olivenöl

# Fisolen-Wildreis-Risotto

1 Reissorten waschen, Wasser zum Kochen bringen, salzen, zudecken und 40 Minuten zugedeckt auf kleiner Flamme köcheln lassen. Kürbis und Fisolen hinzufügen und nochmals 15 Minuten köcheln lassen.

2 Suppensud, Kapern und Tamari hinzufügen und weitere 5 Minuten ziehen lassen.

3 In einer schweren Pfanne Mandelsplitter goldgelb braten und mit Malz und Tamari würzen. Bei kleiner Flamme trocken rösten und danach gleich aus der Pfanne nehmen.

4 Mit Mandelsplittern und Basilikum garnieren. Mit gepresstem Salat, gedämpftem Gemüse und gebratenem Tofu, Seitan oder Fisch für Nicht-Veganer servieren.

- ½ Tasse Wildreis (gewaschen)
- 1 ½ Tassen brauner Rundkornreis (gewaschen)
- 4 ½ Tassen Wasser
- ½ TL Meersalz
- 1 Hokkaido Kürbis (entkernt, kleinwürfelig geschnitten)
- 250 g Fisolen (geputzt, gedrittelt)
- 3 EL Kapern (feingehackt)
- ½ Tasse Wasser oder Suppensud
- ½ Tasse geröstete Mandelsplitter
- 1 EL Malz
- 1 TL Tamari
- 10 Basilikumblätter (zum Garnieren)
- 1 Pkg. sonnengetrocknete-Tomaten-Tofu (in Scheiben geschnitten)

**Bei allen Rezepten am** Anfang eventuell leicht nachwürzen und nach dem Abschmecken kurz köcheln lassen. Weniger Salz bedeutet weniger Verlangen nach Süßem.

# Eiweiss Variationen

**Eiweiß ist ein sehr wichtiger Teil des Balance Tellers. Fehlt Eiweiß in der Mahlzeit, wird das Verlangen nach Kohlenhydraten größer. Auch im Kapitel Eiweiß-Basics finden Sie dazu weitere schmackhafte Anregungen.**

## Eintopf „Papas Gerstbrein“

1 ¼ Tassen Rollgerste
2 ½ Tassen Wasser
½ TL Meersalz
1 ¼ Tassen weiße Bohnen
5 Tassen Wasser (zum Einweichen)
4 Tassen Wasser (zum Kochen)
5 cm Kombu Alge (gewaschen)
1 Stange Lauch (feinnudelig geschnitten)
1 EL Kokos- oder Olivenöl
3 Karotten (gewürfelt)
3 Zehen Knoblauch (fein gehackt)
3 kleine Selleriewurzeln (kleinwürfelig geschnitten)
2 Petersilienwurzeln (kleinwürfelig geschnitten)
1 Pkg. Räuchertofu (kleinwürfelig geschnitten)
1 TL Eratöl
1 EL Malz
4–5 EL Reismiso
1–2 EL Tamari oder
¼ TL Meersalz
6 Tassen Suppensud
2 EL Petersilie (gehackt)

1 Bohnen über Nacht einweichen, Wasser abgießen und Bohnen abspülen. Danach Wasser hinzufügen und mit Kombu Alge aufkochen.

2 30 Minuten ohne Deckel kochen, Schaum abschöpfen. Danach den Deckel schließen und im Druckkochtopf weitere 30 Minuten am 1. Ring kochen.

3 Die Gerste waschen und aufkochen, salzen und zugedeckt 30 Minuten köcheln lassen. Lauch, Knoblauch und Wurzelgemüse in Kokosöl anbraten und der Gerste beifügen. 20 Minuten zugedeckt weiterköcheln lassen, das Gemüse sollte weich sein.

4 Die Bohnen, die Gerste und das Gemüse vermischen und mit dem restlichen Suppensud aufgießen. Mit Miso, Malz und Salz würzen. 5 Minuten ziehen lassen.

5 Räuchertofu in Öl kurz anbraten.

6 Den „Gerstbrein“ in einem tiefen Teller mit Räuchertofustücken anrichten und mit gehackter Petersilie garnieren.

**Meine Mutter hat früher** oft diese Lieblingsspeise meines Vaters – eine altösterreichische Spezialität, die in Kärnten ***Ritschert*** genannt wird – zubereitet. Am nächsten Tag schmeckt sie sogar noch besser! **Wenn Sie den Gersteneintopf lieber** weniger dickflüssig genießen wollen, verlängern Sie ihn mit etwas Suppensud und würzen Sie nach.

# Italienisches Belugalinsen-Ragout

- 1 ½ Tassen Belugalinsen
- 3–4 Tassen Wasser
- 5 cm Kombu Alge
- 1 EL Umeboshi-Essig
- 1 Stange Lauch (feinnudelig geschnitten)
- ½ Tasse sonnengetrocknete Tomaten (in kleine Stücke geschnitten)
- 1 EL Malz
- 1 EL Basilikum (getrocknet)
- ¼ –½ TL Salz
- 1 EL Reismiso
- 2 EL Wasser
- 2 Knoblauchzehen (feingehackt; optional)
- 1 EL Olivenöl
- 1 Tasse Suppensud/Wasser
- Basilikumblätter (zum Garnieren)

1. Linsen waschen, mit Kombu Alge, Basilikum und Wasser aufkochen und zugedeckt 30 Minuten auf mittlerer Flamme kochen lassen. Danach Kombu Alge entfernen.
2. Lauch und Knoblauch in Öl anbraten, zu den Linsen geben.
3. Tomaten und Malz hinzufügen und für weitere 10 Minuten köcheln lassen.
4. Reismiso mit Wasser verrühren, zu den Linsen geben und 5 Minuten bei kleiner Flamme ziehen lassen. Sollten die Linsen zu trocken sein, fügen Sie noch etwas Suppensud hinzu.
5. Mit frischen Basilikumblättern garnieren.

# Mexikanischer Bohneneintopf

- 2 Tassen schwarze Bohnen (mind. 8 Stunden eingeweicht)
- 8 Tassen Wasser (zum Einweichen)
- 6 Tassen Wasser (zum Kochen)
- 5 cm Kombu Alge (gewaschen)
- ¼–½ TL Meersalz
- 3 EL Tamari
- 1 Glas Mais
- 2 Zucchini (gewürfelt)
- 2 Süßkartoffeln (gewürfelt)
- 1 EL Ingwer
- 1 EL Kokos- oder Erdnussöl
- 1–2 Tassen Suppensud/Wasser

1. Schwarze Bohnen mit Wasser und Kombu Alge im Druckkochtopf aufkochen, 30 Minuten offen kochen. Schaum abschöpfen. Danach Deckel schließen und am 1. Ring weitere 30 Minuten kochen. Mit Tamari und Salz würzen, weitere 10 Minuten köcheln lassen. Ganz kurz pürieren – die Bohnen sollen nicht ganz fein püriert sein, sondern eine cremige Konsistenz haben. Mit etwas Suppensud aufgießen.
2. Süßkartoffeln, Zucchini und Ingwer in Erdnuss- oder Kokosöl anbraten, salzen und mit einer Tasse Suppensud löschen. Mit Salz würzen und 15 Minuten zugedeckt köcheln lassen. Maiskörner untermischen. Gemüse zu den Bohnen geben und einige Minuten ziehen lassen.

**Den Bohneneintopf mit Quinoa,** gedämpftem Gemüse und Gemüsepickles servieren.

# Tempeh gebraten
## mit Teriyaki-Sauce

1 Tempeh waagrecht in der Mitte durchschneiden und für Filets dritteln (in der Rolle verpackten Tempeh nur in ½ cm-Scheiben schneiden).

2 Öl in der Pfanne erhitzen. Tempehscheiben kurz anbraten.

3 Mit Suppensud und Tamari aufgießen, dann 25 Minuten bei niedriger Flamme köcheln lassen.

4 Die Tempehschnitten herausnehmen, Teriyaki-Sauce erwärmen, über den Tempeh gießen. Mit Quinoa, lang gekochtem Gemüse, Algensalat & Gurkenpickles servieren.

Zubereitung Teriyaki-Sauce:

1 Alle Zutaten miteinander verrühren und einige Stunden in einem verschließbaren Glas ziehen lassen, oder, wenn es schnell gehen soll, 15 Minuten auf kleiner Flamme ziehen lassen und danach Knoblauch und Ingwer abseihen.

**Zutaten Tempeh:**
1 Pkg. Tempeh
1 EL Brat- oder Kokosöl
1 EL Tamari
1 Tasse Suppensud

**Zutaten Teriyaki-Sauce:**
⅔ Tasse Tamari
½ Tasse Wasser
3 Zehen Knoblauch (optional; feingehackt)
3 cm Ingwerwurzel (geschält, fein gehackt)
1 EL Mirin
2 EL Reismalz
1 EL Reisessig

# Tempeh-Filets
## mit Rosmarinmarinade

1 Rohr auf 170 °C vorheizen. Marinierten Tempeh auf ein Blech legen, 30 Minuten backen, bis die Flüssigkeit verdunstet ist.

2 Tempeh mit Pasta oder Salaten anrichten.

Zubereitung Rosmarin-Marinade:

1 Alle Zutaten verrühren und Tempeh damit übergießen.

**Zutaten Tempeh:**
1 Pkg. Tempeh (in ½ cm Filets geschnitten)

**Zutaten Marinade:**
3 EL Zitronensaft
1 EL Balsamicoessig
2 EL Tamari
1 TL Rosmarin (frisch)
1 ½ EL Olivenöl

# Seitan-Schnitzel mit Ketchup

1 Glas Dinkelseitanfilets
3 EL Kuzu
6 EL Wasser
1 ¼ Tassen Dinkelbrösel hell
1 Tasse Brat- oder Kokosöl

**Zutaten Ketchup:**
1 ½ Tassen passierte Tomaten
½ TL Meersalz
1 TL Olivenöl
1 EL Malz
1 EL Kuzu
3 EL Wasser

1. Kuzu mit Wasser in einem Suppenteller anrühren.
2. Die Seitan-Schnitzel werden ausgedrückt und (statt in Ei) in der Kuzu-Mischung gewendet. Danach gleich in Dinkelbröseln wenden und diese fest drücken.
3. Fett erhitzen (Vorsicht, das Öl darf nicht rauchen!). Die Schnitzel auf jeder Seite goldgelb anbraten.
4. Die Schnitzel mit Küchenpapier gut abtupfen.
5. Die Dinkelfilets werden mit selbstgemachtem Ketchup, Sauerkraut, Basmatireis, gedämpftem Gemüse und Salat serviert.

Zubereitung Ketchup:

1. Tomatensauce aufkochen, salzen, Kuzu mit Wasser im verschließbaren Glas aufschütteln, einrühren und 2 bis 3 Minuten köcheln lassen.
2. Malz und Olivenöl beigeben. In der Umstellungsphase eventuell etwas mehr salzen.

---

**Kinder wollen zum „Schnitzel“** meistens Ketchup. Sie lieben diese zuckerfreie Variante. Kinder können ab und zu Tomaten oder Kartoffeln essen, jedoch sollte es keine Dauernahrung sein.

# Seitan-Kalbsvogerl

- 2 Gläser Dinkelseitan
- ½ Selleriewurzel (in Streifen geschnitten)
- 2 Karotten (in Streifen geschnitten)
- 4 Essiggurken (in Streifen geschnitten)
- 4 EL Dijon Senf
- 2 EL Brat- oder Olivenöl

1 Dinkelfilets ausdrücken und mit ca. 1 TL Senf bestreichen.

2 Wasser zustellen, Dämpfsieb einlegen und Gemüse (außer Essiggurken) 4 bis 5 Minuten dämpfen.

3 Das Filet mit 2–3 Gemüsestreifen und Gurken belegen und einrollen. Mit einem Zahnstocher fixieren.

4 Öl in einer schweren Pfanne erhitzen und die Filetröllchen auf jeder Seite 2 bis 3 Minuten anbraten.

5 Mit Erbsenreis, gedämpftem Gemüse und gepresstem Salat servieren.

# Mungbohnen-Dhal

200 g geschälte Mungbohnen
8 Tassen Wasser
1 kl. Hokkaido Kürbis (kleinwürfelig geschnitten)
1 TL Kurkuma
2 TL Koriander gemahlen
2 TL Ingwer gerieben
1 TL Kokos- oder Palmöl
1 TL Kreuzkümmel
1 EL Umeboshi-Essig
½–1 TL Meersalz
1 Brokkoli-Röschen

1 Mungbohnen waschen und 2–3 Stunden einweichen. Wasser abschütten.

2 Die Bohnen mit Kurkuma, Koriander und Ingwer in frischem Wasser aufkochen und auf mittlerer Flamme 45 Minuten köcheln lassen.

3 Kürbis dazugeben und weitere 15 Minuten köcheln.

4 Kokosöl erhitzen. Kreuzkümmel kurz darin rösten (ca. eine Minute) und zum Dhal hinzufügen.

5 Brokkoli, Salz und Umeboshi-Essig dazugeben und 5 Minuten köcheln.

6 Mit Basmatireis oder Quinoa und Salat servieren.

# Soami Kichererbsen-Dhal

2 Tassen Kichererbsen (mind. 8 Std. eingeweicht)
6 Tassen Wasser (zum Einweichen)
5 Tassen Wasser (zum Kochen)
5 cm Kombu Alge
optional: ½ TL Asafoetida* oder Bohnenkraut
4 Karotten (schräg in Scheiben geschnitten)
1 EL Kokosöl
1–2 EL Curry mild
1–2 EL Ingwer (gerieben)
2 EL Tamari
½–1 TL Meersalz
2 EL Reismalz
1 EL Zitronensaft
½ Tasse Kokosmilch

1 Kichererbsen-Einweichwasser abgießen, die Kichererbsen nochmals gut spülen.

2 Kichererbsen mit Kombu Alge und Asafoetida* im Wasser ohne Deckel im Druckkochtopf ca. 30 Minuten kochen lassen. Schaum abschöpfen, Deckel schließen und 30 Minuten im Druckkochtopf am ersten Ring kochen. Danach salzen und die Karotten dazugeben. Offen 10 Minuten weiterköcheln lassen.

3 Curry und Ingwer in Kokosöl kurz anbraten und zu den Kichererbsen dazugeben. Tamari und Salz hinzufügen und noch weitere 15 Minuten köcheln lassen. Malz und Zitronensaft einrühren.

4 Eine Tasse Kichererbsen entnehmen, den Rest fein pürieren. Kokosmilch und restliche Kichererbsen unterrühren, kurz ziehen lassen.

**Wenn Sie genug Hitze** in sich haben: Dhal mit Korianderblättern garnieren. Wenn Sie leicht frieren: Dhal mit Ingwer und Kreuzkümmel würzen. **Zu einem Balance Teller** gehören noch Ingwerpickles, gedämpftes Gemüse und Salat. Ideale Beilage: Basmatireis.



*Mit * gekennzeichnete Begriffe (und viele weitere) sind im Glossar beschrieben.*

# Dinkelseitan-Wildragout

- 1–2 Gläser Dinkelseitan (großwürfelig geschnitten)
- 4 Schalotten (geviertelt)
- 1 EL Brat- oder Kokosöl
- 1 mittelgroßer Hokkaido Kürbis (großwürfelig geschnitten)
- 1 Sellerieknolle (großwürfelig geschnitten)
- 1 ½ TL Thymian
- 1 TL Rosmarin
- 1Tasse Suppensud
- 1 EL Olivenöl
- 5 EL Dijonsenf
- 2 EL Tamari
- ½ TL Meersalz
- 1 Umeboshi-Pflaume (zerdrückt)
- 1 EL Olivenöl

1 Schalotten in Bratöl kurz anbraten.

2 Gemüse kurz mitbraten, Kräuter dazugeben, salzen und mit Suppensud aufgießen.

3 Zugedeckt eine ½ Stunde bei geringer Temperatur köcheln lassen und danach die restlichen Zutaten dazugeben und pürieren. Seitanstücke beimengen und 5–10 Minuten durchziehen lassen.

4 Im Herbst und Winter die Seitanstücke mit 1 EL Öl vermischen und bei 180 °C ca. 20 Minuten im Rohr backen. Einen Teil davon vor dem Anrichten in die Sauce geben, den Rest über der Sauce verteilen, d.h. ein Teil wird in der Sauce weicher, der zweite Teil bleibt knusprig.

# Tofu-Wildragout

- 1 Pkg. (ca. 400 g) Tofu (in 1 ½ cm große Stücke geschnitten)
- 1 EL Brat- oder Kokosöl
- 2 EL Tamari
- 2 EL Mirin
- 2 EL Wasser

1 Tofuwürfel auf ein Backblech geben.

2 Tamari, Mirin und Wasser verrühren und über den Tofu gießen. Bei 180 °C 20 Minuten im Rohr braten.

3 Wie im Rezept oben mit Gemüsesauce vermengen oder unterrühren.

**Dieses Gericht schmeckt herrlich** mit Reis oder Hirseknödel, als Beilage Rotkraut, Chinakohl- oder Gemüsesalat und Rettichpickles. **Die traditionelle Preiselbeermarmelade** passt sehr gut zu beiden Gerichten.

DANKE.

# Partyfood

Überraschen Sie Ihre Gäste mit herrlichen Gerichten, die nicht nur wunderbar schmecken, sondern auch sehr bekömmlich sind! Bei diesen Speisen beziehen sich die Mengenangaben auf 8 bis 10 Personen.

## Süsskartoffelgratin mit Kichererbsen-Bechamelsauce

**Utensilien:**
Auflaufform (30,5 x 23 x 5 cm)

- 3–4 mittelgroße Süßkartoffeln (ca. 1 kg, grob geraspelt)
- 1 kleine Pkg. Räuchertofu (fein gerieben)
- 2 Tassen Zwiebelchutney (siehe S. 256)
- ¾ Tasse Sonnenblumenkerne
- 1 EL Olivenöl (zum Befetten)
- 1 EL Buchweizenmehl f. die Form

**Zutaten Kichererbsen-Bechamelsauce GLF:**

- 1 EL Bratöl
- 1 Tasse Kichererbsenmehl
- ½ Tasse Buchweizenmehl
- 1 Tasse Sojamilch oder (NICHT GLF) Hafermilch
- 3 Knoblauchzehen (fein gehackt, optional)
- 1 TL Meersalz
- 2 EL Tamari
- 4 Tassen Suppensud
- 1 EL Salbei (fein gehackt)

1 Eine Auflaufform einfetten und bemehlen. Das Backrohr auf 180 °C vorheizen.

2 1 Tasse Bechamelsauce in die Form füllen. ⅓ der Süßkartoffeln darauf schichten und 1 Tasse Zwiebelchutney darüber verteilen. Danach wieder Bechamelsauce, Süßkartoffeln und 1 Tasse Zwiebelchutney. Als letzte Schicht die Bechamelsauce mit Räuchertofu vermengt und die Sonnenblumenkerne darüber verteilen. Der Auflauf sollte ca. 45 Minuten backen. Nach 20 Minuten mit Butterpapier abdecken und weiterbacken lassen.

Zubereitung Bechamelsauce:

1 Zwiebeln in Öl anbraten, bis der scharfe Geruch verschwindet. Mehle dazugeben und unter ständigem Rühren kurz anschwitzen. Mit Soja- od. Hafermilch aufgießen, Meersalz, Tamari, Salbei und Knoblauch dazugeben und gut mit der Schneerute verrühren.

2 Suppensud dazugeben und mit Pürierstab durchrühren, bis die Bechamelsauce ganz fein ist. Unter ständigem Rühren 5 Minuten köcheln lassen. Bei Bedarf ein wenig nachwürzen.

3 Die Bechamelsauce in 3 Teile teilen. ⅓ mit Räuchertofu für die letzte Lage verrühren.

**Die Kichererbsen-Bechamelsauce eignet sich** für alle Auflauf Variationen. Im Herbst und im Winter sind Aufläufe ganz besonders bekömmlich. Blanchiertes Gemüse, gepresste Salate und ein Esslöffel frisches Sauerkraut passen hervorragend dazu.

# Vegane Lasagne

## für ca. 12 Personen

**Utensilien:**
1 Form (42 x 29 x 4,5 cm)

**Zutaten Nomato-Sauce:**
8 kl. Zwiebeln (geachtelt) oder Schalotten (geviertelt), ca. 460 g
¼ Tasse Olivenöl
12 mittelgroße Karotten (gedrittelt), ca. 900 g
2 kleine Rote Bete (in kleine Stücke geschnitten)
optional: 1 EL Knoblauch (fein gehackt)
1 Tasse Suppensud/Wasser
1 EL Tymian (frisch od. gerebelt)
2 EL Rosmarin (gerebelt)
4 EL Basilikum (gerebelt)
2 EL Reisessig oder 1 EL Apfelessig
1–2 EL Meersalz
1 Tasse Oliven schwarz (kernlos, fein geschnitten)

**Zutaten Kamut-Bulgur:**
¾ Tasse Kamut-Bulgur
1 ¼ Tassen Wasser
⅛ TL Salz

**Zutaten Tofu-Ricotta**
1,3 kg Tofu (abgetrocknet)
6 EL Olivenöl
2 EL Basilikum (frisch oder gerebelt)
2 EL Rosmarin (frisch oder gerebelt)
½ Tasse Zitronensaft
1–2 TL Meersalz

Zubereitung Nomato-Sauce:

1 Zwiebeln bei mittlerer Temperatur in Öl anbraten, den Knoblauch und die restlichen Zutaten (außer die Oliven) beigeben, das Gemüse ca. 35 Minuten köcheln lassen. Es sollte ganz weich sein. Im Druckkochtopf beträgt die Kochzeit nur 15–20 Minuten.

2 Das Gemüse pürieren und die geschnittenen Oliven hinzufügen.

Zubereitung Kamut-Bulgur:

1 Wasser zum Kochen bringen und salzen. Kamut- oder Buchweizenbulgur einstreuen und bei niedriger Temperatur 30 Minuten köcheln lassen.

2 Den Kamut-Bulgur in die Nomato-Sauce einrühren.

Zubereitung Tofu-Ricotta:

1 Alle Zutaten mit einem Standmixer pürieren.

Zubereitung Zucchini:

1 Öl in einer Pfanne etwas erhitzen und Knoblauch und Zucchini 5 Minuten anbraten. Salzen und immer wieder umrühren.

2 Danach zur Seite stellen und auskühlen lassen.

**Zutaten Zucchini:**

8–10 Zucchini (ca. 2 kg, geraspelt)

1 EL Oliven- oder Kokosöl

½–1 TL Salz

4 Knoblauchzehen (gehackt; optional)

Zubereitung Nudeln:

1 Wasser zum Kochen bringen, Öl hinzufügen und salzen. Immer nur 3–4 Nudeln auf einmal in den Topf geben und 5 Minuten kochen lassen.

2 Einzeln mit einer Nudelzange aus dem Wasser nehmen und auf einem Backpapier nebeneinander auflegen.

**Zutaten Nudeln:**

2–3 Pkg. Dinkel-Lasagne-Nudeln (625 g)

8 ½ Tassen Wasser (ca. 2 Liter)

½ TL Meersalz

1 EL Olivenöl

Zubereitung Lasagne:

1 Das Backrohr auf 180 °C vorheizen.

2 2 Auflaufformen einfetten. Etwas rote Sauce am Boden verteilen, danach eine Lage Nudeln leicht überlappend einlegen. Wieder mit etwas Sauce bedecken und ca. 1 Tasse der Zucchini darüber verteilen.

3 Nächste Lage Nudeln schichten, ca. 1 ½ Tassen Tofu Ricotta darüber streichen und wieder Zucchini darüber verteilen.

4 Für die letzte Lage sollten die Zutaten wie folgt geschichtet werden: zuerst die Nudeln, danach die rote Sauce und zum Schluss den Tofu Ricotta.

5 Die Lasagne ca. 45 Minuten backen. Der Tofu-Ricotta sollte goldbraun sein.

**Zur Lasagne empfehle ich** gedämpften Gemüse- oder Vogerlsalat und Pickles zu servieren und anschließend ein leichtes Dessert, z. B. Fruchtgelee oder bei sommerlichen Temperaturen ein Sorbet. **Nomato-Sauce (rote Sauce)** kann man auch in doppelter Menge zubereiten. Sie eignet sich auch hervorragend für Pasta und Dressings oder für Suppen.

# Nori Maki
## (Sushi-Röllchen)

**Utensilien:**
Sushi-Matte
scharfes Messer

**Zutaten Reis:**
4 ⅓ Tassen Rundkorn Reis
5 Tassen Wasser
½ TL Meersalz
2 EL Reisessig
3 EL Malz
6 EL Sesam (geröstet)

Zubereitung Reis:

1 Den Reis gut waschen und mit Wasser aufkochen, salzen und im Druckkochtopf am ersten Ring 40 Minuten auf mittlerer Flamme köcheln lassen. Danach beiseite stellen, 10 Minuten rasten und das Ventil absinken lassen.

2 Den Druckkochtopf öffnen, die restlichen Zutaten untermischen, auf ein Blech gleichmäßig aufstreichen und 20 Minuten auskühlen lassen.

3 Dann mit Frischhaltefolie abdecken, sodass der Reis an der Oberfläche nicht hart wird. Einige Löcher in die Folie stechen, damit die warme Luft entweichen kann. Der Reis sollte völlig ausgekühlt sein.

**Zutaten Fülle:**
1 Pkg. (à 200 g) Tempeh
1 TL Brat- oder Erdnussöl
1 EL Tamari
1 Tasse Wasser/Suppensud
3 Karotten (in Streifen geschnitten)
1 Gurke (in Streifen geschnitten, gepresst, siehe S. 84)

Zubereitung Fülle:

1 Tempeh in Filets schneiden und in Öl anbraten.

2 Mit Tamari und Wasser aufgießen und 20 Minuten köcheln lassen, bis das Wasser verkocht ist, danach erst den Tempeh in ½ cm dicke Streifen schneiden.

3 Karotten 3–5 Minuten dämpfen und auskühlen lassen.

Zubereitung Sushi-Röllchen:

1 Nori Alge auf die Sushi-Matte legen (die glänzende Seite außen).

2 Den Reis zu zwei tennisballgroßen Kugeln formen.

3 Die zwei Reisbälle auf die Alge legen und in der Länge bis zu ⅔ (seitlich bis zum Rand) auf der Nori Alge verteilen. Reis festdrücken.



*Fortsetzung auf der nächsten Seite!*

4 Nach dem ersten Drittel mit je 1–2 Gurken- und Karottenstreifen sowie Tempeh belegen und mit 1 TL Tahin-Miso-Creme bestreichen. Für die Avocado Variante die Tahin-Miso-Creme weglassen und nur mit Umeboshi-Paste bestreichen.

5 Einrollen (siehe Foto). Das Wichtigste beim Einrollen ist, die Rolle nach unten und in Körperrichtung zu drücken. Nicht zu fest drücken, denn sonst quillt die Fülle seitlich heraus.

6 Die Rolle kurz mit der Naht nach unten beiseite stellen. Sobald alle Rollen fertig sind, mit einem feuchten, scharfen Messer 1 ½ cm breite Makis abschneiden. Als wohlschmeckende Begleiter zu den Nori Maki eignen sich Wasabipaste und Ingwerpickles.

Zubereitung Sushi-Sauce:

1 Tamari, Mirin und Wasser miteinander verrühren.

**Zutaten Sushi-Sauce:**
2 EL Tamari
1 TL Mirin
1 EL Wasser

Zubereitung Tahin-Miso-Creme:

1 Umeboshi-Pflaume entkernen, fein hacken und mit dem Messer zu einer Paste zerdrücken.

2 Tahin, Miso und Umepaste mit Wasser verrühren.

**Zutaten Tahin-Miso-Creme:**
3 EL Tahin hell
3 EL Shiro Miso
3 Umeboshi-Pflaumen
1 EL Wasser

Im Sommer:
1 Avocado (in Streifen)
2 TL Umeboshipaste

Zubereitung Wasabipaste:

1 Die Zutaten miteinander verrühren.

2 Zu kleinen Kügelchen formen und neben den Maki anrichten.

**Zutaten Wasabipaste:**
1 TL Wasabipulver (am besten aus dem Bioladen)
½ TL Wasser

**Nori Maki sind anfangs** in der Herstellung etwas anspruchsvoll, aber schon beim zweiten Mal macht es großen Spaß! Sie schmecken köstlich und sind ein Highlight für jede Party. Für die Zubereitung dieser Sushi-Röllchen können auch andere Gemüse- oder Tofureste, sowie für Nicht-Veganer geräucherter Bio-Fisch verwendet werden. Als Hauptspeise sind Maki mit Miso-Suppe und gepresstem Salat ein köstliches Gericht. Sie lassen sich auch gut als Vorspeise für einen besonderen Anlass servieren oder auf Reisen mitnehmen.

# Quiche

**Utensilien:**
1 Blech oder
2 große Quicheformen, Ø 22 cm

**Zutaten Teigvariante GLF:**
- 3 ¼ Tassen Reismehl
- 2 Tassen Buchweizenmehl
- ¾ Tasse Kichererbsenmehl
- ½ Tasse Olivenöl
- 1 EL Olivenöl (zum Ausstreichen der Formen)
- 2 ¼ Tassen kaltes Wasser
- 1 TL Salz
- 1 EL Olivenöl zum Bestreichen

**Zutaten Teigvariante NICHT GLF:**
- 2 Tassen Dinkel-Vollmehl
- 2 Tassen Dinkelmehl Typ 1050
- 6 EL Olivenöl
- ½ TL Meersalz
- 290 ml Wasser
- 1 EL Olivenöl zum Bestreichen

Zubereitung Mürbteig:

1 Das Backrohr bei 160 °C Heißluft vorheizen.

2 Die trockenen Zutaten in eine Schüssel geben und gut verrühren.

3 Die flüssigen Zutaten vermischen, zu den Trockenen hinzufügen, mit einer Gabel verrühren und danach zu einem Teig zusammenkneten.

4 Den Teig zu einem rechteckigen Laib formen, mit Frischhaltefolie umwickeln und 20 Minuten im Kühlschrank rasten lassen.

5 Dann den Teig in 3–4 mm Scheiben in 2 Quicheformen oder auf ein Blech legen. Die Nähte mit den Fingern zusammendrücken. Den Teig seitlich an der Quicheform 1–2 cm hochziehen. Mit einer Gabel den Teig mehrmals anstechen.

6 Mit Belag füllen. Zwei Varianten für herzhaften Quiche-Belag finden Sie auf der rechten Seite!

**Die glutenfreie Teigvariante hat** einen starken Eigengeschmack. Sie eignet sich speziell für Menschen mit Zöliakie. **Für die Dinkelvariante** sollte der Tofu-Zwiebel Belag (nächste Seite) halbiert werden. **Quiche ist ein deftiges Gericht** und daher nur für Menschen mit starkem Verdauungsfeuer geeignet, ganz sensiblen Yogis ist sie also nicht zu empfehlen.

# Tofu-Zwiebel-Belag

## Die rustikale Variante

- 4 Pkg. (à 200 g) weißer Tofu
- 3 Pkg. (à 200 g) Räuchertofu
- 2 ½ Tassen Zwiebelchutney (siehe S. 256)
- 2 Knoblauchzehen (feingehackt, optional)
- 3 EL Tahin
- 2 EL Olivenöl
- 2 Umeboshi-Pflaumen (entkernt)
- ½–1 TL Meersalz

1 Alle Zutaten (außer Chutney) im Standmixer pürieren.

2 Zwiebelchutney mit dem Schneebesen unterrühren.

3 Den Belag gleichmäßig auf dem Mürbteigboden verteilen und bei 160 °C Heißluft 30 Minuten im Rohr goldbraun backen, dann mit Butterpapier belegen und weitere 10 Minuten backen.

# Rote-Bete-Lauch-Belag

## Die feine Variante

- 3 mittelgroße Rote Bete (ca. 400 g, geschält, grob geraspelt)
- 2 Stangen Lauch (½ cm breit)
- 2 EL Oliven- oder Bratöl
- 2 ½ Tassen Suppensud/Wasser
- ½ TL Salz
- ¼ Tasse Ume-Essig
- 2 EL Malz

**Zutaten Tofumasse:**

- 3 Pkg. (à 200 g) Räuchertofu
- ¾ Tasse Soja- oder Hafermilch
- ½ TL Meersalz
- 3 EL dunkles Tahin
- 2 EL Olivenöl

1 Öl erhitzen, Lauch anbraten, Rote Bete dazugeben und mitbraten.

2 Salzen, mit Umeboshi-Essig löschen, Malz hinzufügen und mit Suppensud aufgießen. Zugedeckt 40 Minuten köcheln lassen, bis die Flüssigkeit verdampft ist.

3 Für die Tofumasse alle Zutaten mit dem Standmixer zu einer Paste pürieren.

4 Gemüse und Tofumasse vermengen und auf den Mürbteig aufstreichen. Wie oben backen.

---

**Zur Quiche serviert man** am besten gedämpften Gemüsesalat und vor allem Ingwer- oder Rettichpickles.
Bei Verdauungsproblemen eignet sich der Rote-Bete-Lauch-Belag besser.
Quiche ist ein tolles Gericht für Partys und zum Mitnehmen und schmeckt auch kalt sehr gut!

# QUICKIES

Wenig Zeit? Keine Muße für ausgeklügelte Zubereitung? In diesem Kapitel geht alles schnell – und schmeckt & nährt!

## Österreichische Rotkrautfleckerln mit Pinoli

½ Kopf Rotkraut (ca. 700 g, feinnudelig geschnitten)
1 Zwiebel (feinwürfelig geschnitten)
1 TL Olivenöl
4 EL Umeboshi-Essig
4 EL Malz
1 Tasse Wasser oder Suppensud
1 TL Meersalz
1 EL Kümmel
1 EL Kuzu
3 EL Wasser
2–3 Tassen Suppensud
1 kl. Pkg. Räuchertofu (klein gewürfelt)
1 EL Olivenöl
½ Pkg. Pinienkerne (Pinoli)

**Zutaten Nudeln:**
2 Tassen Kamut oder Buchweizenfleckerln (GLF)
5 Tassen Wasser
½ TL Salz

1. Zwiebel in Olivenöl leicht anbraten, das Rotkraut und den Kümmel hinzufügen, mit Malz und Umeboshi-Essig würzen und mit Wasser oder Suppensud aufgießen. 20 Minuten köcheln lassen.
2. Das Nudelwasser zum Kochen bringen und salzen. Nudeln bissfest kochen, abseihen und noch heiß dem Kraut beimengen. 2 Minuten ziehen lassen und durchrühren.
3. In der Zwischenzeit die Pinienkerne in einer trockenen, schweren Pfanne unter ständigem Rühren rösten.
4. Räuchertofu in Olivenöl anbraten und über die bereits angerichteten Fleckerln streuen. Mit Pinoli garnieren und mit etwas Olivenöl beträufeln.

**Zu diesem Gericht schmecken** gedämpfter Brokkoli, Vogerlsalat, lang gekochte Gelbe Rüben und Rettichpickles als Beilage sehr gut.

# Süsskartoffelrisotto
## mit Tofuparmesan

2 Tassen brauner Reis (gekocht)
½ TL Salz
1 Tasse Lauch (fein geschnitten)
1 TL Oliven- oder Kokosöl
3 mittelgroße Süßkartoffeln (geschält; in großen Stücken)
¼–½ TL Salz
½ Tasse Kokosmilch
1 EL Tamari
1 EL Umeboshi-Würze
2 EL Ingwer (gerieben, davon nur den Saft)
½ Bund frischer Koriander oder Petersilie
1 TL Sesamöl geröstet
8 Blatt Ingwerpickles (feinnudelig geschnitten)

**Zuaten Tofuparmesan**
2 Pkg. weißer od. Räuchertofu (mit Zitronenreibe fein gerieben)
3 EL Oliven- oder Kokosöl
⅛–¼ TL Meersalz

1 Süßkartoffeln und Lauch in Olivenöl anbraten und salzen. 15 Minuten zugedeckt auf niedriger Flamme köcheln lassen.

2 Reis und Gemüse vermischen. Kokos- oder Sojamilch, Ingwersaft, Tamari und Umewürze hinzufügen und noch 10 Minuten auf kleiner Flamme ziehen lassen.

3 Mit Sesamöl beträufeln, zum Schluss mit Koriander und Tofuparmesan garnieren.

Zubereitung Tofuparmesan

1 Öl in einer schweren Pfanne erhitzen, Tofu dazugeben und salzen. 10–15 Minuten braten, bis der Tofu ganz knusprig ist. Auskühlen lassen, in ein Glas füllen und im Kühlschrank aufbewahren.

---

**Dieses Gericht schmeckt auch** mit Kürbis statt der Süßkartoffeln sehr gut. Hervorragend dazu ist gedämpftes Frühkraut mit Balsamicodressing, Ingwerpickles und schwarzer Bohnensalat.

# Hirsotto

1 ½ Tassen Hirse
4 Tassen Wasser oder Suppensud
¼ TL Salz
3 Karotten (in Bleistifttechnik geschnitten)
3 Schalotten (fein gehackt)
1 Tasse Bohnenreste oder Linsen
1 TL Basilikum (gerebelt)
1 Blumenkohl (in Röschen)
4 EL Meerrettichaufstrich

1 Hirse waschen. Wasser zustellen, aufkochen und salzen.

2 Basilikum und Öl hinzufügen und zugedeckt 25 Minuten köcheln lassen.

3 Gemüse beigeben und weitere 8 Minuten köcheln lassen.

4 Aufstrich und Bohnenreste unterrühren und 5 Minuten ziehen lassen.

5 Mit gerösteten Kürbiskernen anrichten, gepressten oder grünen Salat dazu servieren.

# Feine Hirse-Spaghetti mit Shiitake-Sauce

1 Pkg. feine Hirse-Spaghetti
5–6 Tassen Wasser
¼ TL Salz
1 TL Kokosöl

1 Wasser zum Kochen bringen, salzen und Nudeln beifügen. Gut umrühren und nach Anleitung al dente kochen.

2 Abseihen, abschrecken und mit Kokosöl beträufeln.

3 Nudeln anrichten, mit Shiitake-Sauce (siehe Seite 258) servieren und mit Petersilie garnieren. Dazu passen noch Tofu, Tempeh, gegrillter Kürbis, gedämpfter Blumenkohl und Salat oder für Nicht-Veganer Fisch oder Huhn.

**Wenn Sauce übrigbleibt, können** Sie diese im Kühlschrank aufbewahren und später zu Gemüse oder Reis genießen.

# Reisnudeln mit Nomato-Sauce

1 Pkg. King Soba schwarze Reisnudeln
5–6 Tassen Wasser
⅛ TL Salz
1 TL Mani Zitronen-Olivenöl

1 Wasser zum Kochen bringen, salzen und Nudeln beifügen. Gut umrühren und nach Anleitung al dente kochen.

2 Abseihen, kalt abschrecken und mit Olivenöl beträufeln.

3 Nudeln mit Nomato-Sauce (siehe Seite 260) erhitzen, mit Basilikum und Tofuparmesan garnieren. Mit Linsensalat, Radicchio und gedämpftem Chinakohl servieren.

# Cha Soba Nudeln mit Asia-Sauce

1 Pkg. Cha Soba Nudeln
5–6 Tassen Wasser
⅛ TL Salz
1 TL Sesamöl (geröstet)

1 Wasser zum Kochen bringen, salzen und Nudeln nach Anleitung al dente kochen.

2 Abseihen und mit Sesamöl vermengen.

3 Zubereitung Asia-Sauce: siehe Seite 256.

# Pikante Soami Palatschinken

1 ½ Tassen Dinkelmehl 1050
½ Tasse Dinkel-Vollmehl
4 EL Buchweizenmehl
⅛ TL Meersalz
⅛ TL Gelbwurz
1 ½ Tassen Hafermilch
2 EL Kuzu
3 EL Wasser
1 ½ Tassen Mineralwasser
1 EL Bratöl für die Pfanne

1. Mehl in eine Schüssel geben.
2. Kuzu mit kaltem Wasser im verschließbaren Glas aufschütteln, alle Zutaten mit der Schneerute verrühren, sodass ein dünnflüssiger Teig entsteht. Es sollten keine Klümpchen mehr im Teig zu sehen sein. Am besten kurz mit dem Pürierstab verrühren.
3. Teig ca. 15 Minuten rasten lassen. Der Teig dickt etwas ein, sollte er zu dickflüssig sein, fügen Sie einen Schuss Mineralwasser bei.
4. Die Pfanne erhitzen, mit Öl bestreichen und einen Schöpfer des Teiges in die Pfanne geben. Die Pfanne leicht schräg halten, damit sich der Teig gleichmäßig verteilen kann. Hellbraun anbraten.
5. Braten Sie die Palatschinke auf jeder Seite 2–4 Minuten (Achtung: bei zu hoher Hitze enstehen Löcher). Wenden Sie erst, wenn die Oberfläche getrocknet ist.
6. Damit die Palatschinken in der Zwischenzeit nicht auskühlen, kann man sie im Rohr (oder in der Wärmeschublade) bei 150 °C zugedeckt warmstellen.

# Buchweizen-Palatschinken

1 Tasse Buchweizenmehl
½ Tasse Sojamilch
¼ TL Meersalz
⅛ TL Gelbwurz
1 EL Kuzu
3 EL Wasser
1 Tasse Mineralwasser
1 EL Bratöl (für die Pfanne)

1. Buchweizenmehl in die Schüssel geben.
2. Kuzu mit Wasser aufschütteln.
3. Alle Zutaten verrühren und Teig 15 Minuten rasten lassen. Danach je nach Bedarf noch etwas Mineralwasser hinzufügen.
4. Pfanne erhitzen, mit Öl bepinseln und die Palatschinken auf beiden Seiten hellbraun braten.

**Diese Palatschinken werden nicht** hauchdünn, schmecken aber trotzdem sehr gut!

# Italienische Bohnenfülle

## für Palatschinken

2 Tassen weiße Bohnen
6 Tassen Wasser (zum Einweichen)
6 Tassen Wasser (zum Kochen im Druckkochtopf)
5 cm Kombu Alge
1 Stange Lauch (fein geschnitten)
½ Tasse Oliven schwarz (fein geschnitten)
1 TL Rosmarin (getrocknet)
1 TL Basilikum (getrocknet)
1 Tasse Suppensud
1–2 TL Meersalz
1 EL Umeboshi-Essig
1 EL Olivenöl
2 Knoblauchzehen (gegrillt; optional)
1 Brokkoli (in Röschen, fein geschnitten und gedämpft)
2 Karotten (in Zündholzform geschnitten und gedämpft)
½ Bund Basilikum (fein gehackt)
10 Basilikumblätter (zum Garnieren)

1 Weiße Bohnen über Nacht einweichen, Wasser abgießen, Kombu-Alge abspülen, in den Topf einlegen, Bohnen und Wasser hinzufügen, zum Kochen bringen und 30 Minuten ohne Deckel kochen. Schaum abschöpfen und die Bohnen bis zu 2 Stunden im normalen Topf oder 30 Minuten im Druckkochtopf (am ersten Ring) kochen.

2 Knoblauch und Lauch kurz im Olivenöl anbraten, salzen und mit Umeboshi-Essig, Rosmarin und getrocknetem Basilikum vermengen und zu den Bohnen geben. 10–15 Minuten köcheln lassen.

3 Oliven und frisches Basilikum unter die Bohnen mischen (frisches Basilikum darf nicht mehr kochen!). Mit der Schneerute einige Male kräftig durchrühren. Die Bohnen sollten nicht trocken, sondern dickflüssig sein.

4 Brokkoli und Karotten unterheben.

5 5–7 EL Bohnenpaste in die Palatschinken füllen und diese zusammenklappen.

6 Mit Soja- oder Hafersahne und Basilikum garnieren und mit gepresstem Gemüsesalat und Rettichpickles servieren.

**Für die Fülle kann** man auch gebratenes Gemüse sowie Reste von jeder Sorte Hülsenfrüchte nehmen. Wichtig ist, dass die Hülsenfrüchte nicht zu trocken sind.

# Saucen

Jeder liebt Saucen – jedoch sind sämtliche gängige Saucen mit Butter, Sahne, Mais- oder Kartoffelstärke eingedickt oder sogar mit glutamathältigen Saucenwürfeln versetzt. Und diese Saucen haben eines gemeinsam: sie sind ungesund und machen dick.

Soami Saucen sind ausschließlich mit qualitativ hochwertigem Kuzu* gebunden (Foto rechts). Dieser dickt auf eine natürlich gesunde Art ein, verfeinert die Saucen und hat außerdem eine stärkende Wirkung auf die Magen- und Darmschleimhaut.

## Erdnuss-Sauce

1 Geriebenen Ingwer mit einem Löffel durch ein Sieb pressen (ergibt ca. 1 TL Saft).

2 Den Ingwersaft und die übrigen Zutaten (außer Kuzu) verrühren.

3 Kuzu* im verschließbaren Glas mit Wasser aufschütteln und mit den übrigen Zutaten 2 Minuten köcheln lassen.

| | |
|---|---|
| 4 EL Erdnussmus | 1 Tasse Wasser oder Suppensud |
| 1–2 TL Tamari | 1 TL Kuzu in |
| 1 TL Zitrone | 3 EL Wasser aufgelöst |
| 1 EL Ingwersaft | 1 TL Reismalz |

Diese Sauce gibt Gerichten einen thailändischen Charakter. Passt zu Nudeln, Tempeh, Tofu, Nudeln, Fisch etc.



*Mit * gekennzeichnete Begriffe sind im Glossar beschrieben.*

# Yumi Sauce

1 Alle Zutaten verrühren und erwärmen. Ca. 5 Minuten ziehen lassen, nicht aufkochen.

| | |
|---|---|
| ½ Tasse Shiro Miso | 3 EL Olivenöl |
| ½ Tasse Wasser | Kräuter Ihrer Wahl |

# Asia-Sauce

## für Pasta

1 Alle Zutaten (außer Jungzwiebel und Alge) miteinander verrühren, 5 Minuten köcheln lassen.

| | |
|---|---|
| 1 ¼ Tassen (ca. 1 Glas) helles Tahin | ⅓ Tasse Reismalz |
| 1 TL Ingwer (gerieben) | ¾–1 Tasse heißes Wasser/Suppensud |
| 1 Zehe Knoblauch (feingehackt, optional) | Zum Garnieren:<br>1 Bund Jungzwiebeln (feinnudelig geschnitten)<br>1 Blatt Nori (gedrittelt, in Streifen geschnitten) |
| ¼ Tasse Reisessig | |
| ⅓ Tasse Tamari Sojasauce | |

# Zwiebel-Chutney

1 Öl in einen schweren Topf geben, erhitzen und Zwiebeln hinzufügen. Bei mittlerer Hitze anbraten, salzen und solange braten, bis die Zwiebeln nicht mehr scharf riechen und Wasser austritt.

2 Dann mit Umeboshi-Würze und Malz würzen und mit Rote-Bete-Saft aufgießen. Ca. 35 Minuten auf niedriger Flamme zugedeckt köcheln lassen.

3 Deckel abnehmen und weitere 20 Minuten köcheln lassen, bis der Großteil der Flüssigkeit verkocht ist.

| | |
|---|---|
| 12 rote Zwiebeln (ca. 1 ½ kg, in feine Halbmonde geschnitten) | ⅓ Tasse Reismalz |
| 4 EL Kokos- oder Bratöl | 1 ½ –2 TL Salz |
| 4 EL Umeboshi-Würze | ¾ Tasse Rote-Bete-Saft |

Für etwa 10 Personen. Das Chutney eignet sich für Quiche, als Beilage sowie für Aufläufe als „Tüpfelchen auf dem i“.

# Shiitake-Sauce

1 Shiitake-Pilze ohne Stiel feinnudelig schneiden.

2 Schalotten in Olivenöl nicht zu heiß anbraten, Shiitake hinzugeben und mit Suppensud aufgießen. 20 Minuten köcheln lassen, mit Tamari und Salz würzen. Danach noch weitere 5 Minuten kochen lassen.

3 Kuzu mit Wasser aufschütteln und einrühren. Ca. 2 Minuten köcheln lassen.

4 Mit Petersilie garnieren und mit etwas Sesamöl verfeinern.

| | | |
|---|---|---|
| 8 Shiitake-Pilze (1 Stunde eingeweicht) | 2 EL Tamari | 3 EL Wasser |
| 6 Schalotten (feinwürfelig geschnitten) | 1 Tasse Wasser oder Suppensud | ½ Bund Petersilie (fein gehackt) |
| 1 EL Olivenöl | 1 EL Kuzu | 1 TL Sesamöl (geröstet) |
| 1 Prise Meersalz | | |

# Teriyaki-Sauce

## zu Tofu, Tempeh & Gemüse

1 Alle Zutaten miteinander verrühren. Einige Stunden in einem verschließbaren Glas ziehen lassen. Wenn es schnell gehen soll: 15 Minuten auf kleiner Flamme ziehen lassen und danach Knoblauch und Ingwer abseihen.

| | | |
|---|---|---|
| ⅔ Tasse Sojasauce | 3 cm Ingwerwurzel (geschält, fein gehackt) | 2 EL Reismalz |
| ½ Tasse Wasser | 1 EL Mirin | 1 EL Reisessig |
| 3 Zehen Knoblauch (feingehackt, optional) | | |

# Kokossauce

1 Zubereiten wie Teriyaki-Sauce (s. o.). Kokosmilch hinzufügen und 10 Minuten wallen lassen.

| | | |
|---|---|---|
| ½ Tasse Kokosmilch | 3 cm Ingwerwurzel (geschält, fein gehackt) | 2 EL Reismalz |
| ½ Tasse Wasser | 1 EL Mirin | 1 EL Reisessig |
| 3 Zehen Knoblauch (feingehackt, optional) | | |

# Nomato-Sauce

## als Nudelsauce, für Dressings & Suppen

für 8 Personen

8 Karotten (schräg geschnitten)
2 mittelgroße Hokkaido Kürbisse (großwürfelig geschnitten)
3 kleine Rote Bete (mit dem Reibeisen fein gerieben)
1 EL Oliven- oder Bratöl
1 EL Umeboshi-Essig oder Reisessig
1 TL Basilikum (gerebelt)
1 TL Oregano (gerebelt)
2–3 Tassen Wasser oder Suppensud
2–3 EL Sojasauce
½–1 TL Salz

Die Sauce ist meine Alternative zu Tomatensauce, da Tomaten zu den Nachtschattengewächsen zählen und Solanin beinhalten. Diese Substanz kann sich auf den Körper negativ auswirken. Tomaten sind sehr yin und werden in der SOAMI Küche nur für besondere Anlässe als Farbtupfer empfohlen.

1 Gemüse in Olivenöl anbraten, salzen und die Kräuter hinzufügen. Mit Essig und Suppensud aufgießen und 30 Minuten köcheln lassen. Tamari hinzufügen und noch 10 Minuten köcheln lassen.

2 Sobald das Gemüse ganz weich ist, mit dem Standmixer oder Pürierstab zu einer feinen Sauce pürieren. Je nach Konsistenz-Vorliebe eventuell noch 1 Tasse Suppensud beifügen.

**Für eine schnelle Nomato-Sauce** eignen sich auch bereits gekochte Rote Beete, dann braucht das Gemüse nur 20 Minuten zu köcheln.

## Variante mit Pilzen

**Variante mit Pilzen:**
1 EL Oliven- oder Bratöl
2 Zwiebeln (fein gehackt)
2 Knoblauch (fein gehackt)
6–8 Champignons (feinblättrig geschnitten)
1 Prise Salz
10 Blätter Basilikum

1 Zwiebeln und Knoblauch in Öl anbraten und die Basis-Sauce darüber gießen.

2 10 Minuten leicht köcheln lassen, Champignons dazugeben und 5 Minuten mitköcheln lassen. Abschmecken und mit Basilikum garnieren.

**Fügen Sie als Alternative** 2 EL Kapern oder Shiitake-Pilze der Sauce hinzu.

# Spiru-Sauce

PIKANT

1 Alle Zutaten im Standmixer pürieren.

- 2 EL weißes Mandelmus
- 1 TL Zitronensaft
- ⅛ TL Spirulinapulver oder 2 Spirulinatabletten (zerdrückt)
- ⅛ TL Meersalz
- 2 EL Wasser

# Tofu Sauerrahm

1 Alle Zutaten im Standmixer fein pürieren.

- 1 Pkg. Seidentofu (gr. Stücke geschnitten)
- ¼ Tasse Zitronensaft
- ¼ Tasse Wasser
- ⅓ Tasse Olivenöl
- 2 TL Umeboshi-Essig
- ½–1 TL Salz
- Kräuter nach Lust und Laune

Diese Sauce eignet sich auch gut als Topping für Bohnen und Gemüse

# Ingwer-Sauce

ZU TOFU, TEMPEH & GEMÜSE, NICHT-VEGAN ZU FISCH & HUHN

1 Suppensud oder Wasser zum Kochen bringen, Ingwer hinzufügen, 5 Minuten köcheln lassen.

2 Ingwer abseihen. Die Kuzu-Wasser-Mischung einrühren, 2 Minuten aufkochen. Tamari hinzufügen, 5 Minuten ziehen lassen und mit Sesamöl verfeinern.

- 2 TL Ingwer (frisch gerieben)
- 1 Tasse Wasser oder Suppensud
- ⅓ Tasse Tamari
- 3 EL Kuzu
- 4 EL Wasser
- 1 TL Sesamöl (geröstet)

Wenn Kuzu zu lange kocht, wird die Sauce wieder dünnflüssiger.

# SOAMI BALANCE TELLER

Der Balance Teller ist eine Mahlzeit mit ausgewogenen Zutaten, die ein balanciertes Ganzes ergeben. Die Zubereitung dieser Teller ist für Ungeübte etwas aufwendiger. Probieren Sie es nicht unbedingt gleich zu Beginn aus, fangen Sie lieber mit den Basics oder einzelnen Speisen aus diesem Buch an. Eine organisatorische Erleichterung ist es auch, Getreide, Hülsenfrüchte und Samen schon in größeren Mengen vorzubereiten, dann fehlt nur noch das Gemüse, das jeweils frisch zubereitet wird.

Im Allgemeinen empfehle ich, die Rezepte einige Male genau nach den Angaben nachzukochen. Sie entwickeln so bald die notwendige Routine und das Verständnis, Ihre eigenen Balance Teller kreieren zu können. Die Vorspeisen und Salate in diesem Buch eignen sich auch sehr gut als Teil des Balance Tellers – oder auch als Office Food und Reiseproviant.

Wenn man sich ausgewogen ernähren will, sollte der Gemüseanteil am höchsten sein und der Getreideanteil etwas höher als der Eiweißanteil. Essen Sie zu jeder Mahlzeit auch verschiedene Gemüsesorten, denn wenn Gemüse zu einseitig gegessen wird, ist der Heißhunger auf Süßes vorprogrammiert. Der SOAMI Balance Teller berücksichtigt alle Aspekte einer gesunden, entlastenden und befriedigenden Ernährung.

Auf der nächsten Seite sind die Anteile einer ausgewogenen Ernährung dargestellt. Je nach Körpertyp variieren diese Anteile, wie im Kapitel über die unterschiedlichen Körpertypen ausführlicher beschrieben (S. 22). So braucht beispielsweise der Erd-Typ weniger Getreide und kann besonders auf gemahlenes Getreide (wie Brot, Nudeln, Grieß) sogar ganz verzichten.

**Geben Sie** den täglichen „Mahl-Zeiten" in Ihrer Tagesplanung einen besonderen Platz.

# Zutaten einer ausgewogenen Mahlzeit: Die Soami Balance Teller

Die folgenden Rezepte sind alle mild gewürzt. Sind Sie kräftige Würzungen gewohnt (Pfeffer, Kochsalz, Chili etc.), dann werden Sie das SOAMI Essen als ungewohnt mild empfinden. Daher empfehle ich, zuerst wie angegeben zu würzen und dann nach Ihrem Geschmack abzuschmecken. Auch gesundes Essen soll gut schmecken! Würzen Sie also bei Bedarf mit den angegebenen Gewürzen nach und lassen Sie das Gericht danach noch 5–10 Minuten köcheln. Das Nachwürzen bei Tisch (Salz, Sojasauce = sehr yang) macht durstig und führt zu übermäßiger Lust auf stark gesüßte Speisen und viel kalte Flüssigkeit. Jede Mahlzeit sollte mit etwas gekochtem Gemüse beendet werden, da die Süße des Gemüses die Lust auf große Dessertmengen reduziert.

Ein ausgewogener Teller hat

- viele Farben
- unterschiedliche Konsistenzen
- unterschiedliche Geschmacksrichtungen & Gewürzintensitäten

Getreide

- Vollgetreide
- leicht gesalzen
- von weicher Konsistenz

Kerne, Nüsse, Samen

- knackig
- mild salzig (Sojasauce/Salz)
- über das Getreide gestreut

Hülsenfrüchte/Eiweiß

- Linsen, Bohnen, Tofu, Tempeh oder Seitan (für Nicht-Veganer Fisch oder Huhn)
- Dieser Teil sollte das Würzigste am Teller sein.

Gemüse

- Über der Erde wachsendes Gemüse (Kohl, Krautarten, Brokkoli, Blumenkohl, Blätter) wird gedämpft, blanchiert oder gebraten und meist gar nicht gewürzt. Es sollte immer knackig sein. Der ursprüngliche Geschmack steht ganz im Vordergrund. Eventuell mit einer leichten Marinade servieren.
- Wurzelgemüse und Knollengemüse (Karotten, Gelbe Rüben, Pastinaken, Kürbis, Lauch usw.) werden nur leicht gewürzt, sind also vorrangig süß und werden meist eher weich serviert. Meeresgemüse ist von Natur aus leicht salzig und schmeckt nussig/fischig. Es ist ein wahres Geschmackserlebnis und bietet auch farblich immer wieder eine Überraschung.
- Gepresstes Gemüse kann leicht sauer/scharf schmecken und sollte ganz knackig sein. Zudem ist diese Gemüsezubereitung die bekömmlichste Art, Rohkost zu genießen.
- Eingelegtes, milchsauer vergorenes Gemüse (Pickles) ist etwas weicher und etwas salziger als gepresstes Gemüse, weil es länger eingelegt ist.
- Zwiebel und Knoblauch sind roh nicht zu empfehlen. Beide Gemüsearten sind sehr yin und scharf. Sie kommen hier zwar in manchen Rezepten vor, sind aber stets als optional zu verstehen. Das heißt, Yogis, die an einer sehr hohen spirituellen Entwicklung interessiert sind, empfehle ich sie wegzulassen. Sie werden sehen: die Rezepte büßen dadurch nichts von ihrem guten Geschmack ein!

Und so sieht die ausgewogene Ernährung nach der SOAMI Küche grafisch veranschaulicht aus:

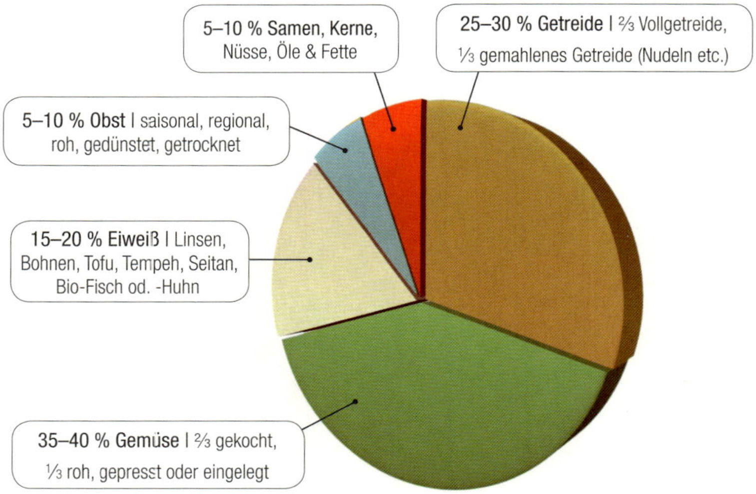

# Balance Teller Japan

- ॐ Brauner Reis mit Hirse und Gomasio
  siehe Seite 66
- ॐ Azuki-Bohnen-Kürbis Ragout
  siehe Seite 75
- ॐ Kohlrabi in Brennnessel-Mousse
  siehe Seite 199
- ॐ Rotkraut mit japanischem Dressing
  siehe Seite 196 und Seite 189
- ॐ Ingwerpickles mit Wasabi

# Balance Teller Thailand

ॐ Roter Reis mit geröstetem Sesam
siehe Seite 68

ॐ Tempeh in Kokoscreme
siehe Seite 221

ॐ Süßkartoffeln im Rohr
siehe Seite 81

ॐ Fenchel gedünstet mit Shiso-Pulver
siehe Seite 208

ॐ Brokkoli mit Bachkresse und lang gepresstem Gemüse
siehe Seite 205 und Seite 85

ॐ Zitronen-Minz-Sauce
siehe Seite 188

# Balance Teller Austria

- ॐ Hirse Couscous
  siehe Seite 217

- ॐ Seitanragout (für Glutenallergiker mit Tofu)
  siehe Seite 228

- ॐ Mandelfisolen
  siehe Seite 198

- ॐ Roter Chinakohlsalat mit Kernöl-Dressing
  siehe Seite 162

- ॐ Preiselbeeren

# Balance Teller Italy

ॐ Pesto Polentaknödel
siehe Seite 210

ॐ Italienisches Belugalinsen-Ragout
siehe Seite 220

ॐ Gegrillter Kürbis
siehe Seite 82

ॐ Wirsing mit Balsamicodressing
siehe Seite 77

ॐ Gepresste Gurken
siehe Seite 84

# Balance Teller India

- ॐ Basmatireis mit schwarzem Sesam
  siehe Seite 71
- ॐ Kichererbsen-Dhal
  siehe Seite 226
- ॐ Blumenkohl-Raita
  siehe Seite 194
- ॐ Apfel-Rhabarber-Dulse Chutney
  siehe Seite 206
- ॐ Gepresstes Wurzelgemüse
  siehe Seite 84
- ॐ Ingwerpickles

# Desserts

Wenn genug Gemüse in den Speiseplan integriert ist und dieses nicht versalzen oder zerkocht ist, wird man keine großen Mengen an Desserts benötigen. Es sollte jedoch täglich eine Nachspeise zur Verfügung stehen – deshalb immer gleich mehr machen, sodass sich die Arbeit lohnt und Sie auch am nächsten Tag noch davon „zehren" können. Speziell das weibliche Geschlecht versucht heute oft auf Desserts zu verzichten und fällt dann in plötzlichen Heißhungerattacken über Schokolade oder Kuchen her. Wein und Sekt sind extrem yin, haben sehr viel Zucker und werden oft anstelle von Desserts getrunken.

Frauen dürfen und sollen gesunde und selbstgemachte Desserts essen und auch Männer können durchaus einmal zugreifen. Das Wichtigste ist die Qualität und dass die Süßspeisen ohne Zucker, Honig und künstliche Süßstoffe zubereitet sind. Besonders Kinder brauchen auch die „Süße" im Leben, weil sie sehr yang sind. Das heißt, sie brauchen Gemüse und heimisches Obst – aber auch Desserts. Diese sollten am besten mit Reismalz oder etwas Ahornsirup gesüßt sein.

In der Umstellungsphase, wenn Sie noch an die Süße von Zucker gewöhnt sind, ist es am besten, mit Ahornsirup oder Agavendicksaft als Zuckerersatz zu beginnen. Bedenken Sie einfach, dass es immer auf die Menge an Süßem ankommt, die Sie konsumieren.

**Viele meiner Süßspeisen sind** glutenfrei und deshalb leichter & bekömmlicher. Im Inhaltsverzeichnis sind alle glutenfreien Speisen mit GLF gekennzeichnet.

## Kokoskugeln

- ¾ Tasse Hirse (gekocht)
- 1 Tasse Maisgrieß (gekocht) oder anderes Restgetreide
- 3 EL Kokosflocken
- 2 EL Kokosmilch
- ¼ –½ Tasse Reismalz
- ½ Tasse gemahlene Walnüsse oder (für Allergiker) Mandeln
- 5 EL Kokosflocken (leicht geröstet zum Wälzen)

1. Alle Zutaten (außer die gerösteten Kokosflocken) vermengen, gut durchrühren.
2. Kleine Kugeln formen und in Kokos wälzen.
3. Auskühlen lassen.

# Süsse Maki mit Wasabisahne

**Utensilien:**
- Frischhaltefolie
- Sushimatte
- scharfes Messer

- 2 Tassen Rundkornreis
- etwas Salz
- ½ TL Zimt
- 4 Kardamom-Kapseln (aufgedrückt und gesalzen)
- 2 ½–3 Tassen Wasser
- ½ Tasse Mandeln (gerieben und geröstet)
- 3 EL Reismalz

**Fülle:**
- Äpfel, Pfirsiche od. Nektarinen in Streifen (½ cm Durchmesser)
- 5 EL Sauerkirschmarmelade mit 2 EL Wasser verrührt
- 2 EL weißes oder braunes Mandelmus

**Zutaten Wasabisahne:**
- ½ TL Wasabipulver
- 1 EL kaltes Wasser
- ½ Pkg. Seidentofu oder 1 Tasse Sojajoghurt
- 3 EL Reismalz

**Zutaten Chocolate-Chip-Creme:**
- 1 Tasse Soami vegane Chocolate Chips oder eine Tafel Sojabella Schokolade
- ½ Tasse Reismilch
- 1 Prise Salz

1. Rundkornreis gut waschen, mit Wasser aufkochen lassen, Zimt, Kardamom-Kapseln und Salz hinzufügen. Im Druckkochtopf 40 Minuten (2 ½ Tassen Wasser) bzw. im normalen Topf 50 Minuten (3 Tassen Wasser) zugedeckt auf mittlerer Flamme köcheln lassen.
2. Kardamom-Kapseln entfernen. Reismalz, Mirin und geriebene Mandeln dazugeben, auf ein Blech streichen und auskühlen lassen. Sushi-Matte auflegen und eine Frischhaltefolie in gleicher Größe darauf legen.
3. Aus dem Reis zwei tennisballgroße Kugeln auf die Matte bzw. die Folie legen und mit beiden Händen festdrücken. Am Ende des ersten Drittels die Obststreifen auflegen und mit 1 EL der Sauerkirschmarmelade und 1 TL Mandelmus bestreichen.
4. Danach einrollen. Anleitung beim Nori-Maki-Rezept (siehe S. 236).
5. Plastik und Matte nicht mitrollen. Bei jedem Überschlag den Reis gut zusammendrücken. Mit einem scharfen Messer ca. 2 cm große Stücke schneiden.

Zubereitung Wasabisahne:

1. Wasabi mit kaltem Wasser anrühren. Seidentofu, Malz und Wasabi mit Pürierstab verrühren. Die Creme auf den Makis verteilen, oder seitlich daneben angerichtet. Mit etwas (ca. ½ TL pro Stück) Kirschenmarmelade verzieren.

Zubereitung Chocolate-Chip-Creme:

1. Milch erhitzen, salzen und Chocolate Chips bzw. Sojabella hinzufügen. Rühren, bis die Konsistenz cremig wird.

**Die meisten unserer Gäste** finden die Wasabisahne toll, einigen ist der Spagat zwischen süß & scharf zu gewagt. Die Chocolate-Chip-Creme ist in diesem Fall eine schmackhafte Alternative dazu. **Makis kann man 2–3 Tage** im Kühlschrank aufbewahren.

# Crunchies
## süss/salzig

**Utensilien:**
Zip-Lock-Säckchen

- 3 Pkg. Reiswaffeln (à 100 g)
- 6 EL Malz
- 4 EL Tamari mit 4 EL Wasser verrührt
- 2 Tassen Sonnenblumen- oder Kürbiskerne oder gehackte Walnüsse oder Mandeln (optional)

1. Rohr auf 160 °C vorheizen.
2. Die Reiswaffeln in ein großes Zip-Lock-Säckchen geben und gut verschließen. Mit einem Holzkochlöffel die Reiswaffeln in kleine Stücke zerschlagen. Sie sollen etwa Popcorngröße haben.
3. Die Kerne waschen, auf zwei Blechen verteilen und ca. 10 Minuten bei 160 °C im Backrohr goldgelb rösten.
4. Alle Zutaten in eine Schüssel geben und gut vermischen. Danach nochmals auf zwei Blechen verteilen und 25 Minuten bei 130 °C trocknen lassen. Nach 10 Minuten nochmals durchmischen, das Rohr ausschalten und weitere 15 Minuten trocknen lassen.

**Crunchies sind eine gesunde** Popcorn-Alternative fürs (Heim-)Kino und auf Reisen. **Reiswaffeln werden nach dem Öffnen** sehr schnell weich, deshalb bewahre ich sie in einem größeren Gefäß auf und stelle daraus regelmäßig die Crunchies her. Die Kinder helfen dabei sehr gerne mit!

# Granola

- 4 Tassen Haferflocken (fein)
- ¾ Tasse Sonnenblumenkerne (geröstet)
- ½ Tasse Mandeln (gehackt und geröstet)
- ¼ Tasse Sesam
- ¼ Tasse Sonneblumenöl
- ¼ Tasse Ahornsirup
- ¼ Tasse Rosinen
- 1 Tasse Apfelsaft
- 1 TL Vanillepulver
- 1 TL Zimt
- ½ TL Salz

1. Haferflocken, Sonnenblumenkerne, Mandeln und Sesam verrühren.
2. Die übrigen Zutaten zum Kochen bringen, dann die trockenen Zutaten hinzufügen und gut verrühren.
3. Die Masse auf 2 Backbleche aufstreichen und bei ca. 150 °C ca. 30–40 Minuten backen (das Granola soll nicht zu dunkel werden), zwei-/dreimal umrühren.
4. Nach dem Backen auskühlen lassen und in ein Schraubglas füllen.

# Carob-Energiekugeln

- 1 Tasse Hirse
- 2 Tassen Wasser
- 1 Prise Salz
- ¼–½ Tasse Malz
- ⅓ Tasse Reis- oder Hirsemilch
- 3 EL Carobpulver (gesiebt)
- ⅔ Tasse Mandeln (gemahlen und geröstet)
- 2 EL Carobpulver (zum Wälzen)

1 Hirse mehrmals gut waschen und mit Wasser zum Kochen bringen. Salzen und zugedeckt 30 Minuten auf kleiner Flamme köcheln lassen.

2 Hirse leicht auskühlen lassen, alle anderen Zutaten untermengen und kleine Kugeln (Golfballgröße) formen.

3 Ganz auskühlen lassen, mit Wasser befeuchten und in Carobpulver wälzen.

4 Übriggebliebene Kugeln sollten im Kühlschrank aufbewahrt werden.

**Die Kugeln sind Energiespender** für unterwegs oder ein Snack für zwischendurch. **Carob als Kakaoersatz** kann anfangs gewöhnungsbedürftig sein. Ersetzen Sie dann evtl. die Hälfte durch Kakaopulver. Ebenso kann man zu Beginn der Ernährungsumstellung mit Ahornsirup süßen, bis sich das natürliche Verlangen nach Süßem mit der Zeit automatisch reduziert hat.

# Reisdessert

- 2 Tassen brauner Rundkornreis
- 8 Tassen Wasser
- 1 TL Zimt
- 1 Teelöffel Vanillepulver
- ½ TL Meersalz
- 4 EL Agar-Agar-Flocken
- ½–¾ Tasse Rosinen oder Aprikosen (getrocknet, optional)
- ⅓ Tasse Haselnuss- oder Mandelmus
- 1 Tasse Reismalz
- ½ Tasse Mandelblättchen
- ½ Tasse Marmelade
- 2 EL Wasser

1 Reis waschen und mit Wasser, einer Prise Meersalz, Agar-Agar-Flocken, Zimt und Vanille aufkochen und zugedeckt ca. 70 Minuten auf mittlerer Flamme kochen.

2 Rosinen beifügen und weitere 20 Minuten zugedeckt köcheln lassen.

3 Mit Malz süßen.

4 In Schälchen einfüllen, mit Marmelade und Mandelblättchen garnieren und auskühlen lassen.

**Das Dessert ist 2–3** Tage im Kühlschrank haltbar.

# Kuchen & Torten

## Dinkelguglhupf

**Utensilien:**
1 mittelgr. Guglhupfform
1 Pinsel

1 Tasse Dinkel-Vollmehl
1 Tasse Dinkelmehl 1050
1 TL Backpulver
1 TL Natron
½ TL Salz
3 EL Carobpulver
¾ Tasse Reismalz od. Ahornsirup
½ Tasse Sonnenblumenbratöl
1 TL Apfelessig
⅔ Tasse Wasser
½ TL Vanillepulver
1 TL Olivenöl (zum Einfetten)
1–2 EL Dinkelmehl 1050 (für die Form)

1 Backrohr auf 170 °C vorheizen.

2 Trockene Zutaten (außer Carob) und flüssige Zutaten separat in 2 Schüsseln verrühren. Dann beide Zutatenmassen miteinander verrühren.

3 ¼ der Masse entnehmen und mit gesiebtem Carobpulver verrühren.

4 Den restlichen Teig in eine mit Öl eingefettete und mit Mehl bestaubte Form füllen. Die braune Masse löffelweise verteilen und mit einem Holzstab oder einer Gabel in kreisenden Bewegungen in den hellen Teig ziehen.

5 Im Rohr ca. 35–40 Minuten backen. Vor dem Herausnehmen mit einem Zahnstocher einstechen und kontrollieren, ob der Kuchen gar ist. Wenn kein Teig auf dem Zahnstocher haften bleibt, ist der Kuchen fertig.

6 Auskühlen lassen, die Ränder von der Kuchenform lösen und stürzen.

# Buchweizentorte
## mit Heidelbeergelee

Zubereitung Kuzu:

**Zutaten Kuzu** (statt Eiern)
- 4 EL Kuzu
- 2 ¼ Tassen Wasser
- ½ Tasse kaltes Wasser für Kuzu

1. 2 ¼ Tassen Wasser zum Kochen bringen.
2. Kuzu im verschließbaren Glas mit ½ Tasse kaltem Wasser aufschütteln, ins kochende Wasser einrühren. 2 Minuten kochen, bis die Flüssigkeit geliert und stark eindickt.
3. Gut auskühlen lassen.

**Damit die Kuzu-Mischung auch** wirklich kalt ist, diese am besten schon am Vorabend zubereiten.

Zubereitung Tortenboden:

**Zutaten Buchweizentorte:**
- 2 Tassen Buchweizenmehl
- 1 ½ TL Natron
- 150 g Chocolate Chips SOAMI (grob gerieben) od. 1 Tafel Carobella (grob gehackt )
- ½ TL Meersalz
- ½ TL Vanillepulver Bourbon
- ½ Tasse Sonnenblumenöl
- ½ Tasse Reismalzsirup
- 1 TL Apfelessig
- ½ TL Bratöl zum Bestreichen

1. Das Backrohr auf 180 °C vorheizen. Öl, Reismalzsirup, Apfelessig und Kuzumischung in eine Schüssel geben und mit dem Pürierstab mixen.
2. Die trockenen Zutaten vermengen, mit den Flüssigen vermischen und mit der Schneerute gut verrühren.
3. Backpapier zurechtschneiden, in die Form legen und die Ränder der Form mit Öl bestreichen.
4. Den Teig einfüllen und ca. 25–30 Minuten backen. Nach 25 Minuten mit einem Zahnstocher kontrollieren, ob der Kuchen gar ist. Bleibt kein Teig auf dem Zahnstocher haften, ist der Kuchen fertig.
5. In der Backform auskühlen lassen.



*Zubereitung Kuchen, Belag & Krokant auf der nächsten Seite!*

## Zubereitung Belag:

**Zutaten Belag:**
6 Tassen Apfelsaft
1 Tasse Agar-Agar Flocken
1 EL Kuzu
3 EL kaltes Wasser
2–3 Tassen Heidelbeeren
1 Prise Meersalz
2 Pkg. Sojasahne (Soyatoo)

1. Apfelsaft mit Salz und Agar-Agar-Flocken verrühren und zum Kochen bringen.
2. 15 Min. mit Deckel bei mittlerer Temperatur köcheln lassen, mehrmals umrühren.
3. Kuzu mit kaltem Wasser in einem verschließbaren Glas aufschütteln und in den Apfelsaft einrühren, 2 Minuten aufkochen lassen.
4. 15 Minuten auskühlen lassen.

## Zubereitung Kuchen:

1. Ausgekühlten Boden bis ganz an den Rand mit Sojasahne bestreichen, mit den Heidelbeeren bestreuen und den warmen Apfelsaft mit einem Schöpflöffel über die Beeren gießen.
2. Ein bis zwei Stunden kalt stellen, bis das Gelee schnittfest ist.

## Zubereitung Mandelkrokant:

**Zutaten Mandelkrokant:**
1 Tasse Mandelblättchen
3 EL Reismalz

1. Mandelblättchen in einer schweren Pfanne goldgelb braten, danach die Temperatur reduzieren. Mit Reismalz süßen und umrühren. Krokant noch warm auf dem festen Gelee verteilen.

**Wenn es schnell gehen** soll, ist Soyatoo eine gute Lösung. Auch der hausgemachte Vanilleguss (siehe Seite 310) eignet sich sehr gut als Unterbelag. **Statt Beeren kann die Torte** auch mit Kernobst belegt werden. Dafür das Kernobst feinblättrig schneiden, kurz dünsten und abkühlen lassen. Obst auf der Creme verteilen und mit Gelee überziehen.

# Kürbiskuchen

**Utensilien:**
Kastenform (25 x 12 x 8 cm)

**Zutaten Kuchen:**
- ½ Tassen Sonnenblumenbrat- oder Olivenöl
- ½ Tasse Apfelmus (siehe Rezept)
- 50 g Tofu
- ¼ Tasse Apfelsaft
- ½ Tasse Soja- oder Reismilch
- ¾ Tasse Malz
- 1 ¾ Tassen Butternusskürbis (klein gewürfelt)
- ¾ Tasse Dinkelmehl 1050
- ¾ Tasse Dinkel-Vollmeh
- ½ TL Backpulver
- ½ TL Natron
- ½ TL Meersalz
- 1 TL Zimt
- ½ Tasse Sonnenblumenkerne
- 1 TL Olivenöl (zum Einfetten)
- 1 EL Dinkelmehl (für die Form)

Zubereitung Kuchen:

1. Das Backrohr auf 165 °C vorheizen.
2. Tofu mit Apfelsaft und Apfelmus pürieren.
3. Kürbis im Dämpfsieb 5 Minuten dämpfen.
4. Alle flüssigen und trockenen Zutaten jeweils separat in zwei Schüsseln geben und mit einem Schneebesen verrühren.
5. Flüssige in die trockene Mischung mit Schneerute einrühren und 1 Tasse Kürbis unterheben.
6. Eine Kastenform einfetten und mit Mehl einstauben. Masse einfüllen und die restliche ¾ Tasse Kürbis darauf verteilen und etwas eindrücken.
7. Den Kuchen 25–30 Minuten backen.

**Zutaten Glasur:**
- ½ Tasse Aprikosenmarmelade
- 3 EL Wasser
- 1 EL Mirin
- Walnüsse (gehackt od. gerieben)

Zubereitung Glasur:

1. Alle Zutaten zusammenrühren und auf den Kuchen streichen.
2. Mit Walnüssen bestreuen.

**Der Kuchen ist fertig** gebacken, wenn man ihn mit einem Zahnstocher ansticht und an diesem kein Teig mehr haften bleibt.

# Geburtstagstorte

## Ein Highlight für besondere Anlässe

**Utensilien:**
2 Tortenformen (Ø 22,5 cm)

**Zutaten Torte:**
- 3 ½ Tassen Dinkelmehl 1050
- 1 ½ TL Backpulver
- 1 ½ TL Natron
- ½ TL Meersalz
- ¾ Tasse Carob- od. Kakaopulver
- ¾ Tasse instant Getreidekaffee
- ¾ Tasse Olivenöl
- 1 Tasse Ahornsirup oder Reismalz
- ½ Tasse Wasser
- 1 ½ Tassen Reis- od. Hafermilch
- 1 TL Vanillepulver
- 1 EL Apfelessig
- 1 TL Bratöl (zum Einfetten)
- 1 EL Dinkelmehl (für die Form)

**Zutaten Fülle:**
- 1 Glas Erdbeermarmelade mit 4 EL Wasser vermengt
- 1 ½ Tassen Carob- od. Schoko-creme (rechts beschrieben)

Zubereitung Torte:

1. Rohr auf 175 °C Heißluft aufheizen. Tortenform einfetten und mit Mehl bestreuen.
2. Trockene und lüssige Zutaten separat in zwei Schüsseln mit einer Schneerute gut vermischen.
3. Die trockenen und die flüssigen Zutaten miteinander verrühren.
4. Den Teig halbieren und auf die beiden Tortenformen verteilen.
5. 35–40 Minuten backen. Zur Kontrolle mit einem Zahnstocher anstechen und wenn an diesem kein Teig haften bleibt, Torten aus dem Rohr nehmen und auskühlen lassen.
6. Tortenböden kurz auskühlen lassen, dann stürzen. Ganz auskühlen lassen und in der Mitte vorsichtig durchschneiden.
7. Jeweils ⅓ der Marmelademischung auf die Bodenhälften streichen, dann jeweils ½ Tasse der Carob-Creme auf den Böden verteilen. Die Teile aufeinander legen und mit der restlichen Creme bestreichen.
8. Mit Erdbeerhälften und Minzblättern dekorieren.

**Es ist ganz wichtig,** dass das Rohr die ersten 30 Minuten keinesfalls geöffnet wird, damit die Torte nicht „zusammenfällt".

Zubereitung Carob-Creme:

1. Agar Agar im Wasser aufkochen, salzen und gut umrühren. 10–15 Minuten zugedeckt köcheln lassen und öfters umrühren.
2. Dann Carob- oder Kakaopulver hinzufügen und Malz, Haselnuss- oder Mandelmus beimengen.
3. Kuzu in einem Glas mit Sojamilch aufschütteln und dazugeben.
4. Unter ständigem Rühren 1–2 Minuten aufkochen lassen. In eine Auflaufform gießen und auskühlen lassen.
5. Im Kühlschrank 2–3 Stunden kalt stellen, danach mit dem Pürierstab pürieren.

**Carobpulver wird in der** SOAMI Küche als Kakaoersatz verwendet. Probieren Sie es einfach einmal aus. Zu einem feierlichen Anlass kann aber ruhig auch mal Schokokuchen serviert werden.

**Zutaten Carob-Creme:**
- 3 EL Agar-Agar-Flocken
- 2 ¼ Tassen Wasser
- 1 Prise Meersalz
- ¾ Tasse Carobpulver (oder Kakaopulver) gesiebt
- 1 ½ Tassen Malz
- 1 TL Vanille
- 4 EL Kuzu
- 6 EL Reismilch
- 3 EL Haselnuss- oder Mandelmus
- 5 Erdbeeren (halbiert)
- 10 Minzblätter (zur Garnierung)

# Dinkeltortenboden

## Biscuit

1. Rohr auf 180 °C vorheizen.
2. Alle flüssigen Zutaten miteinander verrühren.
3. Alle trockenen Zutaten miteinander verrühren.
4. Trockene und flüssige Zutaten mit einer Schneerute vermengen. Ca. 35 Minuten im Rohr backen (Stäbchenprobe machen).

**Der Dinkeltortenboden ist für** Kinder ein Highlight, weil er sehr süß ist. Auch für „Ein- oder Umsteiger" ist er ideal.

**Zutaten Dinkeltortenboden :**
- 1 ⅓ Tassen Dinkelmehl 1050
- 2 ⅓ Tassen Dinkel-Vollmehl
- ½ TL Meersalz
- 1 TL Natron
- ½ Tasse Sonnenblumenbratöl
- 1 knappe Tasse Sojamilch
- 1 ½ Tassen Malz
- 1 TL Apfelessig
- 1 TL Vanillepulver

# Karottentorte

**Utensilien:**
2 Kuchenformen (Ø 22 cm)

**Zutaten wie Dinkelboden (vorige Seite) plus:**
1 ½ Tasse Karotten (fein gerieben)
1 Tasse Haselnüsse (gerieben, für Allergiker optional Mandeln)
1 TL Zimt
½ TL Nelkenpulver (optional)

1 Das Backrohr auf 160 °C vorheizen.

2 Die Karotten zu den flüssigen Zutaten mischen.

3 Die übrigen Zutaten den trockenen Zutaten beimengen.

4 Danach alle Zutaten verrühren und ca. 25–35 Minuten im Rohr backen.

5 Auskühlen lassen und stürzen.

Zubereitung Glasur:

**Zutaten Glasur:**
1 Glas Apfel- od. Birnenkraut
4 EL Haselnussmus
¾–1 Tasse heißes Wasser

1 Alle drei Zutaten zu einer feinen Creme glatt verrühren, den 1. Boden bestreichen und den 2. Boden daraufsetzen und mit der restlichen Creme bestreichen.

2 Zum Schluss mit gerösteten Haselnüssen bestreuen.

3 Zum Garnieren eine Karotte fein raspeln, mit ein paar Tropfen Zitronensaft vermengen und die Torte damit belegen.

# Aprikosen-Hirse-Schnitte

1 Hirse in Reismilch aufkochen, mit Vanille und Salz würzen und zugedeckt 30 Minuten köcheln lassen. Die restlichen Zutaten beimengen, in die Form füllen und festdrücken.

Zubereitung Belag:

1 Birnensaft erhitzen und geschnittene Aprikosen einlegen, Zimt und Salz hinzufügen und 3–5 Minuten dünsten. 15 Minuten auskühlen lassen.

Zubereitung Guss:

1 Saft mit Agar-Agar-Flocken und Salz aufkochen, 5 Minuten kochen lassen, zudecken und weitere 15 Minuten ziehen lassen.

2 Kuzu mit Wasser im verschließbaren Glas aufschütteln, in den kochenden Saft einrühren und 2 Minuten köcheln lassen.

Zubereitung Kuchen:

1 Den Belag gleichmäßig auf dem Kuchenboden verteilen.

2 Den Guss mit einem Schöpflöffel vorsichtig darübergießen und 3 Std. kalt stellen.

3 Mit etwas Kokossahne anrichten.

**Utensilien:**
Form (Ø 22 cm)

**Zutaten Teig:**
1 Tasse Hirse
2 ¼ Tassen Reismilch
½ TL Vanille
⅛ TL Salz
3 EL Malz oder Ahornsirup
½ Tasse Mandeln oder Walnüsse (gerieben)

**Zutaten Belag :**
1 ½–2 kg Aprikosen (entkernt, in feine Scheiben geschnitten)
⅓ Tasse Birnensaft
1 Prise Meersalz
1 Prise Zimt

**Zutaten Guss :**
3 ⅓ Tassen Birnensaft
½ Tasse + 1 TL Agar-Agar-Flocken
1 Prise Salz
1 EL Kuzu
3 EL Wasser

**Dieser Sommerkuchen kann auch** mit Süßreis oder Rundkornreis zubereitet werden. **Verwenden Sie Beeren statt Steinobst,** fällt das Dünsten weg. **Wenn Sie einmal kein passendes Obst** zur Verfügung haben, können Sie auch gefrorene Bio-Beeren für den Kuchen verwenden. Ein Dessert kann, aber muss nicht unbedingt Vitamin- und Mineralstoff-Lieferant sein. Es sollte in erster Linie ein Augen- und Gaumenschmaus sein, langsam vom Körper aufgenommen werden und qualitativ hochwertig sein. Ein selbstgemachter Kuchen mit gefrorenem Obst zubereitet ist daher gesünder als ein gekaufter Kuchen aus Zutaten, die uns Vitamine und Mineralstoffe entziehen und unseren Körper auf die Zuckerachterbahn schicken...

# Hillis Apfelkuchen

**Utensilien:**
1 Kuchenform (Ø 22 cm)

**Zutaten Fülle:**
15 mittelgroße Äpfel (geschält, feinblättrig geschnitten)
1 TL Kokos- od. Sonnenblumenöl
1 Prise Salz
½ TL Vanillepulver
1 EL Apfeldicksaft
¾ Tasse Walnüsse (gehackt, optional)

**Zutaten Kuchen:**
2 Tassen Reismehl
1 Tasse Buchweizenmehl
½ TL Salz
½ Tasse Olivenöl
½ TL Backpulver
½ Tasse Malz
¾ Tasse Mineralwasser

Zubereitung Fülle:

1. Kokos- oder Sonnenblumenöl erhitzen, alle Zutaten (außer Nüsse) hinzufügen und 5 Minuten braten.
2. Fülle auskühlen lassen.

Zubereitung Kuchen:

1. Alle Zutaten zu einem Teig verrühren.
2. Kuchenform mit Öl bestreichen und mit Mehl bestauben. Teig einfüllen und mehrmals mit der Gabel anstechen.
3. Walnüsse unter die Apfelmasse mischen und auf den Teig streichen, dabei leicht andrücken. Bei 170 °C 40–45 Minuten backen.

# Kirschkuchen

1 ⅓ Tassen Dinkelmehl 1050
2 ⅓ Tassen Dinkel-Vollmehl
½ TL Meersalz
1 TL Natron
½ Tasse Sonnenblumenbratöl
1 knappe Tasse Sojamilch
1 ½ Tassen Malz
1 TL Apfelessig
1 TL Vanillepulver
½ Tasse Carobpulver gesiebt
¼ Tasse Mandeln (gerieben)
3 Gläser Sauerkirschen (Kompott) oder 1,5 kg frische Kirschen

1. Das Backrohr auf 165 °C vorheizen. Ein Backblech mit Backpapier belegen.
2. Die trockenen Zutaten vermengen und die flüssigen Zutaten verrühren. Danach die trockenen mit den flüssigen Zutaten zusammenrühren.
3. Teig auf dem Backblech verteilen. Mit Kirschen dicht belegen und 25–30 Minuten im Rohr backen.
4. Mit etwas Tofusahne anrichten.

# Preiselbeer-Mandel-Golatschen

für 12 Stück

**Zutaten Teig:**
2 Tassen Dinkelmehl 1050
1 ½ Tassen Dinkel-Vollmehl
½ TL Salz
½ Tasse Reismalz
⅔ Tassen Sonnenblumenöl
¼ Tasse Wasser
1 TL Backpulver

**Zutaten Mandelcreme:**
2 Tassen Mandeln (gerieben)
¾ Tassen Reis- oder Hirsemilch
1 EL Mirin
¼ TL Zimt
¼ TL Vanille
1 Prise Salz
¼ Tasse Reismalz
½ TL Zitronenschale

**Zutaten Marmeladefülle:**
¾ Tasse Preiselbeermarmelade verrührt mit 2 EL Wasser

12 blanchierte Mandeln (zur Dekoration)

Zubereitung Golatsche:

1. Rohr auf 180°C vorheizen.
2. Alle Zutaten zu einem Teig verkneten und 20 Minuten kühl stellen.
3. Teig auf einer bemehlten Oberfläche 3 mm dick zu einem Rechteck (ca. 40 cm x 35 cm) ausrollen. Quadrate (ca. 10 cm²) ausschneiden.
4. Den Innenbereich der Quadrate zuerst mit 1 gehäuften TL Marmelade bis ganz zum Rand bestreichen und danach mit 1 EL Mandelcreme bis ca. 1 cm vor Randende füllen.
5. Die Ecken diagonal zusammenschlagen und die Golatsche mit blanchierten Mandeln belegen.
6. Die Golatschen auf das Backblech legen und 20–25 Minuten backen und auskühlen lassen.

Zubereitung Mandelcreme:

1. Milch mit Salz und den restlichen Zutaten (außer Malz) aufkochen. Mandeln und Malz einrühren.
2. 5 Minuten ziehen lassen und auskühlen lassen.

**Die Golatschen sollten nicht** zu dunkel sein, sonst werden sie nach dem Auskühlen zu hart.

# WARME DESSERTS

## SCHUPFNUDELN MIT KIRSCHENSPIEGEL

1 ¾ Tassen Kamutgrieß
2 Tassen Reismilch
1 EL Kokosfett oder Bratöl
1 Prise Salz
½ TL Zimt
1 EL Ahornsirup
3 EL Reismalz
½ TL Vanillepulver
½ Tasse geriebene Mandeln
1 TL Kokosfett oder Bratöl (zum Anbraten)
1 Glas Kirschenmarmelade mit ½ Tasse Wasser verrührt

1 Reismilch mit Salz und Zimt aufkochen und den Kamutgrieß mit Schneebesen einrühren. 2–3 Minuten unter ständigem Rühren kochen, bis ein dicker Brei entsteht.

2 20 Minuten auf kleiner Flamme zugedeckt ziehen lassen. Restliche Zutaten außer Kirschmarmelade verrühren. Auskühlen lassen.

3 Schupfnudeln formen, in geriebenen Mandeln wälzen und kurz in Fett anbraten.

4 Kirschenmarmelade-Wasser-Mischung kurz erhitzen.

5 Den Kirschenspiegel auf dem Teller anrichten, die Schupfnudeln darauflegen.

**Statt in Mandeln können** Sie die Schupfnudeln auch in der gleichen Menge geriebenem Mohn wälzen. Dazu passt sehr gut eine Granatapfelsauce.

**Zutaten Granatapfelsauce:**
2 Tassen Granatapfelsaft
1 EL Kuzu
3 EL Wasser
1 Prise Salz

Zubereitung Granatapfelsauce:

1 Saft aufkochen, salzen.

2 Kuzu mit Wasser aufschütteln und in den Saft rühren. 2 Minuten köcheln lassen.

# Tofuknödel mit Erdbeersauce

für 6 Personen

2 Pkg. (ca. 400 g) weißen Tofu (püriert)
1 Umeboshi-Pflaume
1 TL Zitronenschale (frisch gerieben)
½ TL Salz
2 EL Öl Ihrer Wahl
2 EL Reismalz
½ TL Bourbon Vanillepulver
4 EL Kamutgrieß
Zum Wälzen: geriebene Mandeln oder Walnüsse

1. Den Tofu im Standmixer pürieren, sodass er die Konsistenz von Topfen (Quark) erhält.
2. Umeboshi-Pflaume entkernen, fein hacken und zu Paste zerdrücken.
3. Restliche Zutaten beimengen und den Teig 2–3 Minuten kneten.
4. 15 Minuten stehen lassen und dann golfballgroße Knödel formen.
5. Im Dämpfsieb zwischen 6–8 Minuten oder im Dampfgarer bei 95 °C 6 Minuten garen. Noch heiß in geriebenen Mandeln oder Walnüssen wälzen.

**Glutenfreie Variante: Statt Kamutgrieß** 3 EL Buchweizenmehl/-grieß verwenden.

Zubereitung Erdbeersauce:

**Zutaten Erdbeersauce:**
2 Tassen Erdbeeren
1 Tasse Birnensaft
1 Prise Salz
1 EL Mirin
1 EL Kuzu
3 EL Wasser
6 Minzblätter (feingehackt)

1. 1 Tasse Erdbeeren mit dem Birnensaft pürieren, salzen und mit Mirin aufkochen.
2. Kuzu mit Wassser aufschütteln, in die Mischung einrühren und 2 Minuten köcheln lassen.
3. Die restlichen Erdbeeren vierteln und 2 Minuten in der Saftmischung ziehen lassen.
4. Die Sauce auf den Teller gießen, warme Knödel darauflegen und mit Schokocreme und den Minzblättern garnieren.

# Quinoaschmarren mit Zwetschkenkompott

2 ½ Tassen Reismilch
1 Tasse Quinoa
1 Prise Salz
2–3 TL Kokosfett
2 EL Reismalz
⅓ Tasse Rosinen
1 TL Zitronenschale (gerieben)

1 Reismilch aufkochen, Quinoa einstreuen, salzen und 30 Minuten zugedeckt köcheln lassen.

2 Auskühlen lassen, restliche Zutaten hinzufügen und in Kokosfett knusprig braten.

3 Mit Kompott servieren.

**Zutaten Kompott:**
10 Zwetschken (geviertelt)
1 Tasse Wasser
1 Tasse Apfelsaft
1 Zimtstange
1 Prise Salz
1 Scheibe Ingwer
1 TL Kuzu
3 EL Wasser

Zubereitung Zwetschkenkompott:

1 Apfelsaft und Wasser zum Kochen bringen. Ingwer, Salz und Zimtstange hinzufügen und 10 Minuten zugedeckt köcheln lassen.

2 Ingwer entnehmen und Zwetschken beigeben.

3 Kuzu mit Wasser im Glas aufschütteln und in den Saft gießen. Weitere 2 Minuten köcheln lassen. Zimtstange herausnehmen. Auskühlen lassen und servieren.

# Soami Palatschinken

für 8–10 Palatschinken

1 ½ Tassen Dinkelmehl 1050
½ Tassen Dinkel-Vollmehl
1 Prise Meersalz
1 Prise Gelbwurz
4 EL Buchweizenmehl

1 Kuzu mit kaltem Wasser in einem verschließbaren Glas aufschütteln.

2 Alle Zutaten mit der Schneerute verrühren, sodass ein relativ dünnflüssiger Teig entsteht. Zur Sicherheit noch einmal kurz mit dem Pürierstab verrühren, der Teig sollte ganz glatt sein. Ca. 15 Minuten rasten lassen. Der Teig dickt noch etwas ein – sollte er zu dickflüssig sein, können Sie noch einen Schuss Mineralwasser daruntermengen.

3 Die Pfanne erhitzen und einen Schöpflöffel Teig eingießen, dabei die Pfanne leicht schräg halten, damit sich der Teig gut verteilen kann. Die Palatschinke sollte auf jeder Seite ca. 2–3 Minuten gebacken werden, damit sie goldgelb wird.

4 Fertige Palatschinken auf einem vorgewärmten Teller im Rohr bei 130 °C warmstellen.

5 Mit der Fülle (siehe unten) bestreichen und zusammenrollen.

- 1 ½ Tasse Hafer- oder Reismilch
- 2 EL Kuzu
- ca. ¼ l Mineralwasser
- 1 EL Bratöl für die Pfanne

**Sie haben noch keine** Palatschinkenpfanne und möchten eine kaufen? Der Kauf einer qualitativ hochwertigen Pfanne zahlt sich aus. Verwenden Sie diese ausschließlich für Palatschinken. **„Der Franzose“ empfiehlt:** „Die erste Palatschinke reinigt die Pfanne und landet immer im Müll!“.

# Tofu-Fülle
## für Palatschinken

1 Rohr auf 160 °C vorheizen. Das Wasser aufkochen. Rosinen, Salz, Mirin und Tofu dazugeben. 5 Minuten köcheln lassen.

2 Rosinen abseihen, alle anderen Zutaten pürieren.

3 Zum Schluss die Rosinen unter die Tofumasse rühren und in die Palatschinken füllen. 10 Minuten ins Rohr stellen und mit warmer Vanillesauce (siehe S. 316) servieren.

- 2 Pkg. (à 200 g) Tofu
- 1 Umeboshi-Pflaume (Paste)
- 4 EL weißes Mandelmus
- 1 EL geriebene Zitronenschale
- 1 Prise Salz
- ½ TL Vanillepulver
- 1 EL Zitronensaft
- ½ Tasse Sojamilch
- ½ Tasse Rosinen
- 2 EL Mirin
- ½ Tasse Wasser

**Auch Marmeladen wie Preiselbeermarmelade** oder Fruchtaufstriche (mit etwas Wasser verdünnt) eignen sich wunderbar als süße Fülle für Palatschinken.

# Sommer Desserts

## Mirin-Birnen mit Carobcreme

6–8 Birnen (geschält und in feine Scheiben geschnitten)
1 Tasse Birnensaft
1 Prise Meersalz
3 EL Mirin
1 TL Zitronensaft
1 TL Kuzu
3 EL Wasser

1. Birnen schälen und schneiden.
2. Den Birnensaft aufkochen, Birnen einlegen und salzen.
3. Mit Mirin beträufeln und Zitronensaft hinzufügen. 5–10 Minuten (je nach Härte der Birnen) leicht köcheln lassen. Birnen herausnehmen.
4. Kuzu mit Wasser aufschütteln und dann mit dem Saft 2 Minuten mitköcheln lassen.
5. Birnen auflegen, mit Saft übergießen und mit Carobcreme anrichten.

**Zutaten Carobcreme:**
3 EL braunes Mandelmus
2 EL Carobpulver
3 EL Malz
1 Prise Salz
1 Tasse Reismilch
1 EL Kuzu
3 EL Wasser

Zubereitung Carobcreme:

1. Carobpulver in eine Schüssel sieben.
2. Reismilch mit Carobpulver, Mandelmus & Malz verrühren und zum Kochen bringen.
3. Kuzu mit Wasser in einem verschließbaren Glas aufschütteln und in die Carobmilch einrühren. 2 Minuten köcheln lassen.

# Himbeer-Sorbet

5 Tassen (ca. 500 g) Himbeeren (gefroren)
2 EL weißes Mandelmus
1 Prise Meersalz
¼ Tasse heißes Wasser
3 EL Apfeldicksaft
¾ Tasse Himbeeren

1 Alle Zutaten im Standmixer pürieren.

2 Im Gefrierfach fest werden lassen. Vor dem Servieren bei Zimmertemperatur zehn Minuten stehen lassen und dann anrichten.

**Wilde Stiefmütterchen oder Minze** eignen sich zur Dekoration.

# Peach Cobbler

## Pfirsichdessert

**Zutaten Fülle:**
8 reife Bio-Pfirsiche (entkernt und geschält)
1 Tasse Apfelsaft
3 EL Kuzu
2 EL Wasser
1 TL Vanillepulver

1 Rohr auf 190 °C aufheizen.

2 Apfelsaft, Vanille und die in kleine Stücke geschnittenen Pfirsiche in einen Topf geben, zum Kochen bringen und 3 Minuten köcheln lassen.

3 Kuzu und Wasser aufschütteln, einrühren und noch weitere 2 Minuten köcheln.

4 Die Masse in eine Form (Ø 22 cm) füllen und beiseite stellen.

**Zutaten Topping:**
2 Tassen feine Haferflocken
¼ Tasse Hafer- od. Dinkelmehl
½ Tasse Malz od. Malzpulver
⅓ Tassen Sonnenblumen- od. Kokosöl

Zubereitung Topping:

1 Alle Zutaten vermengen und über die Pfirsichmasse streuen.

2 Ca. 20 Minuten backen, bis die Haferflockenmischung goldbraun ist.

# Mürbteig Variationen

## Mürbteig für Tarte oder Pie

**Utensilien:**
Tarteform ø 35 cm:

- 2 Tassen Dinkelmehl 1050
- 1 ½ Tassen Dinkel-Vollmehl
- ½ TL Meersalz
- ⅔ Tasse SOAMI Malzpulver oder ½ Tasse Reismalz
- ⅔ Tasse Sonnenblumen- oder Olivenöl
- ½ Tasse kaltes Wasser oder ¼ Tasse (wenn Reismalz verwendet wird)
- 1–2 Tassen Beerenobst

1 Die trockenen und die flüssigen Zutaten jeweils separat in zwei Schüsseln vermischen.

2 Danach die flüssigen Zutaten mit den trockenen vermengen. Mit der Gabel verrühren und mit den Händen verkneten. Zu einem rechteckigen Laib formen und in Frischhaltefolie wickeln. 15 Minuten an einem kühlen Ort rasten lassen.

3 Rohr auf 160 °C vorheizen.

4 3–4 mm dicke Scheiben vom Teig schneiden, die Tarteform damit auslegen und die Nähte mit den Fingern zusammendrücken. Den Teig seitlich etwas hochziehen. Mit einer Gabel den Mürbteig 5–6 Mal anstechen.

5 Die Tarte 20 bis 25 Minuten blind (ohne Fülle) backen. Teig sollte nur leicht goldgelb sein, ansonsten ist er im ausgekühlten Zustand zu hart.

6 Den bereits ausgekühlten Teig mit Beeren belegen und mit dem Guss übergießen (siehe untenstehendes Rezept). Anschließend mit Minzblättchen garnieren.

**Der Mürbteig kann auch** als Boden für Fruchtkuchen od. Nussschnitten verwendet werden.

## Schneller Vanilleguss

- 2 Tassen Soja- oder Hafermilch
- 1 Tasse Reismilch
- 2 TL Agar-Agar-Pulver
- 1 Prise Meersalz
- ¾ Tasse Reismalz
- ⅓ Tasse Ahornsirup
- ½ Tasse Kokos- oder Reismilch
- 1 TL Kuzu
- 3 EL Wasser

1 Sojamilch und Reismilch mit Salz und Agar-Agar-Pulver unter gelegentlichem Umrühren 5 Minuten aufkochen.

2 Kuzu mit Wasser in Glas aufschütteln und in die kochende Milch einrühren. Zwei Minuten kochen. Mit Malz und Ahornsirup süßen und gut verrühren.

**Vorsicht! Die Milch kann** sehr schnell überkochen – Temperatur rechtzeitig reduzieren! **Mit der Zeit** können Sie den Ahornsirup weglassen und nur mehr mit 1 Tasse Reismalz süßen.

# Erdbeer-Rhabarber-Tarte

Zubereitung Boden:

1 Das Backrohr auf 180 °C Heißluft vorheizen.

2 Das Mehl in eine Schüssel geben, salzen und die restlichen Zutaten mit einer Gabel einrühren.

3 Den Teig zügig zusammenkneten, in eine rechteckige Form bringen und in eine Frischhaltefolie einrollen. Im Kühlschrank 30 Minuten rasten lassen.

4 ½ cm große Scheiben vom Teig schneiden und die Form damit auslegen. Die Nähte mit den Fingern zusammendrücken. An den Rändern hochziehen. Mit einer Gabel mehrmals den Teig einstechen.

5 Die Tarte bei 160 °C 15–20 Minuten blind (ohne Fülle) backen. Der Teig sollte noch goldgelb sein, ansonsten ist er im kalten Zustand zu hart.

**Utensilien:**
Tarteform ø 22 cm:

**Zutaten Boden:**
2 Tassen Dinkelmehl (fein gemahlen)
½ Tasse Apfelsaft (kalt)
3 EL Olivenöl kalt
¼ TL Meersalz

Zubereitung Creme:

1 Reismilch mit Agar-Agar-Flocken aufkochen, salzen und 5 Minuten köcheln lassen. Danach 15 Minuten zugedeckt ziehen lassen.

2 Kuzu im Glas aufschütteln und in die Milch einrühren. 2 Minuten köcheln lassen. Die restlichen Zutaten (außer die Erdbeeren) unterrühren.

3 Rhabarber 5 Minuten im Apfelsaft köcheln lassen, die Erdbeeren hinzufügen und 2 Minuten ziehen lassen.

4 Das Obst auf dem Mürbteigboden verteilen, die Creme vorsichtig darübergießen.

5 Mit Rosenblättern dekorieren und kalt stellen.

**Zutaten Creme:**
4 ¼ Tassen Reismilch
4 EL Agar-Agar-Flocken
1 Prise Meersalz
1 EL Kuzu
3 EL Wasser
2 EL weißes Mandelmus
6 EL Malz
1 Glas Amazake
400 g Erdbeeren (gewaschen und geviertelt)
2 Stangen Rhabarber (geschält, fein geschnitten)
1 Tasse Apfelsaft

# Amazake-Pecan-Pie

**Utensilien:**
Tarteform ø 35 cm

**Zutaten Teig:**
1 Tasse Dinkelmehl 1050
¾ Tasse Dinkel-Vollmehl
¼ TL Meersalz
⅓ Tasse Malzpulver (bei SOAMI erhältlich) od. Reismalz
⅓ Tasse Sonnenblumenbratöl
¼ Tasse Wasser bzw. 2 EL Wasser (wenn Reismalz verwendet wird)

**Zutaten Fülle:**
1 ¼ Tassen Pecan-Nüsse (gerieben)
2 Tassen Amazake
½ Tasse Malzpulver (SOAMI) oder Reismalz
¼ TL Salz
3 EL Sonnenblumenöl
1 TL Vanillepulver
4 EL Agar-Agar-Flocken oder 4 ¼ EL (wenn Reismalz verwendet wird)
3 EL Kuzu in 3 EL Wasser aufgelöst

**Zum Garnieren:**
1 Tasse Pecan-Nüsse (halbiert)

**Glasur:**
3 EL Aprikosenmarmelade (zuckerfrei)

Zubereitung Teig:

1 Das Rohr auf 175 °C vorheizen.

2 Die trockenen Zutaten (außer die halbierten Nüsse) miteinander vermengen.

3 Wasser und Öl hinzufügen und die Zutaten verkneten. Den Teig zu einem Laib formen, in Frischhaltefolie einpacken und 15 Minuten rasten lassen.

4 4 mm Scheiben vom Laib schneiden und in die Form legen, die Nähte mit den Fingern zusammendrücken und den Teig seitlich 1 ½ cm gleichmäßig hochziehen.

5 20–25 Minuten blind (ohne Fülle) backen, der Teig sollte nur leicht goldgelb sein.

Zubereitung Fülle:

1 Geriebene Pecan-Nüsse in einer schweren Pfanne 5 Minuten bei niedriger Temperatur rösten, ständig umrühren.

2 Alle Zutaten (außer die halbierten Nüsse) zusammenrühren und zum Kochen bringen. 5–10 Minuten köcheln lassen, umrühren, dann auf kleiner Flamme 10 Minuten zugedeckt ziehen lassen und gut verrühren.

Zubereitung Pie:

1 Die Fülle in den Teig gießen und die halbierten Pecan-Nüsse darauf verteilen. Weitere 10 Minuten bei 175 °C ins Rohr geben.

2 Marmelade mit Wasser verrühren, etwas erwärmen und über die Nüsse gießen. Vor dem Servieren auskühlen lassen.

# Heidelbeer-Pfirsich-Pie

2 Tassen Dinkelmehl 1050
1 ½ Tassen Dinkel-Vollmehl
½ TL Meersalz
⅔ Tasse SOAMI Malzpulver oder ½ Tasse Reismalz
⅔ Tasse Sonnenblumen- oder Olivenöl
½ Tasse kaltes Wasser bzw. ¼ Tasse Wasser (wenn Reismalz verwendet wird)

**Zutaten Fülle:**
2 ½ Tassen Heidelbeeren
6 mittelgroße Pfirsiche (fein geschnitten) oder 6 mittelgroße Äpfel (feinblättrig geschnitten)

**Zutaten Kuzu-Guss:**
⅓ Tasse Kuzu (od. optional Pfeilwurzelmehl)
3 EL Wasser
¼ Tasse Reismalz
½ TL Zimt
1 Prise Meersalz

1 Das Backrohr auf 180 °C vorheizen.

2 Alle Zutaten mit einer Gabel verrühren. Den Teig kurz durchkneten und zu einem rechteckigen Laib formen. 15 Minuten im Kühlschrank rasten lassen. Die Form einfetten und mit Mehl bestreuen.

3 ½ cm dicke Scheiben abschneiden, die Form damit auslegen und die Nähte mit den Fingern zusammendrücken. An den Rändern hochziehen.

4 Die Pfirsiche zuerst einschichten, danach die Heidelbeeren und zum Schluss den Kuzu-Guss darübergießen.

5 40–45 Minuten goldgelb backen. Auskühlen lassen und schneiden.

Zubereitung Kuzu-Guss:

1 Alle Zutaten mit einer Schneerute glattrühren.

# Strudel Variationen

## Apfel-Aprikosen-Strudel
### mit Vanillesauce

für 4–6 Personen

**Zutaten Apfel-Aprikosen-Fülle:**
20 mittelgroße Äpfel süß-sauer (ca. 3 kg, geschält und feinblättrig gehobelt)
1 TL Zimt (optional)
1 TL Kokos- oder Bratöl
½ Tasse Rosinen (optional)
3 EL Wasser
2 EL Mirin (optional)
1 Prise Meersalz
1 Tasse Mandeln (gerieben und geröstet, im Bioladen erhältlich)
1 Glas Aprikosenmarmelade
3 EL Wasser

**Zutaten Vanillesauce:**
2 Tassen Reismilch
2 Tassen Soja- oder Hafermilch
½ TL Vanillepulver
1 Prise Salz
1 Prise Kurkuma (optional)
3 EL Kuzu
4 EL Wasser
TL Reismalz
2 EL Ahornsirup

Zubereitung Fülle:

1 Äpfel waschen, schälen, feinblättrig schneiden und im Topf mit Öl erhitzen. Zimt und Salz hinzufügen, mit Mirin würzen. 10 Minuten köcheln lassen, 2–3 Mal umrühren, umfüllen und auskühlen lassen.

2 Aprikosenmarmelade mit Wasser verrühren und nach dem Füllen über die Apfelmasse gießen.

**Auch mit einer Pfirsichfülle** schmeckt der Strudel herrlich! Ersetzen Sie dafür die Äpfel einfach mit der gleichen Menge Pfirsiche.

Zubereitung Vanillesauce:

1 Milch aufkochen. Vanillepulver, Salz und Kurkuma hinzufügen.

2 Kuzu mit Wasser im Glas aufschütteln, einrühren und 2 Minuten köcheln lassen.

3 Reismalz und Ahornsirup einrühren. Warm servieren.



*Zubereitung Strudelteig auf der nächsten Seite*

Anna Duschnig

# Der Strudelteig

1 Mehl in eine Schüssel geben, in der Mitte eine Vertiefung machen und alle flüssigen Zutaten einfüllen.

2 Dann mit einer Gabel das Mehl langsam in kreisenden Bewegungen einrühren, bis sich die gesamte Flüssigkeit mit dem Mehl vermischt hat. Der Teig wird ca. fünf Minuten geknetet, bis er zart geschmeidig ist. Der Teig darf nicht kleben, ansonsten noch etwas feines Mehl beigeben.

3 Danach wird der Teig zu einem flachen Laib geformt und in einen Suppenteller gelegt. In der Mitte des Teiges eine 2 cm kleine Grube formen, ein wenig Öl einträufeln lassen und den Teig damit bepinseln (sodass er nicht austrocknet und bricht). Mit einer Schüssel abdecken und an einem warmen Platz 30 Minuten rasten lassen.

# Den Strudel zubereiten

1 Rohr auf 180 °C vorheizen. Ein flaches Blech mit Backpapier vorbereiten.

2 Danach ein großes Geschirrtuch oder ein altes Leintuch (mind. 60 x 60 cm) mit genug Mehl bestreuen, damit der Teig nicht haften bleibt. Den Teig mit der öligen Seite nach oben auf das Tuch legen und mit Mehl bestreuen.

3 Das Nudelholz mit Mehl bestreuen. Den Teig zu einem Rechteck ausrollen (falls er klebt, mit etwas Mehl bestreuen). Vorsichtig mit den Fingerspitzen ausziehen, bis der Teig ca. 2–3 mm dick ist.

4 Geriebene Mandeln auf den Teig streuen, dabei einen seitlichen Rand von ca. 2 cm aussparen. Die ausgekühlten Äpfel gleichmäßig auf ⁴⁄₅ der Teigfläche verteilen. Rosinen darüberstreuen und mit Aprikosensauce übergießen. Die seitlichen Ränder von 2 cm einschlagen und den Strudel einrollen. Sobald der Strudel bis auf die letzten 10 cm eingerollt ist, führen Sie das Blech ganz nah zum Strudel und rollen den Strudel in einem Zug auf das Blech. Die seitlichen Teile mit den Handflächen hineinheben. Es ist leichter, wenn jemand das Blech schräg hält und dieses – sobald der Strudel liegt – absetzt. Mit Sonnenblumen- oder Olivenöl bestreichen und bei 180 °C ca. 30–40 Minuten backen. Der Strudel sollte goldbraun sein. Auskühlen lassen.

5 Mit Kokossahne (siehe Bild vorhergehende Seite) oder Vanillesauce servieren.

**Utensilien:**
- Nudelholz
- Tuch (mind. 60 x 60 cm)

**Zutaten Strudelteig** NICHT GLF:
- ¾ Tasse Dinkelmehl 1050
- 1 ½ Tassen Dinkel-Vollmehl (fein gemahlen)
- ¾ Tasse lauwarmees Wasser
- 3 EL Olivenöl
- 1 TL Reis- oder Apfelessig
- 3 EL Dinkelmehl zum Bestauben
- 1 TL Öl (zum Bestreichen)
- 1 TL Öl (vor dem Backen)

**Zutaten Strudelteig** GLF:
- 1 Tasse Buchweizenmehl
- 1 Tasse Reismehl
- 3 EL Öl
- ¼ TL Salz
- ¾ Tasse lauwarmes Wasser
- 3 EL Olivenöl
- 1 TL Reis- oder Apfelessig
- 1 TL Öl (zum Beträufeln)

# Tofu-Strudel

Fülle für 2 kleine Strudel

4 Pkg. (à 200 g) weißen Tofu
½ TL Meersalz
3 EL Zitronenschale (frisch gerieben)
3 EL Zitronensaft (frisch gepresst)
1 TL Bourbon-Vanillepulver
⅛ TL Kurkuma (optional)
½ Tasse Ahornsirup
1 Tasse Rosinen
½ Tasse Reismalz
⅓ Tasse Tahin hell
⅓ Tasse Apfeldicksaft
½ Tasse Dinkelbrösel fein
1 Tasse Mandeln (gerieben und geröstet)

1 Tofu in große Würfel schneiden und im Standmixer kurz pürieren. Der Tofu sollte eine bröselige Konsistenz wie Quark haben.

2 Die restlichen Zutaten, außer Mandeln, mit einer Schneerute verrühren.

Beim Strudelteig (Rezept wie bei Apfelstrudel) ist hier zu beachten:

1 Den Teig etwas weniger ziehen als für den Apfelstrudel. Der Teig sollte etwas dicker sein (ca. 4–5 mm). Alle weiteren Schritte bleiben wie bei der Zubereitung des Apfelstrudels (siehe Seite 319).

**Besser ist es, zwei** kleine Strudel zu machen, da ein großer schwerer ist und deswegen leichter bricht. **Auch dieser Strudel** lässt sich wunderbar mit warmer Vanillesauce servieren.

# CREMES & MOUSSES

## MOUSSE AU CHOCOLAT

### AUF SPIRU-MINZ-CREME

4 ¼ Tassen Soja- od. Reismilch
3 EL Agar-Agar-Flocken
3 EL Kuzu
3 EL kaltes Wasser
½ Tasse Wasser
2 Tassen Chocolate Chips (SOAMI mit Malz gesüßt oder 2 Tafeln Sojabella Schokolade)
½ Tasse Malz
¼ Tasse Ahornsirup (optional)
1 Prise Salz
10 Minzblätter als Dekoration

*Optional*
**Zutaten Spiru-Minz-Creme:**
3 EL weißes Mandelmus
3 EL Wasser
2 EL Reismalz
¼ TL Spirupulver
1 Tropfen ätherisches Minzöl

1 Milch und Agar Agar in einem mittelgroßen Topf verrühren, salzen und 5 Minuten aufkochen lassen. 15 Minuten mit geschlossenem Deckel auf kleinster Flamme ziehen lassen und öfters gut umrühren.

2 Kuzu mit Wasser in einem Glas aufschütteln und dazugeben. 2 Minuten aufkochen.

3 Restliche Zutaten dazugeben und gut verrühren.

4 In eine runde große Glasschüssel füllen, nochmals kräftig umrühren und nach dem Erkalten mit einem großen Löffel Nocken ausstechen. Mousse au Chocolat kann auch in kleine Schälchen gefüllt und kalt gestellt werden.

Zubereitung Spiru-Minz-Creme

1 Alle Zutaten mischen, mit Mousse au Chocolat anrichten und mit Minzblättern dekorieren.

# Amazake-Beeren-Creme

1 Glas Amazake
1 Tasse Wasser
1 EL Kuzu
2 EL Wasser
1 Prise Meersalz
1 Tasse Beeren nach Wahl
2 EL Haselnussmus
½ Tasse Haselnüsse (gehackt)

1 Amazake und Wasser aufkochen.

2 Kuzu mit Wasser im Glas aufschütteln und in die Amazake Mischung einrühren. Zwei Minuten köcheln lassen.

3 Haselnussmus beimengen, in Schälchen füllen und mit Beeren dekorieren.

# Aprikosenkanten
## mit Haselnusscreme

**Zutaten Gelee:**
4 ¼ Tassen Birnensaft
1 Pkg. (30 g) Agar-Agar-Flocken
¼ TL Meersalz
1 TL Kuzu
2 EL kaltes Wasser
3 Scheiben Ingwer
1 Zimtstange
8–10 Aprikosen (kleinwürfelig geschnitten)

**Zutaten Haselnusscreme:**
3 EL Haselnussmus
4 EL Reismalz
1 Prise Meersalz
1 Tasse Sojajoghurt
1 EL Zitronensaft
½ Tasse Haselnüsse (gehackt und geröstet)

Zubereitung Gelee:

1 Saft mit Agar Agar verrühren, Zimtstange, Ingwer und Salz dazugeben und aufkochen lassen.

2 15 Minuten zugedeckt auf kleiner Flamme köcheln lassen. Zimtstange und Ingwer entnehmen, Aprikosen dazugeben.

3 Danach Kuzu mit Wasser aufschütteln, in den kochenden Saft einrühren und 2 Minuten kochen lassen.

4 In eine viereckige Glasform füllen, auskühlen lassen und 2 Stunden in den Kühlschrank stellen. Wenn das Gelee ganz fest ist, in 2 x 2 cm große Würfel schneiden, mit Haselnusscreme anrichten und mit Haselnüssen garnieren.

Zubereitung Haselnusscreme:

1 Alle Zutaten miteinander verrühren.

# Orangen-Kastanien-Creme

1 Alle Zutaten pürieren und in einer Schale anrichten.

2 Mit Kastanien, Hafersahne und einer Apfelspalte garnieren.

- 1 Pkg. (ca. 300 g) Kastanien (essfertig)
- 2 EL weißes Mandelmus
- ¼ TL Zimt
- 1 Prise Meersalz
- ⅛ TL Kardamom (gemahlen)
- 1–2 EL Apfeldicksaft
- 2 EL Malz
- 1 TL Orangenschale (frisch gerieben)
- 1 EL Mirin (optional)

# Zitronen-Kastanien-Creme

1 Alle Zutaten pürieren und in einer Schale anrichten.

2 Mit Kastanien, Hafersahne und einer Apfelspalte garnieren.

- 1 Pkg. (ca. 300 g) Kastanien (essfertig)
- 2 EL Erdnussmus
- ¼ TL Zimt
- 1 Prise Meersalz
- ⅛ TL Vanillepulver
- ¼ TL Kardamom
- 2 EL Ahornsirup od. Malz
- 1 EL Zitronensaft
- 1 TL Zitronenschale
- 1 EL Mirin (optional)
- ½ Tasse Reismilch

# Fruchtgelee mit Mandelsahne

für ca. 10 Portionen

- 5 Tassen Apfelsaft
- 1 Pkg. (30 g) Agar-Agar-Flocken
- 1 Prise Meersalz
- 300 g Beeren
- 2 EL Kuzu
- 3 EL Wasser

1. Saft mit Agar Agar und Salz 5 Minuten aufkochen, gut umrühren und 15 Minuten mit Deckel köcheln lassen.
2. Kuzu mit Wasser im Glas aufschütteln und einrühren, danach 2 Minuten köcheln lassen und das Obst hinzufügen.
3. Kühl stellen. Dann pürieren, anrichten und mit Mandelsahne servieren.

**Man kann das Gelee** auch heiß in kleine Schüsselchen füllen, auskühlen lassen und so servieren. **Bereiten Sie vom Früchtegelee** immer eine größere Menge zu, denn dieses Dessert ist ein perfekter süßer Snack für Zwischendurch – und alle lieben es...

# Mandelsahne

- 3 Tassen Soja-, Hafer- oder Reismilch
- 1 Prise Meersalz
- ½ TL Bourbon-Vanillepulver
- 2 TL Agar-Agar-Pulver
- 1 EL Kuzu
- 3 EL Mandelmus (braun o. weiß)
- 4 EL Malz
- (optional 2 EL Ahornsirup)

1. Milch und Agar-Agar-Pulver mit Salz 5 Minuten kochen lassen.
2. Kuzu mit Wasser im Glas aufschütteln, einrühren und 2 Minuten kochen lassen.
3. Mandelmus, Malz (und evtl. Ahornsirup) einrühren und einige Stunden kalt stellen, bis die Creme fest ist.
4. Vor dem Anrichten mit Pürierstab pürieren. Für die Dekoration kann man zum Beispiel Gänseblümchen oder Melissenblätter verwenden.

**Für die glutenfreie Variante** wählen Sie bei der Milch zwischen Soja- und Reismilch aus.

# Cappuccino-Haselnuss-Pudding

4 ¼ Tassen Reis- od. Hirsemilch
5 EL Agar-Agar-Flocken
1 Prise Meersalz
½ TL Vanillepulver
7 EL Getreidekaffee (instant) verrührt mit 4 EL heißem Wasser
4 EL Haselnussmus
1 EL Kuzu
3 EL Wasser
½ Tasse Reismalz

1 Die Milch mit Agar-Agar-Flocken, Salz und Vanille aufkochen und unter ständigem Rühren 5 Minuten köcheln lassen. Danach 15 Minuten bei geringer Temperatur zugedeckt ziehen lassen.

2 Kuzu mit kaltem Wasser aufschütteln und einrühren. 2 Minuten kochen lassen. Danach mit Reismalz süßen.

3 Getreidekaffee mit dem Haselnussmus in die Milch einrühren.

4 1. Variante: Creme in Schüsselchen füllen und mit Haselnusskrokant dekorieren.

2. Variante: Creme in eine größere Schüssel füllen und kalt stellen. Nach 2–3 Stunden die Masse mit dem Pürierstab zu Mousse schlagen, in Gläser einfüllen und mit Krokant bestreuen.

**Zutaten Krokant:**
¾ Tasse Haselnüsse (fein gehackt)
2 EL Reismalz

Zubereitung Krokant:

1 Die Nüsse auf kleiner Flamme unter ständigem Rühren rösten. Malz hinzufügen, umrühren, beiseite stellen und auskühlen lassen.

# Chocolate-Chip-Creme

1 Tasse SOAMI vegane Chocolate Chips od. 1 Tafel Sojabella
½ Tasse Reismilch
1 Prise Salz

1 Milch erhitzen, Salz und Chocolate Chips hinzufügen. Rühren, bis die Konsistenz cremig wird.

# Tofusahne mit Minze

## Für den Sommer

1 Alle Zutaten (außer die letzten fünf) im Mixer pürieren.

2 Agar-Agar-Flocken ins kalte Wasser einrühren. Aufkochen lassen, 10 Minuten mit Deckel köcheln lassen und durchrühren.

3 Kuzu im verschließbaren Glas mit kalter Reis- oder Kokosmilch aufschütteln und der Agar-Agar-Mischung beifügen.

4 Unter ständigem Rühren 2 Minuten köcheln lassen.

5 Alle Zutaten vermischen und ca. eine Stunde im Kühlschrank erkalten lassen. Vor dem Servieren mit der Schneerute nochmals kurz durchrühren.

- 1 Pkg. Seidentofu (ca. 400 g)
- ½ Tasse Reismalz
- ½ Tasse weißes Mandelmus
- 1 TL Vanillepulver
- 1 EL Zitronensaft
- 4 EL Agar-Agar-Flocken
- 1 Tasse kaltes Wasser
- 2 EL Kuzu
- 1 Tasse Reis- oder Kokosmilch
- 10 Minzblätter (fein gehackt)

# Kokossahne

1 Wasser und Agar-Agar-Flocken verrühren, salzen und 5 Minuten aufkochen. 15 Minuten zugedeckt auf kleinster Flamme ziehen lassen.

2 Kuzu mit Reismilch verrühren und in die Agar-Agar-Mischung einrühren.

3 2 Minuten köcheln lasssen.

4 Kokosmilch hinzufügen und nochmals 5 Minuten köcheln lassen.

5 Kalt stellen und vor dem Anrichten mit dem Pürierstab pürieren.

- 1 ¼ Tassen Reismilch
- 1 Prise Salz
- 4 EL Agar-Agar-Flocken
- ¾ Tasse Reismalz
- 3 EL Kuzu
- 6 EL Reismilch
- 2 Tassen Kokosmilch

**Dieses Dessert hält im** Kühlschrank einige Tage.

# MUFFINS

**Utensilien:**
Muffinbackform
Papier-Muffinförmchen

## PFIRSICH-INGWER-MUFFINS

8–10 Stück

2 Tassen Dinkelmehl 1050
od. Dinkel-Vollmehl
2 TL Backpulver
1 ½ EL Ingwerpulver
1 TL Meersalz
2 Tasse Birnensaft
1 ⅓ Tassen Reismalz
⅔ Tasse Olivenöl
1 EL Vanillepulver
¾ Tasse Mandelstiftchen
3 Tassen Pfirsiche (ca. 8 Stk, in kleine Würfel geschnitten)

1. Das Backrohr auf 175 °C Heißluft vorheizen.
2. Die trockenen Zutaten gut vermischen, die Flüssigen gut verrühren.
3. Alle Zutaten mit der Schneerute unterheben, nicht zuviel verrühren.
4. In die Muffinformen füllen und 35 Minuten backen. Die Muffins auskühlen lassen und aus der Form nehmen.

**Diese Muffins schmecken auch** mit Birnen anstelle der Pfirsiche sehr gut.

## JOHANNISBEER-MUFFINS

22–24 Stück

4 Tassen Dinkelmehl 1050
2 Tassen Haferflocken (fein)
1 EL Zitronenschale optional
1 TL Meersalz
1 TL Zimt
1 TL Backpulver
1 TL Natron
½ TL Bourbon-Vanillepulver
2 Tassen Reismilch
¾ Tasse Reismalz
¼ Tasse Ahornsirup
½ Tasse Sonnenblumen-Bratöl oder Olivenöl
2 ½ Tassen Johannisbeeren (frisch) oder andere Beeren

1. Rohr auf 175 °C Heißluft vorheizen.
2. Die Muffinform einölen und mit etwas Mehl bestauben oder Papierförmchen einlegen.
3. Die trockenen Zutaten gut mischen und die Flüssigen verrühren. Beide Massen miteinander vermengen.
4. Die Beeren mit der Schneerute unterheben, nicht zuviel rühren.
5. Teig in die Muffinform füllen und 25–35 Minuten backen.
6. Die Muffins auskühlen lassen und aus der Form nehmen.

**Für Partys & Menschen,** die Muffins sehr süß bevorzugen:
½ Tasse Ahornsirup und ½ Tasse Malz.

# Teegebäck

## Vanillekipferl

### Merry Christmas everyone!

| | |
|---|---|
| 2 ½ Tassen Dinkelmehl 1050 | |
| 1 Tasse Kokosöl | |
| ¾ Tasse Walnüsse (fein gerieben) | |
| 4 EL Ahornsirup | |
| ¼ TL Salz (in 1 EL warmen Wasser aufgelöst) | |
| 1 TL Vanillepulver | |

1 Alle Zutaten miteinander verkneten. Teig eine Stunde im Kühlschrank rasten lassen. Rollen mit Ø 2 cm formen und ½ cm Stücke abschneiden.

2 Auf einer bemehlten Fläche kleine Kipferl (Hörnchen) formen. Bei 180°C Heißluft 8–10 Minuten im Rohr backen.

3 Variante 1: Mit SOAMI Malz-Vanillepulver bestauben.

Variante 2: 1 Tasse Malz mit ½ TL Vanillepulver erwärmen, die ausgekühlten Kipferl in Malz tauchen und danach mit fein geriebenen Walnüssen bestreuen.

**Die Kipferl werden mit** Kokosöl wunderbar leicht. Dazu passt gut (siehe Foto) der Weihnachtspunsch (S. 359). Kekse generell nur in kleinen Mengen genießen – aber einmal im Jahr sind sie einfach ein Muss! **Übriggebliebene Vanillekipferl** in einer Keksdose aufbewahren.

## Carob-Walnuss-Konfekt

| | |
|---|---|
| 10–15 Stück | |
| 1 Tasse Walnüsse (gerieben) | |
| ½ Tasse Carobpulver | |
| ½ Tasse Reismalz | |
| ⅓ Tasse Kokosmehl (optional) | |
| 1 EL Carobpulver (zum Wälzen) | |

1 Alle Zutaten verkneten. Eine halbe Stunde rasten lassen.

2 Kleine Bällchen formen (siehe Foto) und in Carobpulver wälzen.

**Konfekt lässt sich gut** im Kühlschrank aufbewahren.

# Linzer Radln

5 Tassen Dinkelmehl 1050
1 ½ Tassen Kokosöl
½ Tasse Ahornsirup
1 TL Vanillepulver
½ TL Salz mit
2 EL Wasser verrührt
1 ½ Gläser Johannisbeer- oder Himbeermarmelade

1 Alle Zutaten zu einem Teig kneten und in eine Frischhaltefolie wickeln. 30 Minuten im Kühlschrank rasten lassen.

2 Backrohr auf 180 °C vorheizen. Arbeitsplatte mit Mehl bestauben. Die Hälfte des Teiges ausrollen und mit einer Ausstechform für Linzer Augen die Kekse ausstechen. Die andere Hälfte des Teiges im Kühlschrank lassen.

3 10 Minuten im Rohr backen. Die nicht gelochte Form mit Marmelade bestreichen und die gelochte Form daraufsetzen.

# Haferflocken-Nuss-Rosinen-Cookies

3 Tassen Haferflocken (fein)
¼ TL Meersalz
1 ½ Tassen Dinkel-Vollmehl
1 Tasse Walnüsse (gehackt) oder Mandeln
1 ½ TL Zimt
½ TL Vanille
4 EL Olivenöl
1 Tasse Reismalz
1 Tasse Wasser
½ Tasse Rosinen
½ Tasse Apfelsaft

1 Das Backrohr auf 180 °C vorheizen.

2 Alle Zutaten miteinander verrühren.

3 Mit einem Esslöffel ca. 22 Kekse auf ein mit Backpapier ausgelegtes Backblech portionieren. Zwischen 18 und 20 Minuten im Rohr backen.

# Drinks & Shakes

**Das beste & wichtigste Getränk ist hochwertiges, nicht kaltes Quellwasser!**

## Getreidemilch

1 Alle Zutaten pürieren.

- 2 Tassen Restgetreide
- ¼ Tasse Mandelmus braun
- 1 Prise Meersalz
- 1 TL Zitronensaft
- 4 EL Malz
- 1 EL Ahornsirup
- ½ Tasse Reismilch
- 1 ½ Tassen Wasser
- ⅛ TL Zimt

## Griechischer Bergtee

### mit Apfelsaft

1 Wasser zum Kochen bringen, Bergtee übergießen und 5–7 Minuten ziehen lassen.

2 Etwas auskühlen lassen und dann Apfelsaft hinzufügen.

- 4 Tassen Wasser
- 2 EL griechischer Bergtee
- 1 Tasse Apfelsaft

# Getreide-Cappuccino

1 Wasser aufkochen, Getreidekaffee einrühren.

2 Soja- oder Reismilch aufschäumen und in eine Tasse füllen. Mit Carobpulver bestreuen.

| | |
|---|---|
| ⅔ Tasse heißes Wasser | ⅓ Tasse Soja- od. Reismilch (geschäumt) |
| 1–2 EL Getreidekaffee instant (Yannoh) | ¼ TL Carobpulver |

# Weihnachtspunsch

1 Alle Zutaten verrühren und 20 Minuten köcheln lassen.

2 Abseihen und servieren.

| | |
|---|---|
| 2 ½ Liter Apfelsaft | 2 Zimt-Stangen |
| 1–2 EL Ingwer (fein gehackt) | 1 EL Yogi Tee |
| 1 Prise Salz | ½ Tasse Rote-Bete-Saft |

# Yogi Chai

1 Wasser aufkochen, Tee hinzufügen und 15 Minuten köcheln lassen.

2 Tee abseihen, Milch hinzufügen und mit Malz süßen.

| | |
|---|---|
| 4 Tassen Wasser | 1 Tasse Reis- oder Sojamilch |
| 1 EL offener Yogi Tee | 2–3 EL Reismalz |

FOR SPECIAL EVENTS ONLY!

# INDIAN HOT CHOCOLATE

| | |
|---|---|
| ¾ Tasse Reismilch | 1 Prise Kardamom |
| 2 EL Kokosmilch | ¼ Tasse Sojamilch (optional) |
| 1 EL Kakaopulver | 1 EL Reismalz |
| 1 Prise Salz | 1 Prise Zimt |

1 Reis- und Kokosmilch mit gesiebtem Kakaopulver, Kardamom, Zimt und Salz aufkochen. Fünf Minuten köcheln lassen und dann den Kardamom abseihen.

2 Sojamilch mit Malz aufkochen lassen, mit einer Schneerute aufschlagen.

3 Geschäumte Sojamilch über den Kakao gießen.

YUMI'S & NOAH'S FAVOURITE

# HOT CAROB

| | |
|---|---|
| 1 Tasse Reismilch | 1 Prise Salz |
| 1 EL Carobpulver | ¼ Tasse Sojamilch |
| 1 TL Reismalz | 1 Prise Zimt |

1 Reismilch mit gesiebtem Carobpulver und Salz aufkochen.

2 Sojamilch mit Malz aufkochen lassen und mit einer Schneerute aufschlagen.

3 Geschäumte Sojamilch über die Carobmilch gießen, mit Zimt garniert servieren.

# Zitrone-Ingwer-Tee

1 Wasser und Ingwer 20 Minuten köcheln lassen.

2 Etwas auskühlen lassen und Zitrone dazugeben. Warm trinken.

| | |
|---|---|
| 4 Tassen Wasser | 1 TL Zitronensaft |
| 2 Ingwerscheiben (frisch) | |

Dieser Drink heizt das Verdauungsfeuer an!

# Kukicha Tee

1 Wasser aufkochen. Tee hinzugeben und 10 Minuten bei geringer Temperatur köcheln lassen, abseihen.

| | |
|---|---|
| 4 Tassen Wasser | 2 EL Kukicha Tee |

Ideal für den täglichen Gebrauch!

# Bancha Tee

1 Wasser aufkochen, etwas abkühlen lassen. Bancha übergießen und 5–7 Minuten ziehen lassen.

| | |
|---|---|
| 2 Tassen Wasser | 1 EL Bancha |

# Erdbeer-Amazake-Shake

1 Alle Zutaten im Mixer pürieren.

2 Wie auf dem Foto anrichten.

| | |
|---|---|
| 1 ½ Tassen Bio-Erdbeeren | 1 EL weißes Mandelmus |
| 1 ½ Tassen Amazake (Reiscreme) | 1 ½ Tassen Wasser |
| 1 Prise Meersalz | |

# Hilli's Hot Summer Smoothie

1 Alle Zutaten im Mixer pürieren.

2 An heißen Sommertagen genießen!

| | |
|---|---|
| 4 Tassen Apfel-Mango-Saft | 1 Tasse Himbeeren |
| 1 Avocado (geschält, entkernt) | 1 Prise Salz |
| 1 Tasse Wasser | |

# HEILDRINKS

## SOAMI SPIRULINA-SHAKE

Die Spirulina Alge ist u. a. ein „Kraftfutter für die Augen". Wer viel vor dem Bildschirm sitzt, verbraucht sehr viele Carotinoide. Die Süßwasseralge Spirulina ist eine Nahrungsergänzung, die etwa 14 Mal mehr Betakarotin als Karotten enthält. Sie enthält außerdem wertvolle Omega-3-Fettsäuren.

1 Alle Zutaten im Mixer pürieren.

für 6 Personen

3 Tassen Apfel- oder Birnensaft
1 TL Spirulina Pulver
1 Prise Meersalz
2 EL Mandelmus braun
1 Tasse Wasser

## SOAMI BASENDRINK

Eine Erkältung kündigt sich an? Essen Sie abends nichts mehr, trinken Sie zwei Tassen Suppensud, nehmen Sie ein Meersalzbad & gehen Sie früh zu Bett.

1 Alle Zutaten verrühren.

1 Tasse Suppensud (Seite 118)
½ Umeboshi-Pflaume oder
½ TL Umeboshi-Essig
½ TL Tamari

# Shisoblätter-Tee

Hilft bei Erkältungen, Husten sowie bei Nahrungsmittelvergiftung.

1 Blätter in Wasser oder Tee einweichen, anschließend einige Minuten kochen. Blätter abseihen.

1 TL Shisoblätter
4 ¼ Tassen Wasser oder Tee

# Umeboshi-Tee

Hilft bei Appetitmangel, Verstopfung, Mundgeruch, Nahrungsmittelvergiftung, Reisekrankheit, grippalen Infekten und Morgenübelkeit.

1 Das Fleisch einer Umbeboshipflaume ½ Stunde im Wasser kochen.

2 Dann durch ein Sieb filtern und, wenn notwendig, mit etwas Wasser verdünnen.

1 Umeboshi-Pflaume
4 ¼ Tassen Wasser

# Kuzu-Tee

Hilft bei leichtem Fieber, allen Arten von Kopfschmerzen, Erkältung und Grippe. Die Kuzu-Creme ist mehr yang als der Tee und hilft bei Durchfall, Müdigkeit, Schwäche sowie bei Magen-Darm-Problemen. Anstelle von Frühstück oder Abendessen einnehmen. Nur 1–2 Tassen täglich.

1 Kuzu in 2 EL kaltem Wasser auflösen. Eine Tasse kochendes Wasser und 1 TL Tamari hinzufügen, gut umrühren.

2 Für eine cremigere Variante (Kuzu-Creme): Kuzu im Wasser auflösen und unter ständigem Rühren zum Kochen bringen. 4 Minuten köcheln lassen und mit 1 TL Tamari oder mit Meersalz würzen.

1 gehäufter TL Kuzu
1 Tasse Wasser
1 TL Tamari

Back to your roots!

# Kuzu-Tee für Kinder

Hilft bei Schwäche und Vitalitätsmangel. Bei Erkältung oder Magen-Darm-Beschwerden täglich in kleinen Mengen einnehmen, bis diese vorüber sind.

1 Kuzu mit Wasser kalt anrühren. Unter ständigem Rühren 4 Minuten kochen.

2 Mit Ume-Extrakt würzen und nochmals 1–2 Minuten ziehen lassen.

| | |
|---|---|
| 1–2 Tassen Wasser | 2 EL Wasser |
| 1 ½ TL Kuzu | 1 Msp. Ume-Extrakt |

# Apfel-Kuzu-Tee

Der Drink hilft bei Fieber, bei Verstopfung und bei hartem Stuhlgang.

1 Apfelsaft (am besten frisch gepresst), Wasser und Salz mischen, Kuzu einrühren.

2 Unter ständigem Rühren aufkochen. So lange köcheln lassen, bis die Flüssigkeit geliert.

| | |
|---|---|
| ½ Tasse Apfelsaft | 1 TL Kuzu |
| ½ Tasse Wasser | 1 Prise Meersalz |

# Lotuswurzel-Tee

Der Tee hilft bei Husten, Erkältung, Stirnhöhlen-, Nebenhöhlen- & Lungenproblemen, Verstopfung, Infektionen. Gut für stillende Mütter, deren Baby hüstelt.

1 Zutaten vermengen und mit Wasser auf kleiner Flamme erhitzen. Abschalten, sobald der Tee zu kochen beginnt.

| | |
|---|---|
| 1 TL Lotuswurzelpulver in 1 Tasse Wasser aufgelöst | 2–3 Tropfen Ingwersaft (frisch; siehe Glossar) oder ⅛ TL Ingwerpulver |
| 1 Prise Meersalz | |

## SOAMI MORGENDRINK
# UME SHO BANCHA

Hilft bei Kopfweh, Magenproblemen, Müdigkeit und Übersäuerung. Dieser Drink wirkt auch Wunder in der Kaffee-, Alkohol- und Zucker-Entwöhnungsphase oder wenn man einmal am Abend lang gefeiert oder zuviel gegessen hat.

1 Fleisch einer Umeboshi-Pflaume zermahlen, Tamari hinzufügen.

2 Mit heißem Bancha Tee aufgießen, umrühren.

3 Optional: Im Winter kann etwas Ingwer hinzugefügt werden.

| | |
|---|---|
| 1 Tasse Bancha Tee | 1 TL Tamari |
| 1 Umeboshi-Pflaume | optional: ½ TL Ingwer (gerieben) |

# SHIITAKE-TEE

Wirkt ausgleichend bei Bluthochdruck und bei zu hohem Salzkonsum (z. B. durch Fleisch, Käse und andere sehr salzhaltige Nahrungsmittel).

1 Den Shiitake-Pilz eine Stunde in Wasser einweichen, dann vierteln.

2 2 Tassen Wasser zustellen, Pilz und eine Prise Salz hinzufügen.

3 20 Minuten köcheln, bis ungefähr eine Tasse Tee übrig ist. Nur eine halbe Tasse auf einmal trinken!

| | |
|---|---|
| 1 Shiitake-Pilz | 1 Prise Meersalz |
| 2 Tassen Wasser | |

*Agar Agar:* Ein traditionelles, sehr nahrhaftes, geschmacksneutrales Nahrungs- und Geliermittel. Wird statt tierischer Gelatine verwendet, unterstützt die Darmfunktion und senkt den Cholesterin-Spiegel. Es ist gut für Menschen mit Bluthochdruck und Herzproblemen, ist außerdem reich an Kalzium, verdauungsfördernd und entschlackend. Auch als natürliche Konservierung bei Zubereitung von Marmeladen geeignet.

*Amaranth:* Kleine goldene Samen, glutenfrei. Ich empfehle die Verwendung stets in Kombination mit einem anderen Getreide, da es 16 % Eiweißanteil hat – entschieden mehr als andere Getreidesorten. Amaranth war ein Hauptnahrungsmittel der Azteken, wird nun aber auch in der heimischen Landwirtschaft angebaut.

*Amazake:* Fermentierte, süße Vollreiscreme. Amazake wird auch zum Süßen eingesetzt und enthält verdauungsfördernde Enzyme.

*Asafoetida (Stinkasant):* Dieses Harz aus der Wurzel der Asant-Pflanze wird in Pulverform z.B. als Gewürz zum Kochen von Bohnen verwendet und macht diese leichter verträglich (weniger blähend).

*Asanas:* die Körperübungen des (Hatha-)Yoga.

*Azuki-Bohnen:* Kleine rote Bohnen aus Japan mit leicht nussigem Geschmack, besonders gut für Eintöpfe, Suppen, Brotaufstriche und Salate geeignet. Die etwas teureren Hokkaido-Azuki-Bohnen sind medizinisch einsetzbar, sie unterstützen die Nierenfunktion.

*Basmatireis:* Duftreis mit nussigem Aroma, ursprünglich aus Indien. *Basmati* bedeutet „die Königin der Düfte". Ich bevorzuge den braunen Basmatireis. Ob weiß oder braun, Basmatireis hat einen großen Vorteil: das Eiweiß steckt im Kern und nicht in der Schale.

*Bulgur:* Geschnittenes Korn, ursprünglich aus Weizen. Bulgur ist etwas größer als Grieß. Mittlerweile wird Bulgur aus Kamut, Dinkel und Buchweizen hergestellt. Ich verwende in meinen Gerichten alle Varianten (außer Weizenbulgur).

*Cha Soba:* Buchweizenspaghetti mit Grün-Tee-Pulver. Der Grüne Tee verleiht diesen Nudeln eine leicht anregende Wirkung. Besonders bei heißem Wetter sehr erfrischend, wenn man sie nach dem Kochen abkühlen lässt, mit Gemüse vermengt und dann mariniert.

*Daikonrettich:* Der weiße, längliche Rettich ist bei uns als Bierrettich bekannt. Gut geeignet für Suppen, Eintöpfe und als gepresstes Gemüse. Er wirkt unterstützend bei der Entgiftung und Ausleitung von tierischem Eiweiß, Fett und Sekreten. Auch die Blätter sind zum Verzehr geeignet und wirken verdauungsfördernd, besonders nach dem Essen von öliger Nahrung wie Tempura, frittiertem Fisch oder frittierten Mochi.

***Je heimischer, desto besser!***

Speziell bei Frischprodukten sollte auf Regionalität und Saisonalität geachtet werden. Getrocknete oder eingelegte Produkte können auch importiert werden. Da das Wissen und die Rezepte in diesem Buch von vielen unterschiedlichen Quellen und Traditionen inspiriert und genährt sind, kommen auch einige hochwertige Erzeugnisse aus Asien zum Einsatz. Viele dieser Produkte werden schon lange in unseren Breiten angebaut und produziert und können daher auch als regional bezeichnet werden.

*Dulse-Alge:* Reichhaltige, fast violette Alge. Sie ist eine hervorragende Eiweißquelle und hat einen dezenten Fischgeschmack. Weil sie sehr weich ist, eignet sie sich perfekt für Suppen und Salate. Vor dem Verzehr wird sie kurz eingeweicht und zieht dann in der Suppe. Man verwendet sie auch für Salate, Gemüsegerichte oder zum Garnieren.

*Gomasio:* *Goma* heißt Sesamsaat, *Sio* ist Salz. Dieses kalziumreiche Sesamsalz wird zum Würzen verwendet und ist in verschiedenen Varianten erhältlich. Das Verhältnis reicht von 10 bis 16 Anteilen Sesam zu einem Anteil Salz. Medizinisches Gomasio weist ein Verhältnis von 6 : 1 bis 8 : 1 auf (schmeckt salziger).

*Hokkaido Kürbis:* Ein sehr nahrhaftes, süßes Gemüse, das im September geerntet wird. Bei richtiger Lagerung bis Februar verwendbar. Die Schale wird jedoch immer dicker, deshalb sollte er dann geschält werden. Guter Kartoffelersatz.

*Ingwersaft:* 1 EL geriebenen Ingwer mit einem Löffel durch ein Sieb pressen. Ergibt ca. 1 TL Saft.

*Innere Stimmen:* siehe Glossar-Eintrag *Voice Dialogue*.

*Kamut:* Urweizen. Dieses Getreide ist leichter und besser verträglich als herkömmlicher Weizen. Kamut hat einen süßlichen, nussigen Geschmack.

*Kombu:* Ein breites, dickes, dunkelgrünes Meeresgemüse, das in tiefem Meerwasser wächst. Kombu enthält natürliches Glutamat, das als Geschmacksverstärker wirkt und z.B. Suppen, Bohnen, Getreide oder auch Gemüse verfeinert. Kombu Algen enthalten Algin und reinigen damit unseren Körper von Giftstoffen. Ihre Fettsäuren entkalken die Innenwände der Adern und reinigen das Blut, erleichtern somit dem Herz seine Arbeit. Beim Kochen von Bohnen und hartem Gemüse werden die Fiberstoffe aufgeweicht, die Verdauung wird erleichtert und Blähungen vermieden. Sie liefern 13 von 14 der vom menschlichen Organismus benötigten Mineralien. Ein wichtiges Detail: ihre Verdauung erfordert mehr Energie als sie selbst enthalten; daher sind Algen ideal für alle, die abnehmen wollen.

*Kukicha:* Tee aus Teestrauch-Zweigen. Er enthält kaum Teein, ist daher ein ideales Alltagsgetränk und auch für Kinder und Babys (mit etwas Apfelsaft oder Reismalzextrakt gesüßt) geeignet. Kukicha enthält viele Mineralien und neutralisiert sowohl Säureüberschuss als auch stark basische Konditionen im Körper. Zubereitung siehe S. 344.

*Kuzu:* Stärkemehl aus der Wurzel der Kuzu-Pflanze; Dieses Wundermittel wird dank seiner vielen heilsamen Eigenschaften seit jeher in der fernöstlichen Heilkunde auf vielfältigste Weise angewendet. Es kommt z.B. bei Fieber, Magen-/Darmproblemen, Blutkrankheiten, Bluthochdruck, Grippe, Müdigkeit und einer Vielzahl von anderen Beschwerden zum Einsatz. Außerdem ist es als feinste Speisestärke bekannt und ist vorzüglich zum Eindicken von Saucen, Suppen, Salatdressings und Palatschinken sowie zur Herstellung von Aspik, Gelees, Puddings und Bonbons geeignet.

### *Japan • Japanische Produkte*

*Nachtrag, 1. April 2011*

Ich möchte hier mit einigen Worten auf die aktuellen, erschütternden Ereignisse in Japan eingehen. Die Tragweite der Katastrophe lässt sich zum jetzigen Zeitpunkt noch nicht abschätzen. Sollten Sie bei einzelnen Produkten japanischen Ursprungs Bedenken haben, empfehle ich Ihnen, darauf zu achten, wo sie produziert worden sind. Dieser Liste können Sie entnehmen, wo ursprünglich japanische Produkte noch angebaut und produziert werden bzw. womit diese bei Bedarf ersetzt werden können.

***Amazake:*** durch Sojapudding ersetzbar

***Eingelegtes Gemüse (Pickles) aus Japan:*** durch heimisches milchsauer-vergorenes Gemüse (z. B. Sauerkraut, Rote Bete etc.) ersetzbar

***Kukicha/Bancha:*** durch passende heimische Kräutertees ersetzbar

***Kuzu:*** wächst in verschiedenen Ländern (ersetzbar durch Pfeilwurzelmehl – die heilsamen Eigenschaften von Kuzu ( siehe Glossar) entfallen natürlich, wenn es ersetzt wird)

***Meeresalgen:*** manche Sorten sind in Europa heimisch, die asiatischen (Nori, Wakame, Hiziki) werden auch in China und Korea produziert (Herkunftsort erfragen; bei Bedenken weglassen)

***Mirin:*** u. A. aus den U.S.A. (bei Bedenken weglassen)

***Miso:*** u. A. in Europa produziert (ersetzbar durch Bio-Suppenwürze)

***Reisessig:*** u. A. aus den U.S.A. (ersetzbar durch milden Essig od. Zitrone)

***Sesamöl:*** wird in vielen Ländern hergestellt (kann auch durch heimische Öle ersetzt werden)

***Shiitake-Pilze:*** werden in vielen Ländern kultiviert (können durch andere Pilzarten ersetzt oder ganz weggelassen werden)

***Tamari/Sojasauce:*** u. A. aus England & China (ersetzbar durch Meersalz)

***Tofu, Tempeh:*** wird in ganz Europa produziert

***Umeboshi:*** die in Salz eingelegte Ume-Pflaume (siehe Seite 57) ist in Rezepten, in denen ihre große Heilwirkung gefragt ist (z.B. Heildrinks), unersetzlich. Wird sie lediglich zum Würzen eingesetzt, kann sie durch Meersalz ersetzt werden. Ihr Hauptanbaugebiet ist übrigens die Provinz Wakayama im mittleren Süden Japans – man kann also hoffen, dass die Umeboshi-Produktion von der Reaktorkatastrophe in Fukushima unbeeinträchtigt bleiben wird. Andernfalls wird man auf Umeboshi aus kalifornischem Anbau zurückgreifen können.

***Umewürze:*** geschmacklich durch Zitrone und Salz ersetzbar

***Wasabi:*** ersetzbar durch heimischen Meerrettich

*Lotuswurzel:* Lotus ist eine 1jährige Knollenpflanze, die in der fernöstlichen Heilkunde auf vielfältige Weise eingesetzt wird. Die wichtigsten Nährstoffe dieser Pflanze sind Asparagin, Nelumbin und Stärke. Die Wurzeln sind geschnitten, getrocknet od. in Pulverform erhältlich. Sie unterstützen den Heilungsprozess bei Lungen- und Bronchialerkrankungen.

*Makrobiotik:* abgeleitet von den griechischen Worten *makro* (groß) und *bios* (Leben), das bedeutet: die Lebensweise aus größtmöglicher Sicht der unendlichen Ordnung des Universums. In der Praxis heißt dies, das Verständnis dieser Ordnung im täglichen Leben anzuwenden. Dazu gehören z. B. die Auswahl und Zubereitung der Speisen ebenso wie die Ausrichtung des Bewusstseins auf die Koch- und Essensweise.

*Mirin:* natursüßer Kochwein zum Würzen, der viele Aminosäuren u. organische Vitamine enthält, die Verdauung und Verwertung der Nahrung unterstützt und dank der enthaltenen Enzyme aktiv die Gesundheit fördert.

*Miso:* milchsauer vergorene Sojabohnen-Paste mit Salz und meist noch einer weiteren Getreidesorte, die zum Würzen verwendet wird. Zur Herstellung wird Koji verwendet, eine Schimmelkultur, die stärke- und eiweißzersetzende Enzyme (ähnlich den im menschlichen Speichel vorkommenden) enthält. Traditionell hergestelltes, natürlich gereiftes, biologisches Miso verzichtet auf den Zusatz synthetischer Geschmacks- oder Farbstoffe. Die gesundheitsfördernden Eigenschaften von Miso werden inzwischen auch bei uns in Europa geschätzt. Seine außergewöhnliche Heilkraft ist durch wissenschaftliche Untersuchungen belegt worden, die im Miso Dipikolonsäure nachwiesen – ein Alkaloid, das Schwermetalle, z.B. radioaktives Strontium, bindet und aus dem Körper abführt. Viele NaturheilerInnen und nach traditionellen fernöstlichen Heilmethoden praktizierende ÄrztInnen schreiben den langsam gereiften Misosorten, wie z. B. Hatcho Miso, die stärkste Heilwirkung zu.

*Mochi:* Gestampfter Süßreis. Eine ideale Zwischenmahlzeit. Vollreismochi besteht nur aus vollwertigem Süßreis, einem der sattvischen Grundnahrungsmittel, und enthält dessen gesamten Nährwert. In Asien wird es z. B. Frauen nach der Geburt zur Stärkung und Anregung der Milchproduktion mit einer Kraftsuppe serviert. Zubereitungsarten: im Rohr bei 180 Grad, in der Pfanne oder im Waffeleisen.

*Mungbohnen/-sprossen:* Olivgrüne runde Bohnen, reich an Vitamin A und B und hochwertigem Eiweiß. Jeder, der einmal bei SOAMI verwöhnt worden ist, kennt die gekeimte Köstlichkeit. Sie können im Ganzen verwendet werden und eignen sich gut zum Keimen. Geschält sind Mungbohnen leichter verdaulich und somit für Menschen mit schwachem Verdauungsfeuer geeignet. Der Gehalt der Inhaltstoffe steigt um das Fünffache, wenn die Mungbohnen 2–3 Tage keimen.

*Natto Miso:* Sojabohnen-Paste mit Gerstenmalz und Ingwer. Konsistenz und Zusammensetzung unterscheiden sich sehr von anderen Misosorten und erinnern eher an ein Chutney. Besonders geeignet als Würze für Gemüse und Hülsenfrüchte.

*Nori-Algen:* Bekannt als Sushi-Algen. Schwarze, geröstete Blätter, die auch zwischendurch als Snack gegessen werden können. Sie eignen sich als Suppeneinlage oder zum Rollen von Sushi. Nori Algen sind reich an Vitam A und B, Eisen und Jod, sie bestehen zu 35,6 Prozent aus Eiweiß und sind somit eiweißhältiger als Sojamilch, Fisch oder Fleisch.

*Pickles:* Milchsauer vergorenes Gemüse, z. B. eingelegte Gurken, Rote Bete, Sauerkraut, Ingwer, Rettich. Eine natürliche Fermentierung ersetzt die Pasteurisierung. Der Gärungsprozess kann von mehreren Tagen bis zu einigen Wochen dauern. Pickles wirken verdauungsunterstützend und werden als Beilage gereicht.

INDEM WIR DAS LIEBEN, WAS WIR TUN, VERWANDELN WIR SKLAVENTUM IN FREIHEIT. WENN WIR ES NICHT LIEBEN KÖNNEN, IST ES BESSER, GLEICH DAMIT AUFZUHÖREN.

PAULO COELHO

*Pranayama:* die Atemübungen des Yoga. Reinigen die Nerven und harmonisieren den Energiefluss im Körper.

*Sattva:* ein Begriff aus dem altindischen Sanskrit.Sattva ist das Prinzip der (inneren) Reinheit, Ausgeglichenheit und Harmonie.

*Shiitake Pilze:* schmackhafte Suppengrundlage und Beilage. Sie werden sowohl in Europa als auch in Asien angebaut und unterstützen die Ausscheidung von Fett- und Schleimablagerungen durch tierische Nahrung aus dem Körper. Die getrockneten Pilze werden lange gekocht (30–40 Min., nach dem Einweichen). Shiitake ist ein Pilz mit ausgeprägtem Geschmack und starker Wirkung, daher sollte er nur in kleinen Mengen verzehrt werden.

*Shiro Miso:* Helles Miso wird nach einem Rezept hergestellt, das sich von dem anderer Misosorten unterscheidet. Da wesentlich mehr Koji und weniger Salz verwendet wird, ist die natürliche Fermentation nach nur 2–8 Wochen abgeschlossen, der Geschmack von Shiro Miso ist daher mild und süßlich. Es wird zum Verfeinern von Eintöpfen, Suppen und Saucen verwendet und schmeckt Kindern sehr gut.

*Shisoblätter:* Rote Blätter der Shiso Pflanze (Perilla). Als Streugewürz, mit Sesam verrieben, eignet es sich für alle Getreidegerichte.

*Shoyu:* Milde Sojasauce mit Weizen. Shoyu ist nicht so salzig, wegen des Weizens jedoch ungeeignet für Allergiker und Zöliakiekranke.

*Soba:* Nudeln aus Buchweizen, besonders nahrhaft und kräftigend. Soba werden auch bei hohem Blutdruck empfohlen.

*Spirulina:* Eine Süßwasser-Alge, die bereits von den Azteken verwendet wurde. Inzwischen auch bei uns als Nahrungsergänzung sehr bekannt. Sie bestehen zu 60 % aus gut verdaulichem pflanzlichem Eiweiß und enthalten die höchste Konzentration an Beta-Carotin, Vitamin B12, Eisen und Spurenelementen. Sie sind somit ein wahres Kraftfutter für die Augen. Ein regelmäßiger Verzehr ist Menschen, die viel am Bildschirm arbeiten, sehr zu empfehlen.

*Tahin:* Mus bzw. Paste aus geschältem oder ungeschältem Sesam (hell oder dunkel). Wenn man Tahin noch nicht kennt, empfehle ich die helle Variante. Es eignet sich als Brotaufstrich und Beigabe zu Saucen und Dressings. Tahin hat einen hohen verwertbaren Kalziumanteil.

*Tamari:* Salzig, würzige Sojasauce ohne Weizen. Mit Tamari sollte man nicht bei Tisch nachwürzen, da das Durstgefühl verstärkt und die Lust auf Süßes angeregt werden kann. Es empfiehlt sich, Tamari im letzten Drittel des Kochprozesses beizufügen. Wenn man Sojasauce zu Sushi reicht, sollte sie mit Wasser verdünnt werden.

*Tempeh:* Hochwertiges Sojabohnenprodukt, rein vegetarisch, cholesterinfrei. Ursprünglich aus Indonesien, wird es mittlerweile auch in Europa hergestellt. Tempeh enthält Vitamin B 12, Eisen, Folsäure, Kalzium, Zink, Magnesium und Niacin. Beim Kauf immer auf eine feste Konsistenz achten. Es kommt vor, dass er schwarze oder weiße Einschlüsse hat. Diese sollte man entfernen; wenn sich die Einschlüsse grün oder orange verfärbt haben, Tempeh nicht mehr verwenden.

*Tofu:* Sojabohnenkäse. Für die Erzeugung wird Sojamilch mit Nigari (Gerinnungsmittel aus Meersalz) vermengt und der abgeschöpfte „Käse" in Form gepresst. Er ist schnittfest, leicht verdaulich, enthält kein Cholesterin und hat einen hohen Anteil an Eiweiß. Tofu hat eine kühlende Wirkung und ist ein sehr guter Kalziumlieferant. Geeignet für Aufstriche, Suppen, Eintöpfe, Salate und Desserts. Seidentofu eignet sich hervorragend als Sahneersatz für Torten, Cremen und Kuchen. Er wirkt noch kühlender als gewöhnlicher Tofu.

*Ume-Pflaume/Umeboshi:* Dieser auch als Japanische Pflaume oder Japanische Aprikose bekannten Frucht ist ein eigenes Kapitel in diesem Buch gewidmet: siehe Seite 57. Sie wird in Japan und den U.S.A. angebaut.

*Ume Su:* Umeessig oder Umewürze genannt. Eine salzig-saure Würze aus dem Saft fermentierter Ume-Pflaumen (Umeboshi). Kann wie Essig für Salatdressings, Saucen oder Eintöpfe verwendet werden. Unterstützt die Verdauung.

*Voice Dialogue:* ist die therapeutische Arbeit mit den inneren Stimmen (z. B. der innere Antreiber, der innere Perfektionist). Es wird davon ausgegangen, dass sich unsere Psyche aus verschiedenen Persönlichkeitsanteilen zusammensetzt, mit denen man in der Praxis von Voice Dialogue einzeln in Kontakt treten kann. Mehr darüber auf www.voice-dialogue-europe.net

*Verdauungsfeuer:* Im Ayurveda wird es mit dem altindischen Wort Agni bezeichnet. Es ist unsere Verdauungskraft und unsere Lebenskraft. Das Verdauungsfeuer sorgt für ein funktionierendes Immunsystem, eine reibungslose Assimilation und Verwertung der Nahrung sowie eine optimale Versorgung der Zellen mit den notwendigen Nährstoffen.

*Wakame:* ein langes, dünnes, grünes, kalziumreiches Meeresgemüse, das für die Zubereitung von Misosuppe verwendet wird. Eignet sich auch für Salate und als Würzmittel (im Rohr geröstet und dann im Mörser vermahlen). Sie lässt sich nach einer Einweichzeit von circa 15 Minuten auch ungekocht servieren. Der harte Teil sollte nach dem Einweichen entfernt werden.

*Wasabi:* ein hellgrünes, japanisches Wurzelgemüse; in Geschmack und Schärfe erinnert es an unseren Meerrettich. Die getrockneten Wurzeln werden zu Pulver vermahlen, das zu einer Paste verrührt und für Sushi oder Sashimi und in Dips und Saucen verwendet wird.

*Yang:* Eine der beiden grundlegenden Energien des Universums. Yang bezieht sich auf die relative Tendenz der Zusammenziehung, der Zentripedalkraft, der Dichte, der Wärme, des Lichtes und anderer Eigenschaften. Die Yangenergie ist nach unten und innen gerichtet. Ihre gegensätzliche und ergänzende Kraft ist Yin.

*Yin:* Eine der beiden grundlegenden Energien des Universums. Yin bezieht sich auf die relative Tendenz der Ausdehnung, des Wachstums, der Zentrifugalkraft, der Zerstreuung, der Kälte, der Dunkelheit und anderer Eigenschaften. Die Yinenergie ist nach oben und außen gerichtet. Ihre gegensätzliche und ergänzende Kraft ist Yang.

## BIBLIOGRAPHIE • MEDIEN • WEB

### *Ernährung:*
Reiner Schmid: *Ölwechsel für Ihren Körper*
Robert Süss: *Gesunde Milch – Abrechnung mit einer tödlichen Lüge*
Dr. Ushio: *The Ume Plum's Secrets*
Gertrude Messner: *Kräuterhandbuch für Mutter und Kind – Natürliche Kräfte wohltuend nutzen*

### *Familiäre Beziehungen*
Jon & Myla Kabat-Zinn: *Mit Kindern wachsen – die Praxis der Achtsamkeit in der Familie*

### *Meditation*
Ayya Khema: *Meditation ohne Geheimnis*
Jon Kabat-Zinn: *Gesund durch Meditation*
Jon Kabat-Zinn: *Im Alltag Ruhe finden*
Camille Maurine & Lorin Roche: *Meditation – Geheimnisse für Frauen*
Jabrane Sebnat: *Meditation der Vier Himmelsrichtungen (CD)*

### *Persönlichkeitsentwicklung*
Ursula Lyon, Ekkehard Crisand, Gerald Schinagl: *Anti Stress Training*
Hal & Sidra Stone: *Du bist viele*
Artho Wittemann: *Die Intelligenz der Psyche*
Artho Wittemann: *Warum wir erst anfangen uns selbst zu verstehen: Die Architektur der Innenwelt*

### *Yoga*
A.C. Bhaktivedanta Swami Prabhupada: *Bhagavad-gita wie sie ist*
Cain Carroll & Lori Kimata: *Partner Yoga, making contact for physical, emotional and spiritual growth*
Paul Grilley: *Yin Yoga, outline of a quiet practice*
R. Sriram: *Das Patanjali Yogasutra*
Victor Van Kooten: *A Yoga Notebook 1–4*
Nischala Joy Devi: *Yoga heilt: Ein dynamisches System, das Ganzheit und Heilung anstrebt*

### *Filme:*
Angela Farmer & Victor Van Kooten: *Underground Yoga*
Angela Farmer: *The Feminine Unfolding*
Dan Millman: *Peaceful Warrior*

### *Web-Links:*
http://www.voice-dialogue-europe.net *Voice Dialogue*
*http://ayyakhematalks.org* *Ayya Khema*


## EMPFEHLUNGEN

Dieses Kochbuch hat kein Firmensponsoring erhalten. Die Firmen, denen ich für die Zusammenarbeit danken möchte, erachte ich als die besten, in ethischer und kulinarischer Hinsicht. Sie unterstützen meine Arbeit durch ihre konstante Qualität und ihren Einsatz:

Adamah – *für tolles Gemüse & einen unglaublichen Zustelldienst*
Aman Prana – *hochwertige Öle & Fette*
Arche – *Tees, Miso*
Bio Vegan – *Backpulver, Speisesoda*
Karner und Stefan – *Khoysan Salz, Fleur de Sel, Öle & Fette*
Keimling – *Keim- & Sprossengeräte*
King Soba – *Nudeln (auch glutenfrei)*
La Selva – *Antipasti*
Lifelight – *Algen & Nahrungsmittelergänzung*
Mani – *Öle, Kapern und Oliven*
Melchart – *Nudeln*
Naturgarten – *Tontöpfe, Gemüsepressen, japanische Messer, Kuzu*
Rapunzel – *Getreide, Linsen, Bohnen, Nüsse, Nussmuse*
Sojvita – *Mochi, Tofu Tempeh, Miso, Malz, Dijon Senf*
Sonnentor – *Kräuter, Gewürze, Marmeladen, Tees*
Werz – *Reissirup*
Zwergenwiese – *Aufstriche*

## SHOPPING LIST: WAS ICH IMMER VORRÄTIG HABE

Habe ich diese Nahrungsmittel im Haus, kann ich jederzeit eine vielseitige und vollwertige Mahlzeit zubereiten – je nach Lust & Laune einmal aufwendiger, ein anderes Mal ganz unkompliziert.

| | |
|---|---|
| Verschiedene Getreidesorten | Reismalz |
| Verschiedene Hülsenfrüchte | Kuzu |
| Verschiedene Gemüsesorten | Umeboshi |
| Verschiedene Nudeln | Nori & Kombu Algen |
| Verschiedene Samen & Kerne | Tofu |
| Verschiedene Öle, Kokosfett | Gomasio (Sesamsalz) |
| Getreidemilch | Sojasauce (Tamari) |
| Mandelmus | |

Nach einer 3jährigen Lehre in Kosmetik und Verkauf ging ich mit 18 Jahren nach Washington DC. Nach einigen Monaten als Au-pair übersiedelte ich nach Kalifornien und nahm dort eine Anstellung bei Christian Dior Cosmetics an. Es war ein Job, der hohe Anforderungen stellte (das kalifornische Lebensmotto: „Never too skinny, never too rich") und mich an meine körperlichen Grenzen brachte, was schließlich in dauerhaften Beschwerden mündete, bis hin zu einer partiellen körperlichen Bewegungsunfähigkeit. Ich musste einen Großteil meiner kärglichen Freizeit für ärztliche Untersuchungen opfern, die eine Unzahl von verschiedenen Diagnosen ergaben, wie z. B. Nachwirkungen eines schweren Reitunfalles, Allergien, Lebensmittelunverträglichkeiten oder zu hohe psychische Anforderungen.

Mir wurde klar, dass diese Lebensweise für mich nicht geeignet war und dass ich Grundlegendes ändern musste. Ich übersiedelte nach Frankreich, nahm eine Auszeit, lernte die Sprache und genoss die französische Art zu leben. Trotz der stressfreien Zeit verschlechterte sich mein körperlicher Zustand. Nach weiteren unzähligen ärztlichen Behandlungen/Diagnosen ohne anhaltende Besserung hatte ich verstanden, dass es noch weiterer Veränderungen bedurfte. Ich absolvierte eine fernöstliche Ernährungsberater- & Kochausbildung in Schweden und setzte dort all das Erlernte um. Tägliche Körperübungen und Meditation unterstützten den Heilungsprozess. Nach einem Jahr konsequenter Ernährungs- und Lebensumstellung waren die Symptome zur Gänze verschwunden. Ich konnte mich wieder bewegen, sogar Sport betreiben.

Nach meiner Rückkehr nach Wien arbeitete ich für den Kosmetikkonzern Estee Lauder und stellte zum zweiten Mal fest, dass diese Branche mir keinen Platz für persönliche Entwicklung und keine Zeit für ein gesundes Leben ließ. Ich beschloss, mir fortan nicht mehr das Lebenstempo vorschreiben zu lassen und eröffnete eine Praxis für Ernährungsberatung und Kosmetik, hielt Kochworkshops, Vorträge und Seminare. Bald darauf eröffnete ich zusammen mit meinem Mann ein veganes Restaurant in Wien, das zahlreiche Kindergärten und Schulen mit Bio-Mittagsmenüs versorgte.

Nachdem ich persönlich und in den Beratungen meiner Kundinnen und Kunden immer wieder an Grenzen stieß, wurde mir klar, dass Ernährung nur einer von mehreren wichtigen Teilen des Ganzen ist. Ich begann, mich mit der Psyche und dem Körper im Detail zu beschäftigen und lernte bei vielen meiner Vorträge während eines Aufenthaltes in einer Klinik für Yoga, Naturheilkunde und Ernährung in Bangalore/Indien zu verstehen, dass die Auseinandersetzung mit der eigenen Psyche und eine tägliche Yogapraxis von grundlegender Bedeutung für die Gesundung des Menschen sind.

Ich lernte verschiedene Therapieformen kennen, um meine psychischen Gegebenheiten zu beleuchten, und fand in *Voice Dialogue* die für mich effektivste Methode, dieses Abenteuer zu bestreiten. Also absolvierte ich eine Ausbildung zur Voice-Dialogue-Begleiterin, die mit einem tiefgreifenden persönlichen Prozess verbunden war. Dieser mündete in dem Entschluss, den kräfteraubenden Restaurantbetrieb zu schließen. Mein Mann und ich machten eine Yogalehrerausbildung und eröffneten danach gemeinsam ein Yogazentrum in Wien. Sieben Jahre lang erlebten wir bei unseren Kunden und Kundinnen großartige Veränderungen durch Yoga, Ernährungsumstellung und Voice Dialogue.

Zunächst ganz leise, aber intensiver werdend, verspürte ich den Wunsch, eine eigene Familie zu gründen. So kam es, dass wir auf der Suche nach einem langfristigen Lebensmittelpunkt das Soami Grundstück in Obermillstatt fanden. Mein Wunsch, Mutter zu werden, erfüllte sich im Jahr 2003, als unser Sohn Noah das Licht der Welt erblickte. Seine Schwester, unsere Tochter Yumi, wurde 2007 geboren. Bis zur Eröffnung des Soami Yoga Retreat Centers im Jahr 2009 war nun das Muttersein meine Hauptbeschäftigung. Ich fühlte erstmals in meinem Leben, angekommen zu sein.

Mit dem Entstehen unserer Familie und der Errichtung des Soami Zentrums ist ein Traum in Erfüllung gegangen. Ich bin unendlich dankbar dafür und voller Freude darüber, dass Soami derart geschätzt und von so vielen Menschen besucht wird.

# DANKE...

... sagen möchte ich meinen Eltern, die mir dieses Leben geschenkt haben. Sie haben mich mit all ihren Möglichkeiten unterstützt. Und ich danke auch meinen Geschwistern Brigitte und Freddy, für alles, was ich durch sie lernen durfte.

Mein Dank gilt auch Anita Wassermann, die mir ständig mit unglaublichem Einsatz und Eifer zur Seite steht, sowie Heidi Orter, die uns seit vielen Jahren sehr unterstützt und unsere Kinder Yumi und Noah so liebevoll betreut. Genauso Anton Oberwandling, unserem Haus-Universalgenie, dessen Stärke Genauigkeit ist, und der außer Kochen wirklich alles kann. Beim Danken möchte ich auf Robert Glas nicht vergessen, der immer wieder mit seiner ganzen Kraft und Ausdauer am SOAMI Yogazentrum mitwirkt. Dank gilt auch Gislinde Bugelnig, die mich am Computer unterstützt hat. Ein Danke noch an Katja Träger, die Texte getippt und Rezepte nachgekocht hat. Clara Biller danke ich für das schöne Mandala, das bei uns entstanden ist und das die CD so wunderbar schmückt. Ein von Herzen kommender Dank geht an Reinhard Bimashofer. Ohne seine stets flexible und höchst engagierte Unterstützung wäre dieses Buch und vieles andere nicht zustande kommen. Ein Erlebnis der besonderen Art war die Zusammenarbeit mit Rita Newman, die alle Fotos für dieses Buch gemacht hat. Ihre Leichtigkeit, Kreativität und spontane Verbundenheit zu meiner SOAMI Koch- und Ernährungsphilosophie hat mich besonders berührt. Sophie Gudenus, verantwortlich für die so ansprechende und durchdachte Grafik, für das Lektorat und vieles mehr, hat dem Buch das passende Erscheinungsbild verliehen und mich fachlich und als Freundin sehr unterstützt. Lilo Mosettig-Astner hat auf eine großartige Weise das gesamte Buchprojekt maßgeblich unterstützt und vorangetrieben. Ihr Elan hat mich in so manch schwieriger Phase motiviert, weiter zu machen. Dafür bin ich Lilo sehr dankbar. Danke auch an Elfi Mayer, der Herausgeberin des Yoga-Guides, die sich mit ihrer höchst kompetenten und zielstrebigen Art schon in der Konzeptphase für dieses Kochbuch-Projekt eingebracht hat. Sarah Staber hat uns konstruktive Kritik und gute Ideen als Journalistin und Freundin geschenkt. Lisa Schopp hat mir zu einer sehr schwierigen Zeit aufmerksam zugehört und mit ihrer Empfehlung den Turn Around bewirkt. Ein herzliches Danke auch an Ernst Orter für seine Unterstützung!

Mein Dank gilt auch meinen so wertvollen wie lieben Menschen Richard und Melissa Bock, Christa Bogner, Rebecca und Chris Bunting, Ingrid Dalchow, Sandra Frank, Gerhard Gessner, Edith Lebling, Maggie Leonard, Anna und Jochen Meyer, Jim Newman, Jonny Pinter, Jeanette Rietschel, Satchi Sakaguchi, Eva Maria Schennach, Susanne Schmid-Pinter, Ulli Starl, Claudia Taurer-Zeiner und Bettina Wanschura. Ich bin dankbar, dass ihr meine Freunde seid.

Schließlich möchte ich mich bei meinen großartigen Therapeuten und Lehrern bedanken: Steve und Karen Acuff, Bikram Choudhury, Angela Farmer, Paul Grilley, Monika Schneeweiss, Veeta und Artho Wittemann und Viktor Van Kooten. Eine Verneigung geht an meine liebe Meditationslehrerin Ursula Lyon für ihren Glauben an mich, mein Projekt, an Soami und die Aufnahme der Meditations-CD für dieses Buch. Danke!

Allerwichtigst ist mir der Dank an meinen lieben Mann Werner – meine große Liebe, meinen besten Freund und zugleich den liebevollsten Vater für unsere Kinder, meinen Fels in der Brandung. Er hat mich unendlich unterstützt! Eine liebevolle Umarmung meinen allerliebsten Schätzen Noah und Yumi, meinen weisen Lehrmeistern, die mich wie nichts anderes wachsen lassen. Ihr seid ein Geschenk des Himmels!

Und nicht zuletzt möchte ich mich bei allen Yogalehrenden, allen Yoginis und Yogis für ihr Vertrauen in SOAMI bedanken und allen, die uns bisher besucht haben, dafür danken, dass sie mich darin bestärkt haben, dieses Buch zu schreiben.

Ich danke Gott für unsere Gesundheit, unsere Verbundenheit, unsere Möglichkeiten der persönlichen Entwicklung und dafür, dass wir unseren Traum leben dürfen.

**Mögen alle Wesen glücklich und zufrieden sein**

# SOAMI YOGA & MEDITATION KIT

## Yoga-Poster: Das Sonnengebet – Surya Namaskar

Eine Abfolge von Yoga-Übungen (Asanas) für jeden Tag.

## CD mit 4 geführten Meditationen

Die erfahrene deutschsprachige Meditationslehrerin Ursula Lyon führt durch vier Meditationen. Setzen Sie sich dabei entweder auf einen Stuhl oder, wenn es Ihnen möglich ist, im Schneidersitz auf ein Meditationskissen. Bewahren Sie eine aufrechte, würdevolle Haltung. Mit regelmäßiger Praxis dieser Meditationen wird es Ihnen zunehmend leichter fallen, zur Ruhe zu kommen und den Moment wahrzunehmen.

1 Atem-Achtsamkeits-Meditation (17:00)
2 Elemente-Meditation (17:45)
3 Vertrauensmeditation (23:25)
4 Metta-Meditation (9:50)

*Gesamtspiellänge: 68:02 Min.*

## Die CD und das Poster liegen diesem Buch innen auf der Umschlagrückseite bei.

Bitte kopieren Sie die CD nicht eigenmächtig. Sie können weitere Exemplare direkt bei uns bestellen: www.soami.at